仓储业务操作

主　编○陈中蕾　韩冬艳
副主编○郭　伟　周钦章　张明敏

西南财经大学出版社
Southwestern University of Finance & Economics Press
中国·成都

图书在版编目(CIP)数据

仓储业务操作/陈中蕾,韩冬艳主编.--成都:
西南财经大学出版社,2024.9
ISBN 978-7-5504-5834-5

Ⅰ.①仓…　Ⅱ.①陈…②韩…　Ⅲ.①仓库管理
Ⅳ.①F253

中国国家版本馆 CIP 数据核字(2023)第 122859 号

仓储业务操作

CANGCHU YEWU CAOZUO

主　编　陈中蕾　韩冬艳
副主编　郭　伟　周钦章　张明敏

责任编辑:李晓嵩
责任校对:王　琳
封面设计:何东琳设计工作室
责任印制:朱曼丽

出版发行	西南财经大学出版社(四川省成都市光华村街 55 号)
网　　址	http://cbs.swufe.edu.cn
电子邮件	bookcj@swufe.edu.cn
邮政编码	610074
电　　话	028-87353785
照　　排	四川胜翔数码印务设计有限公司
印　　刷	郫县犀浦印刷厂
成品尺寸	185 mm×260 mm
印　　张	20.625
字　　数	425 千字
版　　次	2024 年 9 月第 1 版
印　　次	2024 年 9 月第 1 次印刷
印　　数	1— 2000 册
书　　号	ISBN 978-7-5504-5834-5
定　　价	49.80 元

前言

　　物流业已经成为 21 世纪我国经济发展的重要产业之一。仓储在物流系统中占据着举足轻重的地位。现代仓储业的健康快速发展对优化物流与供应链管理系统、提高国民经济的运行质量具有重大意义。仓储是商品流通过程中的重要环节之一，也是物流市场发展的重要支柱。随着我国物流市场的迅速成长，我国仓储行业规模日益扩大。随着仓储设施逐渐饱和，我国仓储行业投资将逐步转向仓库的信息化、智能化等领域，投资额增长速度将趋缓。我国仓储市场需求充足，行业订单及设施利用率状况良好，业务总量保持稳中有涨的发展态势。仓储物流是利用自建或租赁库房和场地、储存、保管、装卸搬运、配送货物。传统的仓储定义是从物资储备的角度给出的。现代仓储不是传统意义上的仓库、仓库管理，而是在经济全球化与供应链一体化背景下的仓储，是现代物流系统中的仓储。

　　仓储业务操作课程属于工学一体化课程，课程模块的设置遵循从易到难的认知规律，充分体现了仓储企业经营活动实际。仓储业务操作课程的总体教学思路如下：教学内容的选取依照工作内容和工作过程进行，教学过程要实现教学做一体化，即做中教、做中学的教学方法。课程开发以仓储基层管理人员职业岗位需要和职业资格标准为依据，按照"企业（行业）调研→调研分析→确定行动领域→确定学习领域→设计学习情境→教学实施（教学六步法）→对比分析"的路径推进，通过仓储业务流程系统化开发课程，形成以工作任务引领课程为主体的岗位业务课程体系。仓储业务操作课程主要分为三大部分：第一部分为岗位职责，第二部分为管理技能，第三部分为专业技能。三大部分涵盖了仓储业务基础知识模块、仓储设施与设备模块、入库作业管理模块、在库作业管理模块、出库作业管理模块、仓储规划与设计模块、仓储作业组织及信息技术应用模块、仓储经营管理模块、仓储安全管理模块、库存控制管理模块十个模块。

本教材参照物流师国家职业标准的要求，以仓储业务流程为主线，根据仓储作业流程的特点，结合仓储企业岗位群及职业发展规律，旨在使学生具有从事仓储作业组织和管理的基本职业技能与行动能力，能够编制仓储作业计划、仓储合同，熟悉仓储作业基本程序，认识仓储企业的岗位设置、仓储设施及设备；能够根据仓库管理流程进行货物出入库以及在库等作业的现场管理，并对出入库作业流程进行优化；能够根据产品特性制订养护方案，改善储存环境；能够进行仓库安全管理、在库货物的盘点作业组织与管理以及在库检查作业，对异常现象进行处理；能够进行库存管理与控制；能够进行仓库平面布局规划和货位规划并做出规划方案；能够树立成本核算意识、质量意识、安全意识和环保意识。

本教材分为十个学习项目、40 个学习任务，由深圳鹏城技师学院教师编写而成。所有编写人员均来自教学第一线，有着多年的物流企业从业经验和技工院校实际教学经验。具体写作分工如下：韩冬艳编写项目一、二、三，郭伟编写项目四、五，陈中蕾编写项目六、七、八，周钦章编写项目九、十，张明敏参与了全书的校对及修改增补工作。全书由陈中蕾设计总体框架，并负责统稿。本教材以仓库管理的作业流程为框架，由浅入深地引导学生学习仓储业务操作知识。本教材可以作为高职院校仓储物流管理及相关专业的教学用书，也可以作为相关从业人员的业务参考书及培训用书。

经过一年多的努力本教材终于完成编写。首先，特别感谢深圳鹏城技师学院给予教材的全额的经费资助，在教材的编写过程中学校领导给予了很大的支持与帮助。其次，在教材编写过程中，编写团队学习和参阅了大量的经典教材，在此对有关文献资料的作者表示衷心感谢。最后，感谢合作企业、专家的大力支持，感谢现代物流教研室教师的辛勤付出。同时，请相关专家和广大读者给我们提出宝贵意见，我们将不断提升教材质量。

编者

2023 年 12 月

目录 / CONTENTS

项目一　仓储业务基础知识

任务一　走进仓储

 【任务目标】

1. 知识目标

☑仓储企业的现状和发展趋势

☑仓储的含义、功能、种类和任务

☑仓储管理的概念和内容

☑仓储管理的发展历程

☑仓储管理人员的基本要求

2. 技能目标

☑能够用自己的语言说明仓储及仓储管理的含义和内容

☑能用仓储管理人员的工作要求来进行学习和任务实施

3. 素养目标

☑具备学习能力和分析问题的能力

☑具备良好的表达能力和团队合作意识

☑能分工协作、有效沟通，并运用适当的方式方法展示学习成果

 【任务描述】

　　阳合仓储公司在上海、广州、武汉、成都、北京五个城市建立了仓储物流，总面积达到 13 万平方米，配送范围辐射全国各地区。各地仓储配有阳合仓储管理系统，为客户实现规范化、标准化、高效化、精细化的仓储管理。同时，阳合仓储配有轻重型货架、仓储笼、物流台车、搬运车、叉车等一系列仓储设备设施，保障货物进出库方便、高效运转，并为客户提供优质的货物装卸、分拣包装、换标贴标、物流运输、配送等一条龙服务。

请结合该企业的情况，分析该企业的业务范围及服务内容，并进一步调研了解中外仓储企业发展现状，了解仓储企业仓储管理的内容及相关知识。

 【任务实施】

步骤一：5~6人一个小组，组长组织讨论并进行任务分工，对仓储企业开展调研。

步骤二：每个小组选择2~3家仓储企业进行调研，通过互联网搜集信息、电话咨询等方式进行调研，填写企业基本信息表（见表1-1），并调研企业服务特色及业务现状，结合相关调研内容制作电子演示文稿（PPT）。

表1-1　企业基本信息表

企业名称		企业成立时间	
企业地址	省　　　市　　　区		
专业分类	□常温仓储　　□恒温仓储　　□低温仓储		
企业性质	□国有企业　□有限公司　□股份有限公司　□私营企业　□外资企业　□中外合资企业　□港澳台合资企业　□港澳台独资企业		
服务项目（可多选）	□仓库租赁　□仓储服务　□加工包装　□配送服务　□干线运输　□分销　□代理采购　□质押监管　□其他　□社会化第三方配送　□担保存货管理　□城市配送服务　□进出口贸易货物　□保税仓库		
企业规模	□50人以下　　□50~99人　　□100~499人　　□500人及以上		
企业设施状况	仓库面积　　　　　仓库类型 □立体仓库　□楼房库　□平方库		
机械化情况	□完全人工作业　□半机械化作业　□机械化作业　□全自动化		
是否使用信息系统	□否　□是 请写出信息系统名称（　　　　　　　　）		

步骤三：调研成果展示。小组选派代表对调研成果进行现场展示。

步骤四：展示评价。小组展示完毕，其他小组和教师进行现场点评、打分。

步骤五：学生结合各小组展示的仓储企业情况，进一步调研了解中外仓储企业的发展现状，每人撰写一篇仓储企业认知的小论文（要求：1 000字以上）。

步骤六：学生学习仓储管理的概念、功能和任务，制作成思维导图。

小贴士

随着我国经济的发展，仓储业的需求也在持续攀升。智能仓储物流系统市场空间从2001年的不足20亿元，迅速增长至2015年的600亿元、2018年的1 000亿元，年均增长速度超过20%。目前，我国正处于仓储物流升级阶段，仓储物流由机械化向自动化和智能化不断升级。

【任务资讯】

一、仓储企业认知

1. 仓储的含义

"仓"，即仓库（warehouse），是存放、保管、存储货物的建筑物或场所的总称。它可以是房屋建筑物、大型容器、洞穴或特定的场地等，具有存放和保护货物的功能。"储"，即储存（storing），表示将储存对象收存以备使用，具有收存、保护、管理、贮藏货物、交付使用的作用。

"仓储"是指利用仓库及相关设施设备进行物品的入库、存储、出库的活动。仓储的对象既可以是生产资料，又可以是生活资料，但必须是实物动产。

2. 仓储的功能

从整个物流过程来看，仓储是保证物流过程正常运转的基础环节之一。仓储的价值主要体现在它具有基本功能、增值功能和社会功能三个方面。

（1）基本功能。基本功能是指为了满足市场的基本存储需求，仓库所具有的基本的操作或行为，包括存储、保管、拼装、分类等基础作业。其中，存储和保管是仓储最基础的功能。通过基础作业，货物可以得到有效的、符合市场和客户需求的仓储处理。

（2）增值功能。增值功能是指通过仓储高质量的作业和服务，使经营方或供需方获取除基本价值以外的利益。这个过程称为附加增值。这是物流中心与传统仓库的重要区别之一。增值功能的典型表现方式如下：一是提高客户的满意度。当客户下达订单时，物流中心能够迅速组织货物，并按要求及时送达，提高客户对服务的满意度，从而增加潜在销售量。二是信息传递。在仓库管理的各项事务中，经营方和供需方都需要及时传递准确的仓库信息。例如，仓库的利用水平、进出货频率、地理位置、运输情况、客户需求状况、仓库人员的配置等信息。这些信息可以为用户或经营方进行正确的商业决策提供可靠的依据，提高用户对市场的响应速度和经营效率，降低经营成本，从而带来额外的经济利益。

（3）社会功能。仓储的基础作业和增值作业会给整个社会的物流的运转带来影响。良好的仓储作业与管理会带来正面的影响，如保证生产生活的连续性；反之，则会带来负面效应。这些功能被称为仓储的社会功能。其主要包括：第一，时间调整功能。在一般情况下，生产与消费之间会产生时间差，通过存储可以克服货物产销在时间上的隔离，如季节性生产，但需要全年消费的大米。第二，价格调整功能。生产和消费之间也会产生价格差，如供过于求、供不应求都会对价格产生影响。仓储可以克服货物在产销上的不平衡，达到调控价格的目的。第三，衔接商品流通的功能。商品仓储是商品流通的必要条件。为保证商品流通连续进行，必须有仓储活动。仓储可以防范突发事件，保证商品顺利流通。对于供货仓库而言，供应功能非常重要，因为原材料供应的延迟将导致产品生产流程的延迟。

3. 仓储企业

（1）仓储企业的定义。

仓储企业是集中反映物流物资活动状况的综合场所，是连接生产、供应、销售的中转站，对促进物资流通起着重要的辅助作用。仓储企业又名仓储物流企业，是利用自建或租赁库房、场地，储存、保管、装卸搬运、配送货物的企业。

2005年4月，国家质检总局、国家标准化管理委员会出台了《物流企业分类与评估指标》这一推荐性国家标准，规定了物流企业的三种类型，即运输型、仓储型和综合服务型。仓储型物流企业应同时符合以下要求：

①企业以从事仓储业务为主，为客户提供货物存储、保管、中转等仓储服务，具备一定规模。

②企业能为客户提供配送服务以及商品经销、流通加工等其他服务。

③企业自有一定规模的仓储设施、设备，自有或租用必要的货运车辆。

④企业具备网络化信息服务功能，应用信息系统可以对货物进行状态查询、监控。

（2）仓储企业的种类。

①自营性仓储企业。自营性仓储企业直接控制和负责产品，直到客户得到产品。

自营性仓储企业能给消费者一种持久和连续的商业运作的感觉，客户把企业作为稳定的、可依赖和持续的产品供应商。

自营性仓储企业涉及较高的成本，仓库建设周期长，而且由于其定制化的设计，投资风险较大。雇员的雇用和培训以及物料托运设备的购买使得起运成本高，自营性仓储企业的经营缺乏灵活性。

例如，杭州华商物流有限公司（原杭州联华华商有限公司物流分公司）是一家自营性仓储企业，其主要客户是杭州联华华商集团。其经营模式突破了传统的仓储模式，发展成仓储配送一体化的区域配送中心（RDC）物流模式，主要经营家电的第三方物流服务业务，兼营百货、食品等仓库配送业务。

②营业性仓储企业。营业性仓储企业通常会出租属于自己的仓库或一定数量的库位。营业性仓储企业可以满足多个客户的服务需求，收取相应的费用；雇员成本降低，设备利用率提高，提供专业化仓储服务；经营更具灵活性，可以根据客户需要提供定制化仓储服务。出租属于自己的仓库或一定数

量的库位的缺点如下：在一定程度上受地域限制，个性化仓储服务水平有待提高，计算机终端和系统急需改进，企业与客户需要建立信息快速通道。

例如，杭州富日物流有限公司（以下简称"富日物流"）是一家营业性仓储企业，其商业模式就是基于配送的仓储服务。制造商或批发商通过干线运输等方式将大批量的货品存放在富日物流的仓库里，然后根据终端店面的销售需求，用小车小批量地配送到零售店或消费地。富日物流的主要客户包括大型家用电器厂商（如科龙、小天鹅、伊莱克斯、上海夏普、LG、三洋等）、酒类生产企业（如五粮液的若干子品牌、金六福等）、方便食品生产企业（如康师傅等）和其他快速消费品厂商（如金光纸业、维达纸业等）。国美电器、永乐家电等连锁销售企业和华润、万达等连锁超市也都与富日物流达成了战略合作关系。富日物流为这些客户提供仓储、配送、装卸、加工、代收款、信息咨询等物流服务，利润来源包括仓租费、物流配送费、加工服务费等。

（3）仓储企业的特点。

①仓储企业竞争激烈。传统的大型国有仓储企业，如粮食类仓储企业，正在积极转型升级并寻求发展；同时，新型的民营仓储企业不断参与竞争，使得仓储行业的竞争变得更加激烈。仓储企业数目较多，基本没有垄断性的仓储企业。

②先进的仓储技术、信息技术不断得到应用。得益于激烈的市场竞争，很多仓储企业不断引进和应用先进的仓储技术、信息技术来提高自身的竞争力。例如，自动化程度较高的仓储企业使用的信息传输与管理系统，采用电子数据交换（EDI）、条形码、射频（FRID）等技术，采集各个工序中发生的信息，实现商品入库、验收、分拣、出库等工序全过程的计算机管理和控制，既提高了效率，又加强了管理。

③仓储企业数目众多，库存拥挤和仓库闲置并存。由于企业发展水平和业务量的差别，因此不同企业对仓库容量的要求也会有所不同。有的企业规模小但业务量大，而有的企业规模大但业务量小，这就使得业务量大的企业无法满足仓库容量的需求，而业务量小的企业仓库资源却大量闲置。一方面，有的企业的仓储资源远远不能够满足其运作的需要；另一方面，有的企业的仓储资源却处于闲置浪费状态，造成社会资源的巨大浪费，严重制约了本区域仓储行业的发展。

④随着城市化进程的推进，仓储企业的经营存在困难。随着城市的扩张，很多仓库周边不再允许货车的频繁进出。城镇土地使用税的提高使仓储企业难以承受。仓储用地价格高，一些地方的政府还常常规定投资强度，使仓储企业难以承受。

（4）仓储企业存在的问题。

①部分仓储企业的服务功能过于单一。部分仓储企业单纯提供仓储和运输服务，服务能力明显不足，无法满足企业的相关配套要求。这种单一化的服务限制了企业的发展。

②自动化仓库使用率偏低。自动化仓库使用存在的主要问题是利用率低、效果不明显、规模不确定、优势不突出，许多库场资源闲置，特别是一些产品的批量小，库场设备资源闲置与重复配置矛盾突出。市场信息的不对称性导致存货的堆积或大量仓库的闲置，进而造成物资与人力资源的大量浪费，增加了企业的成本，减少了企业的收入。究其原因，主要是仓储企业没有做好仓库建设和规划的调查分析工作，资源整合度不够高，造成分布不均、布局不合理的现象。另外，部分仓储企业由于外部因素和形势变化可能导致收发任务、作业量以及货物种类的变化，而仓库设备和管理系统没有随之变化和升级，久而久之就会失去原有的市场，使仓库处于一种闲置状态。

③仓储管理水平相对低下。目前，虽然我国仓储企业的整体仓储能力巨大，但是普遍存在仓储管理水平相对较低的情况。一方面，这表现在仓储利用率低、货物周转率低、物资流通速度慢，同时仓储保管能力差，货物损耗严重；另一方面，这表现在大多数仓储企业的经营能力较低，不能充分利用仓储资源为社会提供服务，也不能充分利用仓储中的巨量沉没成本为企业和社会创造经济效益。

④仓储管理人员素质不达标。很多仓储企业缺乏高层管理人才，而基层操作人员的专业化程度不高。企业管理人员的学历水平基本为中专或大专。由于专业知识的局限性，很多人在仓管员的位置上很少能提出建设性的意见和建议，同时很少能在工作中发现问题和解决问题。这种人员结构很难提供现代化的管理，从而造成仓储货物、资金周转慢，仓储技术水平落后，不利于有效提高企业的管理水平。

二、仓储管理

1. 仓储管理的定义

仓储管理就是对仓库和仓库中储存的物品进行管理，是仓储机构为充分利用仓储资源，提供高效的仓储服务所进行的计划、组织、控制和协调的过程。仓储管理具体包括仓储资源的获得、仓库管理、经营决策、商务管理、作业管理、仓储保管、安全管理、人力资源管理、财务管理等一系列工作。

2. 仓储管理的任务

仓储管理的任务是提供物流的存储功能、创造时间价值、提高经济效益。仓储管理是现代物流中最为重要的、必不可少的环节之一。仓储管理的任务包括宏观和微观两个方面。

（1）宏观方面，仓储管理的任务如下：

①设置高效率的组织管理机构。

②以市场化手段配置仓储资源。

③积极开展商务活动。

④合理组织仓储生产。

⑤树立良好的企业形象。

⑥努力提高仓储管理水平。

⑦着力提升员工素质。

（2）微观方面，仓储管理的任务如下：

①合理组织收发，保证收发作业准确、迅速、及时，使供货单位和用户满意。

②采取科学的保管保养方法，创造适宜的保管环境，提供良好的保管条件，确保在库物品数量准确、质量完好。

③合理规划并有效利用各种仓储设施，做好革新改造，不断提升存储能力，提高作业效率。

④积极采取有效措施，保证仓储设施、库存物品和仓库职工的安全。

⑤搞好经济管理，开源节流，提高仓储企业的经济效益。

3. 仓储管理的目标

仓储管理的目标是快进、快出、多储存、保管好和费用省，通过仓储管理使仓储功能以最经济的方式实现，即实现仓储合理化。仓储合理化的标志和具体内容如表1-2所示。

表1-2 仓储合理化的标志和具体内容

标志	具体内容
质量标志	科学地保管保养物品，保证物品具有使用价值，是实现仓储合理化的基本要求，可以通过质量控制来保证仓储质量
数量标志	物品数量控制体现了整个仓储管理的科学化和合理化程度。合理的仓储数量应达到满足需求和成本最低的要求
时间标志	仓储物应处于动态的、不断周转的状态下，时间标志就反映了仓储的动态管理程序。仓储企业在保证仓储功能实现的基础上，寻求一个合理的储存时间
结构标志	储存物品种类、规格、花色的比例关系
费用标志	仓租费、维护费、保管费、损失费和资金占用利息等实际费用的大小和比例
分布标志	不同地区仓储数量的比例关系反映了需求的满足程度和对整个物流系统的影响

4. 仓储管理的内容

仓储活动虽然服务于生产，但是又与生产活动不同，有其独特的劳动对象和方式。在仓储活动过程中，物资验收、入库、出库等一些基本环节是仓储业务活动的主要内容。这些基本环节工作质量的好坏直接关系到整个仓储工作能否顺利进行，直接影响整个仓储工作质量的好坏。因此，企业管理者应加强各个基本环节的管理，这是搞好仓储工作的前提。仓储管理的主要内容如表1-3所示。

表1-3　仓储管理的主要内容

标志	具体内容
仓库选址与建筑	属仓库管理战略问题，影响仓库长期经营过程中的服务水平和成本
仓库机械设备选择与配置	恰当选择机械设备有利于降低仓储作业工人劳动量，提高流通顺畅性和保障商品质量
仓库业务管理	属仓储日常管理的最基本内容
仓库库存管理	合理的库存有利于企业降低成本，提高效率
仓库组织管理	合理的组织是仓储管理目标得以实现的基本保证
仓库信息技术	信息技术是现代化物流管理的重要内容

【任务拓展】

电子商务企业的仓储管理目前存在诸多发展瓶颈，如货物存放需要大量库存、人手不足导致大量货物不能及时发出。这些因素极大地制约和影响了电子商务企业的发展，正在成为快递企业的"掘金点"。通过为电子商务企业建立库存，探索"仓储+配送"的物流体系，部分快递企业已经开始试水"新蓝海"。这种新的快递服务模式，未来或许将成为快递行业的整体发展趋势。近年来，在一次宅急送主办的电子商务推介会上，宅急送重庆分公司总经理表示："宅急送从两年前就开始探索'仓储+配送'的物流体系。""仓储+配送"是什么意思呢？针对电子商务行业的快递，目前较为普遍的现象是电子商务卖家自己有仓库，当接到客户订单时，卖家自己负责订单汇总、发货计划、拣货配货包装，而快递企业只负责取件、中转和配送。电子商务卖家将货物存放在快递企业的库房，在接到订单后将订单汇总情况发给宅急送，配送计划、拣货、配货、包装、中转、派送全部环节则交由快递企业来执行，电子商务企业只需支付一定的服务费用。在网上以销售3C产品为主的渝首电子的一名毛姓负责人表示："'双11'期间订单暴增至每天1万多单，由于人手问题，我和员工通宵拣货发货，但还是有大量货物不能按时发出，因此我们还被消费者投诉了。"2019年，全国快递业务量和业务收入分别完成 630 亿件和 7 450 亿元，同比分别增长 24% 和 23%。2019 年，全年邮政业业务总量和业务收入分别完成 1.6 万亿元和 9 600 亿元，同比分别增长 30% 和 21%，业务收入占生产总值的比重接近 1%。网购的成交是通过快递企业来实现的。在激烈的竞争下，快递企业可以更多地参与到电子商务中去，而为电商企业提供仓储服务，则是一个全新的模式和一条全新的路径，这或许将会是物流快递行业未来一个重要的发展趋势。

通过对本任务的学习，结合上述案例资料，请你谈谈电商仓储服务的主要内容应该是什么，应如何进行高效的电商仓储服务才能够准时、及时、高效地将货物送到消费者手中？

任务二　仓储企业组织架构

 【任务目标】

1. 知识目标

☑仓储企业组织结构特征

☑不同类型组织结构的优缺点

☑仓储企业的常见组织结构

2. 技能目标

☑能够列举仓储企业常见的组织结构

☑能够分析各种组织结构的优缺点及适用条件

☑能够完成初步的组织结构设计

3. 素养目标

☑结合组织结构，理解并培养团队协作意识

☑具备良好的沟通及上传下达协调能力

☑具备服从工作安排的意识，发挥自己在组织结构中不同角色的作用

☑对待本职工作尽职尽责

 【任务描述】

深圳市 SZT 物流有限公司（以下简称"SZT 物流"）成立于 2012 年，多年来一直致力于移动通信产品流通领域的专业物流服务，在实际运作中积累了丰富的行业经验和人才资源。目前，SZT 物流拥有覆盖全国各区域的四大配送中心和分布在全国的 28 个直属分公司、200 多个市、县的办事处及联络机构，形成覆盖全国一、二线城市和主要三线城市的自建物流网络。随着公司规模的不断扩大，SZT 物流急需建立高效的组织结构。那么，这种以

仓储配送为主的大型物流企业应如何设置科学高效的企业的组织结构才能做到为客户提供最佳、最快的专业物流服务呢？

 【任务实施】

步骤一：以小组为单位讨论分析各种组织结构的特点和利弊，在表1-4中说明，并画出示意图。

表1-4　各种组织结构的特点和利弊

组织结构类型	图示展示	优点	缺点
1			
2			
3			
4			
5			

步骤二：结合案例中 SZT 物流的实际情况，分析其应选择哪种组织结构。

步骤三：小组分工合作画出组织结构示意图，并选派代表进行讲解。

> 受个人精力、知识、经验条件的限制，一名领导人能够有效领导的直属下级人数是有一定限度的。有效管理幅度不是一个固定值，它受职务的性质、人员的素质、职能机构健全与否等条件的影响。这一原则要求在进行组织设计时，领导人的管理幅度应控制在一定水平，以保证管理工作的有效性。由于管理幅度的大小同管理层次的多少呈反比例关系，这一原则要求在确定企业的管理层次时，必须考虑到有效管理幅度的制约。因此，有效管理幅度也是决定企业管理层次的一个基本因素。

 【任务资讯】

一、组织结构的概念

企业组织结构的概念有广义和狭义之分。狭义的企业组织结构是指为了实现组织的目标，在组织理论指导下，经过组织设计形成的组织内部各个部门、各个层次之间固定的排列方式，即组织内部的构成方式。广义的企业组织结构除包含狭义的组织结构的内容外，还包括组织之间的相互关系类型，如专业化协作、经济联合体、企业集团等。

二、企业组织结构管理的意义

企业组织结构管理与组织再造工作的意义非同一般。"三个和尚没水吃"的故事已是众所皆知，"三个臭皮匠顶个诸葛亮"的故事也是家喻户晓，其实这就是组织结构管理的效果。决定一个企业是否优秀、能否基业长青，不是看企业的领导人是否杰出，最重要的是看企业的组织结构是否能让平凡的员工通过不平凡的努力，创造伟大的业绩。那么，是什么导致了不同的组合效果呢？或者说，为什么"整体可能大于各部分的总和"，也可能相反呢？其根本原因就在于组织结构不同，要素组合在一起的方式不同，从而造成了要素间配合或协同关系的差异。

组织结构设置得好，可以形成整体力量的汇聚和放大效应，否则就容易出现"一盘散沙"，甚至造成力量相互抵消的"窝里斗"局面。也许正是基于这种效果，人们常将组织誉为与人、财、物三大生产要素并重的"第四大生产要素"。美国钢铁大王卡耐基这样说道："将我所有的工厂、设备、市场、资金夺去，但只要公司的人还在，组织还在，那么，四年之后我仍会是个钢铁大王。"由此，不难看出组织结构管理及组织工作的重要性。

近年来，对企业竞争优势的关注开始集中于组织内部结构和组织行为。有研究机构提出，企业竞争力和竞争优势的核心不是依赖于拥有特定的组织资源或能力，这些通常可能被其他公司模仿或购买。伯特咨询的研究也指出，竞争优势源于组织内部运行机制，它确保企业经营的不同方面得以协调，如它的市场范围、技能、资源和程序。企业可以被视为其构成要素相互依赖的系统，所有的要素都必须在市场中保持协调一致。正是这些要素复杂而模糊的互补关系及组织协调战略目标的能力和执行的程度，给了企业一些特殊的、难以完全模仿的能力，形成了组织竞争优势的来源。

三、组织结构的形式及特点分析

1. 直线制

直线制是一种最早的也是最简单的组织形式。它的特点是企业各级行政单位从上到下实行垂直领导，下属部门只接受一个上级的指令，各级主管负责人对所属单位的一切问题负责。厂部不另设职能机构（可设职能人员协助主管人工作），一切管理职能基本上都由行政主管自己执行。直线制组织结构的优点是结构比较简单，责任分明，命令统一。直线制组织结构的缺点是要求行政负责人通晓多种知识和技能，亲自处理各种业务。这在业务比较复杂、企业规模比较大的情况下，把所有管理职能都集中到最高主管一人身上，显然是其难以胜任的。因此，直线制只适用于规模较小、生产技术比较简单的企业，对生产技术和经营管理比较复杂的企业并不适用。

2. 职能制

职能制是指各级行政单位除主管负责人外，还相应地设立一些职能机构。例如，在厂长下面设立职能机构和人员，协助厂长从事职能管理工作。职能制要求行政主管把相应的管理职责和权力交给相关的职能机构，各职能机构有权在自己的业务范围内向下级行政单位发号施令。因此，下级行政负责人除接受上级行政主管人指挥外，还必须接受上级各职能机构的领导。

职能制组织结构的优点是能适应现代化工业企业生产技术比较复杂、管理工作比较精细的特点；能充分发挥职能机构的专业管理作用，减轻直线领导人员的工作负担。职能制组织结构的缺点也很明显，它妨碍了必要的集中领导和统一指挥，形成了多头领导；不利于建立健全各级行政负责人和职能科室责任制，中间管理层往往会出现"有功大家抢，有过大家推"的现象；在上级行政领导和职能机构的指导与命令发生矛盾时，下级就无所适从，影响工作的正常推进，容易造成纪律松弛、生产管理秩序混乱。

3. 直线-职能制

直线-职能制又称生产区域制或直线参谋制。它是在直线制和职能制的基础上，取长补短，吸取这两种形式的优点而建立起来的。绝大多数企业都采用这种组织结构形式。这种组织结构形式是把企业管理机构和人员分为两类：一类是直线领导机构和人员，按命令统一原则对各级组织行使指挥权；另一类是职能机构和人员，按专业化原则从事组织的各项职能管理工作。直线领导机构和人员在自己的职责范围内有一定的决定权和对所属下级的指挥权，并对自己部门的工作负全部责任。职能机构和人员则是直线指挥人员的参谋，不能对职能部门发号施令，只能进行业务指导。

直线-职能制组织结构的优点是既保证了企业管理体系的集中统一，又可以在各级行政负责人的领导下，充分发挥各专业管理机构的作用。直线-职能制组织结构的缺点是职能部门之间的协作和配合性较差，职能部门的许多工作要直接向上层领导报告请示才能处理，这一方面加重了上层领导的工作负担，另一方面也造成办事效率低下。为了克服这些缺点，组织可以设立各种综合委员会，或者建立各种会议制度，以协调各方面的工作，起到沟通作用，帮助高层领导出谋划策。

4. 事业部制

事业部制最早是由美国通用汽车公司总裁斯隆于1924年提出的，故有"斯隆模型"之称，又叫"联邦分权化"，是一种高度集权下的分权管理体制。它适用于规模庞大、品种繁多、技术复杂的大型企业，是国外较大的联合公司所采用的一种组织形式。近年来，我国的一些大型企业集团或公司也引进了这种组织结构形式。事业部制是分级管理、分级核算、自负盈亏的一种形式，即一个公司按地区或按产品类别分成若干个事业部，从产品的设计、原料采购、成本核算、产品制造，一直到产品销售，均由事业部及其所属工厂负责，实行单独核算、独立经营，公司总部只保留人事决策、预算控制和监督大权，并通过利润等指标对事业部进行控制。有的事业部只负责指挥和组织生产，不负责采购和销售，实行生产和供销分立，但这种事业部正在被产品事业部所取代。还有的事业部则按区域来划分。

5. 模拟分权制

模拟分权制是一种介于直线职能制和事业部制之间的组织结构形式。许多大型企业，如连续生产的钢铁企业、石油化工企业由于产品品种或生产工艺过程所限，难以分解成几个独立的事业部。又由于企业的规模庞大，以致高层管理者感到采用其他组织形态都不容易管理，这时就出现了模拟分权制组织结构。所谓模拟，就是要模拟事业部制的独立经营、单独核算，但不是真正的事业部，实际上是一个个"生产单位"。这些生产单位有自己的职能机构，享有尽可能大的自主权，负有"模拟性"的盈亏责任。模拟分权制的目的是要调动生产单位的生产经营积极性，达到改善企业生产经营管理的目的。需要指出的是，各生产单位由于生产上的连续性，很难将它们截然分开。就以连续生产的石油化工企业为例，甲生产单位生产出来的"产品"直接就成为乙生产单位的原料，无需停顿和中转。因此，它们之间的经济核算只能依据企业内部的价格，而不是市场价格。也就是说，这些生产单位没有自己独立的外部市场，这也是模拟分权制与事业部制的差别所在。

模拟分权制组织结构的优点除调动各生产单位的积极性外，还有解决企业规模过大而不易管理的问题。高层管理人员将部分权力分给生产单位，减少了自己的行政事务，从而把精力集中到战略问题上来。模拟分权制的缺点是不易为模拟的生产单位明确任务，造成考核上的困难。各生产单位领导人不易了解企业的全貌，在信息沟通和决策权力方面也存在着明显的缺陷。

6. 矩阵制

矩阵制是指把既有按职能划分的垂直领导系统，又有按产品（项目）划分的横向领导关系的机构的组织结构。矩阵制组织是为了改进直线制和职能制横向联系差、缺乏弹性的缺点而形成的一种组织结构。它的特点表现为围绕某项专门任务成立跨职能部门的专门机构，如组成一个专门的产品（项目）小组去从事新产品开发工作，在研究、设计、试验、制造各个不同阶段，由有关部门派人参加，力图做到条块结合，以协调有关部门的活动，保证任务的完成。这种组织结构是固定的，人员却是变动的，需要谁，谁就来，任务完成后就可以离开。项目小组和负责人也是临时组织与委任的。任务完成后就解散，有关人员回原单位工作。因此，这种组织结构非常适用于横向协作和攻关项目。

矩阵制组织结构的优点是机动、灵活，可以随项目的开发与结束进行组织或解散。由于这种组织结构是根据项目组织的，任务清楚，目的明确，因此各方面有专长的人都是有备而来的。在新的工作小组里，人们能沟通、融合，把自己的工作同整体工作联系在一起，为攻克难关、解决问题而献计献策。从各方抽调来的人员有信任感、荣誉感，增强了责任感，激发了工作热情，促进了项目的实现。矩阵制还加强了不同部门之间的配合和信息交流，克服了直线制和职能制中各部门互相脱节的现象。

矩阵制组织结构的缺点是项目负责人的责任大于权力，因为参加项目的人员来自不同部门，隶属关系仍在原单位，只是为"会战"而来，所以项目负责人对他们的管理存在困难，没有足够的激励手段与惩治手段。这种人员上的双重管理是矩阵制的先天缺陷。由于项目组成人员来自各个职能部门，当任务完成以后仍要回到原单位，因此容易产生临时观念，对工作有一定影响。

矩阵制适用于一些重大攻关项目。企业可以用矩阵制来完成涉及面广的、临时性的、复杂的重大工程项目或管理改革任务。矩阵制特别适用于以开发与实验为主的单位。

四、组织结构的发展趋势

1. 扁平化

组织结构的扁平化是指通过减少管理层次、裁减冗余人员来建立一种紧凑的扁平组织结构，使组织变得灵活、敏捷，提高组织效率和效能。彼得·德鲁克预言：未来的企业组织将不再是一种金字塔式的等级制结构，而会逐步向扁平式结构演进。根据1988年对美国41家大型公司的调查，成功的公司比失败的公司平均要少4个层级。扁平化组织结构的优势主要体现在以下几个方面：

（1）信息流通畅，使决策周期缩短。扁平化的组织结构可以减少信息的失真，增加上下级的直接联系，使信息沟通与决策的方式和效率得到改变。

（2）创造性、灵活性加强，使士气和生产效率提高，使员工工作积极性提高。

（3）可以降低成本。管理层级和职工人数的减少、工作效率的提高，必然带来产品成本的降低，从而使公司的整体运营成本降低、市场竞争优势增强。

（4）有助于增强组织的反应能力和协调能力。企业所有部门及人员更直接地面对市场，减少了决策与行动之间的时滞，增强了企业对市场和竞争动态变化的反应能力，从而使组织能力变得更柔性、更灵敏。

组织结构框架从垂直式实现向扁平式转化是众多知名大企业走出大而不强困境的有效途径之一。美国通用电气公司推行"零管理层"变革，杰克·韦尔奇把减少层级比喻为给通用电气公司"脱掉厚重的毛衣"。例如，在一个拥有8 000多工人的发动机总装厂里，只有厂长和工人，除此之外不存在任何其他层级。生产过程中必需的管理职务由工人轮流担任，一些临时性的岗位，如招聘新员工等，由老员工临时抽调组成，任务完成后即解散。我国家电行业的知名企业长虹、海尔等也进行了企业组织结构的调整，从原来的垂直金字塔结构实现了向扁平式结构的转化。

2. 网络化

随着信息技术的飞速发展，信息的传递不必再遵循自上而下或自下而上的等级阶层就可以实现部门与部门、人与人之间直接的信息交流。企业内部的这种无差别、无层次的复杂的信息交流方式，极大地刺激了企业中信息的载体和运用主体——组织结构网络化发展。

组织结构网络化主要表现为企业内部结构网络化和企业间结构网络化。企业内部结构网络化是指在企业内部打破部门界限，各部门及其成员以网络形式相互连接，使信息和知识在企业内快速传播，实现最大限度的资源共享。全方位的交流与合作既包括了企业之间超越市场交易关系的密切合作，又包括了企业内部各部门之间、员工之间广泛的交流与合作，而且这些交流与合作是以信息技术为支撑的，并将随着信息技术的发展而得到不断强化。当然，网络关系不能完全取代组织中的权威原则的作用，否则组织就会出现混乱，因此网络组织中的层级结构始终是需要保持的，只不过在组织结构网络化的条件下，组织采取的是层级更少的扁平化结构。

企业间结构网络化包括纵向网络和横向网络。纵向网络是指由行业中处于价值链不同环节的企业共同组成的网络，如供应商、生产商、经销商等上下游企业之间组成的网络。这种网络关系打破了传统企业间明确的组织界限，大大提高了资源的利用效率及对市场的响应速度。横向网络是指由处于不同行业的企业所组成的网络。这些企业之间发生着业务往来，在一定程度上相互依存。最为典型的例子是日本的财团体制，大型制造企业、金融企业和综合商社之间在股权上相互关联，管理上相互参与，资源上共享，在重大战略决策上采取集体行动，各方之间保持着长期和紧密的联系。

组织的网络化使传统的层次性组织和灵活机动的计划小组并存，使各种资源的流向更趋合理化，通过网络集中时间和空间，加速企业全方位运转，提高企业的效率和绩效。

3. 无边界化

无边界化是指企业各部门间的界限模糊化，目的在于使各种边界更易于渗透，打破部门之间的沟通障碍，有利于信息的传送。在具体的模式上。比较有代表性的无边界化模式是团队组织。团队指的是职工打破原有的部门边界，绕开中间各管理层，组合起来直接面对顾客和对公司总体目标负责的以群体和协作优势赢得竞争优势的企业组织形式。这种组织成为组织结构创新的典型模式。团队一般可以分为两类：一类是专案团队。其成员主要是来自公司各单位的专业人员，其使命是为解决某一特定问题而组织起来，问题解决后即宣告解散。另一类是工作团队。工作团队可以进一步分为高效团队和自我管理团队。工作团队一般是长期性的，常从事日常性的公司业务工作。

因此，无边界化是一种非常具有新意的企业组织结构创新思想，它完全是超国界、超制度、超阶层的。组织作为一个整体的功能得以提升，已经远远超过各个组成部门的功能。

4. 多元化

企业不再被认为只有一种合适的组织结构，企业内部不同部门、不同地域的组织结构不再是统一的模式，而是根据具体环境及组织目标来构建不同的组织结构。管理者要学会利用每一种组织工具，了解且有能力根据某项任务的业绩要求，选择合适的组织工具，从一种组织转向另一种组织。

5. 柔性化

组织结构的柔性化是指在组织结构上，根据环境的变化，调整组织结构，建立临时的以任务为导向的团队式组织。组织柔性化的本质是保持变化与稳定之间的平衡。组织柔性化需要管理者具有很强的管理控制力。

随着信息化、网络化、全球化的日益发展，企业内外部信息共享、人才共用已成为主要特征。全球范围跨国经济的发展和企业集团的壮大，已初步形成了一种跨地区、跨部门、跨行业、跨职能的具有高度柔性化的机动团队化组织。柔性化组织最显著的优点是灵活便捷、富有弹性，因为这种组织结构可以充分利用企业的内外部资源，增强组织对市场变化与竞争的反应能力，有利于组织较好地实现集权与分权、稳定性与变革性的统一。除此之外，企业还可以大大降低成本，促进人力资源的开发，并推动企业组织结构向扁平化发展。柔性化的组织结构强化了部门间的交流与合作，让不同方面的知识共享后形成合力，有利于技术的创新。

6. 虚拟化

组织结构的虚拟化是指用技术把人、资金、知识或构想组成一个无形的组织，以实现一定的组织目标的过程。虚拟化的企业组织不具有常规企业所具有的各种部门或组织结构，而是通过网络技术把目标所需要的知识、信息、人才等要素联系在一起，组成一个动态的资源利用综合体。虚拟组织的典型应用是创造虚拟化的办公空间和虚拟化的研究机构。前者是指同一企业的员工可以置身于不同的地点，但通过信息和网络技术连接起来，如同在同一办公场所内，同步共享和交流信息与知识。后者是指企业借助通信网络技术，建立一个能把世界各地的属于或不属于本企业的研究开发人员、专家或其他协作人员联系在一起，跨越时空的合作联盟，实现一定的目标。

 【任务拓展】

2015—2016 年，国内诸多品牌物流企业，包括顺丰、德邦、韵达、菜鸟等在内，都在对其企业组织结构进行大幅调整，一时引起业内人士的热议。一般而言，对企业的组织结构进行调整是一件"伤筋动骨"的事情，涉及企业资源分配协调、决策权调整、信息流变化等方面。企业采取这样的行动，可以理解为情非得已，可以理解为战略方向调整，可以理解为转型升级……其背后究竟暗藏着怎样的战略玄机呢？德邦的组织结构调整相较而言是比较频繁的，其从初创期开始就进行了多次组织结构调整。2016 年，德邦又进行了一次大的组织结构调整，主要采取了四项措施：一是将市场营销本部更名为零担本部；二是成立快运事业群，隶属于总裁，下辖零担本部、快递本部、运营本部；三是成立营管管理部，隶属于快运事业群；四是成立流程与信息技术（IT）本部，隶属于总裁，下辖流程支持部、营运流程支撑中心等。2017 年年初，德邦又进行了组织结构变革，其中主要的变动有成立营运事业群、职能事业群，隶属于总裁；成立枢纽中心本部、营运办公室，隶属于营运事业群；成立资本运营本部，隶属于职能事业部。其变化后的部分组织结构如图 1-1 所示。请分析德邦组织结构调整的原因，其新的组织结构有哪些利与弊？

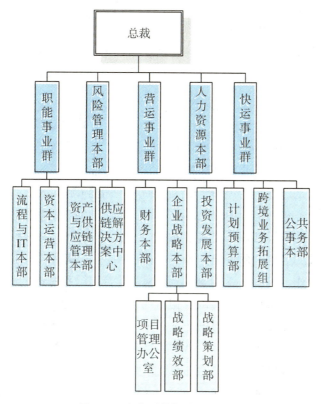

图 1-1　变化后的部分组织结构

任务三　仓储基层岗位设置

 【任务目标】

1. 知识目标

☑仓储企业相关岗位设置及岗位目标

☑仓储管理员的岗位职责及岗位要求

☑仓储领域相关岗位的专业素养要求

2. 技能目标

☑能够按照仓储相关岗位要求树立学习目标，制订学习计划

☑能够按照仓储相关岗位要求严格要求自己，培养相关职业能力与素养

3. 素养目标

☑培养灵活的工作方式方法，能够适应内外环境的变化

☑勤于思考，富于开拓

☑具备良好的身体素质

☑能吃苦耐劳，精力充沛

 【任务描述】

玲玲是即将走向实习岗位的物流专业的学生。收到实习带队老师发布的招聘单位简介，她很感兴趣，想了解自己学习了仓储业务操作课程可以胜任哪些工作岗位？面试需要做好哪些知识与技能的准备？

嘉里物流是以亚洲为基地，拥有强大网络的国际第三方物流服务供应商。其核心业务包括综合物流、国际货代、快递和供应链解决方案。嘉里物流的总部设于香港，其业务足迹遍布 55 个国家和地区，货运代理网络跨越六大洲。目前，名列全球百强品牌排行榜中超过 40 家不同行业的企业选择与嘉里物流合作。其核心竞争力是为跨国企业及国际品牌提供量身定制的解决方案，满足客户采购、生产以及销售的需要，帮助客户提升供应链效率、节省整体成本以及加快回应市场变化。嘉里物流在世界各地管理着大量场地及物流设施，为客户提供可靠、灵活的物流服务，以支援客户的业务拓展和长远发展。凭借横跨欧亚大陆的陆路及铁路货运网络，嘉里物流为客户提供灵活且具有成本效益的多式联运方案。嘉里物流在 2019 年全球 50 强空运代理排名中位列第 16 位，在全球 50 强海运代理排名中位列第 7 位。此次企业招聘的岗位及需求，如表 1-5 所示。

表 1-5　企业招聘的岗位及需求

岗位名称	所属机构	工作地点	招聘人数/人	发布日期
仓储项目主管	深圳分公司	异地招聘	2	2023-10-30
资料员	广州开发区	广州-花都区	1	2023-10-28
机电工程师	广州开发区	广州-花都区	1	2023-10-28
土建工程师	广州开发区	广州-花都区	1	2023-10-28
仓库操作员	无锡分公司	无锡	5	2023-10-30
仓库助理（秦贤系统操作）	上海分公司	上海-浦东新区	1	2023-10-27
物流销售代表	深圳分公司	异地招聘	2	2023-10-30
高级系统管理员	深圳分公司	深圳-福田区	若干	2023-10-30
货代单证操作	杭州分公司	杭州-拱墅区	1	2023-10-29
物流操作员	广州开发区	江门	1	2023-10-28

 【任务实施】

步骤一：各小组完成物流企业仓储相关岗位调查，写出相关岗位（不少于5 个）。

步骤二：各小组写出 3 个以上的常设岗位的岗位职责及任职要求。

步骤三：各小组组员写出自己面试前要做的准备工作，并写出自己的学习目标和计划。

步骤四：各小组组建一个公司，确定 3 人为领导决策层，列出本公司名称以及招聘的岗位和条件。各小组根据公司资产规模（50 万元）组建公司，进行部门划分并落实各部门人员聘用人数。组建各部门要制定岗位任务说明书并写出岗位职责。各小组模拟企业招聘，制作招聘海报，公示招聘岗位、要求、人数、薪资等信息。各小组制作简历，模拟应聘面试，按照真实的应聘情景来准备。教师根据各小组的表现评选最佳组织奖，根据应聘者的表现评选最佳表现奖。

【任务资讯】

一、仓储部在企业中所处的位置

仓储部要为企业的高层管理人员（如总经理、副总经理）提供各类库存数据，如物品的实际在库数量、呆废料的数量、贵重物料的耗用情况等，以便其充分了解企业的实际库存情况。同时，仓储部应按照企业的相关规定开展储存工作，确保储存物品的安全，并控制好库存成本。仓储部应做好与其他部门的沟通协调工作。例如，仓储部应与采购部进行沟通，以便仓储部及时验收采购回来的物料。同时仓储部也要按照品质部的意见处理采购回来的物料，如果品质部判定该批物料不合格，仓储部就不得验收入库仓储。企业的组织架构如图 1-2 所示。

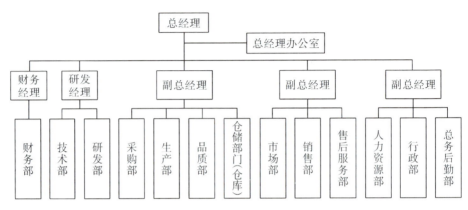

图 1-2　仓储企业的组织架构

二、仓库的部门规划与岗位设置

一个功能完备的仓库通常需要各种人员，主要可以归为四类：管理人员、库房作业人员、辅助作业人员、其他辅助人员。管理人员是指仓库主管、仓库经理、财务人员等；库房作业人员是指库内物品管理人员（仓管员或保管员、记账员等）；辅助作业人员是指仓库内各种设备设施维修人员（如叉车、托盘等维修人员以及电工等）、操作人员（如叉车司机、吊车司机等）；其他辅助人员是指为员工提供饮食、休息、盥洗、接待、娱乐等各项服务的人员。仓储企业部门规划与岗位设置如图 1-3 所示。

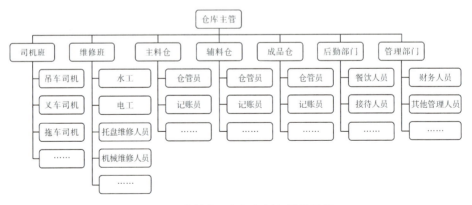

图 1-3　仓储企业部门规划与岗位设置

三、仓储管理人员的基本要求

1. 仓库主管的岗位职责和岗位素质要求

由于仓库的性质不同，仓库主管的岗位职责和岗位素质要求会有所不同，同时也有很多相同之处。

（1）仓库主管的岗位职责。

①仓库主管要刻苦钻研业务知识，合理优化仓库工作方法及流程，控制仓库运作成本。仓库主管要全面了解仓库存储的产品，进行统筹分析，对库区的工作做出相应的调整，达到有效管理仓库的目的；对仓库进行分区管理，将各类物品分区放置，摆放整齐，做好标识；参与公司宏观管理制度和策略的制定。

②仓库主管要全面掌握仓库物资库存情况。仓库主管要把库存量及时通告各使用部门，并根据市场情况提出申请采购建议，随时填写采购单，以保证标准库存量，满足生产需要；根据物资的出库情况（或销售进度、生产进度等）以及业务部的采购计划，做好各种物资的申购、验收、保管以及发放业务的组织管理工作，确保产品正常进出库房以及产品的完整性。

③仓库主管要安排仓库日常工作。仓库主管要每日负责安排仓管员工作，确保仓库日常工作有序进行，对仓管员工作进行现场督导，督促仓管员做好各类台账，确保准确无误，以便统计和核查；督促和配合仓管员定期对仓库产品盘点清查，发现账物不符时，找出原因予以调账或上报公司领导处理。

④仓库主管要制定仓库管理制度及人力资源计划。仓库主管要按照公司的发展规划拟定部门人员编制，报公司批准；定期对仓库员工进行工作培训；制定仓库管理制度，检查员工的考勤和工作态度，检查员工执行工作程序与标准的情况，并根据相关制度对下属人员进行考核，奖惩；签发仓库各级文件和单据。

⑤仓库主管要配合公司其他部门开展工作，做好横向沟通。仓库主管要及时与业务部沟通到货情况，并组织人员做好接货准备；及时与业务部、仓管员核对产品出入库记录，对物品的出入库要及时验收、登记账簿，做到账物相符，发现问题及时向上级反馈；与业务部及生产部门沟通确认例外事项。

⑥仓库主管要加强管理，做好仓库安全（防火、防盗、防破坏）工作及防盗报警器的设防工作，对仓库的常规及紧急事务做出及时处理，完成上级交代的其他工作任务。

⑦仓库主管要每周做好工作总结报告，如实反映工作情况和工作中遇到的问题，积极提出合理化建议，对贬值、不完整和不合格产品向公司提出处理意见。

⑧仓库主管要以身作则，用正确的工作方法、积极负责的态度处理仓库日常工作，关心、爱护、团结下属员工，解决下属员工的困难和问题；发扬团队精神，发挥团队力量，带领下属员工做好仓库各项工作。

（2）仓库主管的岗位素质要求。

①仓库主管应学习物流管理、库存管理等相关专业知识，具备相关的行业知识和业务敏锐性。

②仓库主管应具备良好的身体素质及抗压能力，能胜任繁重的脑力劳动。

③仓库主管应熟悉电脑操作，了解信息化理论，能熟练使用办公软件；对财务账目有深刻的理解与认识，能及时发现日常账目与报表中的问题；具有良好的外语运用能力。

④仓库主管应具有较强的组织管理能力、解决问题能力，熟悉仓储业务，能组织仓库的各项作业。

⑤仓库主管应具有一定的经营管理经验，掌握现代仓库经营管理方法，能以系统的观念整合仓储经营业务；具有一定的开拓精神，能不断开拓仓储经营业务。

⑥仓库主管应具有较强的经营决策能力，处事稳健，有良好的控制力。

⑦仓库主管应善于沟通，有较强的协调能力。

⑧仓库主管应了解现代人力资源管理知识，能激发员工的工作热情和团队精神。

2. 仓管员的岗位职责和岗位素质要求

（1）仓管员的岗位职责。

①仓管员要热爱本职工作，遵守公司各项规章制度。

②仓管员要负责管理仓库存放商品（包括商品进仓和出仓），对仓库内商品的数量、质量以及产品是否完整负责，爱护商品和仓库的一切物品；及时做好物资的入库验收、保管保养和出库发运工作；严格遵守各项手续制度，做好收有据、发有凭，及时准确登记销账，手续完备，账物相符，把好收、发、管三关，使商品进仓和出仓准确无误；发现有破损商品（包括外包装破损）问题要及时止损，并报告上级主管处理。

③仓管员要熟悉仓库的结构、布局、技术定额；熟悉仓库规划；熟悉堆码、苫垫技术，掌握堆垛作业要求；在库容使用上做到妥善安排货位，合理高效利用库位，堆垛整齐、稳固、间距合理，方便作业、清数、保管、检查、收发。仓管员有管理搬运工人的职责和权力，发现搬运工人有不正确的操作行为，要及时制止、纠正。

④仓管员要熟悉仓储物资的特性、保管要求，能有针对性地进行保管，防止物资损坏，提高仓储质量；熟练地填写账表、制作单证，妥善处理各种

单证业务；了解仓储合同的义务约定，完整履行义务；妥善处理风、雨、热、冻等自然灾害对仓储物资的影响，防止和减少损失。

⑤仓管员要重视仓储成本管理，不断降低仓储成本。仓管员要妥善保管好剩料、废旧包装，做好回收工作；妥善保管、细心使用用具、苫垫、货板等，以延长其使用寿命；重视研究物资仓储技术，提高仓储利用率，降低仓储物资耗损率，提高仓储的经济效益；做好日常盘点和月末盘点工作，随时了解仓库的储备情况，如出现储备不足或超储积压、呆滞等问题要及时上报。

⑥仓管员要加强业务学习和训练，熟练地掌握计量、衡量、测试用具和仪器的使用；掌握分管物资的货物特性、质量标准、保管知识、作业要求和工艺流程；及时掌握仓库管理的新技术、新工艺，适应仓储自动化、现代化、信息化的发展，不断提高仓储的管理水平；了解仓库设备和设施的性能与要求，督促设备维护和维修；根据实际工作状况，积极提出经营和管理的合理化建议。

⑦仓管员要严格按照仓库安全管理的规章制度，每日清洁清扫库内地面及商品包装，时刻保持警惕，做好防火、防盗、防破坏、防虫鼠害等安全保卫工作，防止各种灾害和人身伤亡事故，确保人身、物资、设备的安全。

⑧仓管员要服从上级领导的工作安排，积极配合仓库主管和搬运工人，完成各项工作任务。

⑨仓管员要妥善保管原始凭证、账本以及各类文件，保守商业秘密，不得擅自将有关文件带出公司。

（2）仓管员的岗位素质要求。

①仓管员应具有敬业精神，热爱本职工作。

②仓管员应具备良好的身体素质和抗压能力，能胜任繁重的体力劳动。

③仓管员应熟悉电脑操作，熟悉办公软件，能使用仓库管理信息系统，对财务账目有一定的了解与认识，并能及时处理日常账目与报表。

④仓管员应了解现代仓储管理基础知识，熟悉仓库管理业务程序。

⑤仓管员应了解现代商品学的基础知识，并能将其运用到仓库管理工作中。

⑥仓管员应熟练掌握本岗位工作的各项业务操作要求和管理规定。

⑦仓管员应具有良好的工作协调能力，善于协调各种工作关系；具有团队精神，善于沟通，发挥团队协作的作用。

> ——小贴士——
>
> 　　现代物流企业的类型主要有运输型、仓储型、配送型、综合服务型。现代物流按照服务方向分类主要有口岸物流、制造业物流、城市配送物流、会展物流、物流金融等。绝大部分物流岗位主要分布在企业内部物流和第三方专业物流公司。同学们可以结合自己的优缺点进行分析，选择合适的就业方向，提前做好职业规划，明确学习目标，制订学习计划。

四、仓储企业的基层岗位设置

（一）仓储管理人员的岗位职责

（1）仓储管理人员要严格遵守各项仓储管理规章制度。

（2）仓储管理人员要熟悉仓储库管理流程，掌握进销存管理基本知识，按仓库标准作业流程进行日常作业。

（3）仓储管理人员要对商品管理的有序性、安全性、完整性以及有效性负责，对物资实行分区存放管理，确保安全。

（4）仓储管理人员要与驾驶员及采购员密切配合，履行好商品储备和配送的物流职能，并及时向领导反馈商品的短缺或过量采购等异常情况。

（5）仓储管理人员要做好收货作业工作，严格验收、清点数目和损坏情况，登记入账，把货物有序摆放到指定货位。

（6）仓储管理人员要做好发货作业工作，根据出库通知单确认物品种类和数量，进行备货核验，做好交接，开具出库单。

（7）仓储管理人员要做好库存管理工作，根据实际业务要求，及时盘存，提出合理化库存建议。

（8）仓储管理人员要做好出入库记录，每笔出入账要及时登记到台账或电脑上，以便核对。

（9）仓储管理人员要负责仓库内物资分区分类管理，确保物流畅通，提高库存周转率。

（10）仓储管理人员要认真做好仓库的安全管理，经常整理查验货物状态，及时排查火灾及其他安全隐患。

（11）仓储管理人员要负责分配、督导、检查，确保库存数据准确，确保出入库控制的准确性。

（12）仓储管理人员要积极完成上领导安排的各项工作。

（二）搬运、装卸、开箱人员的岗位职责

（1）搬运、装卸、开箱人员要服从分配，听从指挥，并严格遵守各项仓储规章制度。

（2）搬运、装卸、开箱人员要确保物资装车牢固，避免运送途中发生

意外。

（3）搬运、装卸、开箱人员要根据产品类别和要求，轻装轻卸轻搬，避免人为破损。

（4）搬运、装卸、开箱人员不得有抛扔、翻滚、脚踢、在地上拖拉货物等野蛮装卸动作。

（5）叉车作业一定要有人员在旁边指挥与协助，其他人员不得在旁边围观，要特别注意人员与货物的安全。

（6）搬运、装卸、开箱人员要协助配送、当班点货人员做好出入库货物与数量方面的查验和在库安全保管措施。

（7）搬运、装卸、开箱人员要掌握物品的特性，文明装卸，按搬运规定及安置管理办法搬运及堆放物品。

（8）搬运、装卸、开箱人员要在发生事故时及时组织抢救和保护好现场，并立即向领导汇报。

（9）每次装卸作业结束后，搬运、装卸、开箱人员要立刻做好装卸工具与货物防护材料的归位整理及现场清洁，保持仓库的环境卫生。

（10）搬运、装卸、开箱人员要配合仓储管理人员定期或不定期的盘点工作。

（11）搬运、装卸、开箱人员要积极完成领导安排的各项工作。

（三）物资验收、维护保养人员的岗位职责

（1）物资验收、维护保养人员要严格遵守各项仓储管理规章制度。

（2）物资验收、维护保养人员要熟悉物资的性能、结构以及使用要求。

（3）物资验收、维护保养人员要负责物资入库验收工作，包括物资数量检验、质量检验和文件检验。

（4）物资验收、维护保养人员要按照技术标准对受检验产品进行质量检验。

（5）物资的检验应严格按程序办理并形成记录。

（6）对检验中发现的问题，物资验收、维护保养人员要在检验报告中如实说明，并编制相应的验收异常通知单发送至相关项目负责人。

（7）物资验收、维护保养人员要负责仓储物资日常维护保养和周期维护保养。

（8）物资验收、维护保养人员要负责物资盘点，确保账目清晰，做到账实相符。

（9）物资验收、维护保养人员要定期对仓库呆滞、超有效期物料进行清理，汇总物料明细报表并提报处理。

（10）物资验收、维护保养人员要每日核实进出物料实物与账目，做到账、卡、物相符。

（11）物资验收、维护保养人员要每日做好库房的清洁工作，杜绝库房通道的乱堆乱放。

（12）物资验收、维护保养人员要积极完成领导安排的各项工作。

（四）数据维护及资料管理人员的岗位职责

（1）数据维护及资料管理人员要严格遵守各项仓储管理规章制度。

（2）数据维护及资料管理人员要负责仓库系统出入数据的维护和管理，确保仓库物资的账、卡、物一致。

（3）数据维护及资料管理人员要协助仓储管理人员做好库存物资的盘点工作。

（4）数据维护及资料管理人员要负责收发资料文件（各种物资入库、验收资料，各类申请单和报告记录等）。

（5）数据维护及资料管理人员要负责物料出入库原始单证的存储、传递工作。

（6）数据维护及资料管理人员要负责相关票据、单据信息和电子档案资料的数据录入与核对等工作，核对数据录入的正确性，并及时汇总、更新数据。

（7）数据维护及资料管理人员要积极完成领导安排的各项工作。

（五）叉车司机的岗位职责

（1）叉车司机要服从分配，听从指挥，并严格遵守各项仓储管理规章制度。

（2）叉车司机要熟悉叉车机械结构和性能，熟练掌握叉车驾驶技术。

（3）叉车司机要负责叉车的日常检查及维护工作，确保车辆的整洁、完好、安全。

（4）叉车司机要听从仓储管理人员的指令卸货，并按仓储管理人员的要求将货物卸在指定位置。

（5）叉车司机要在发现故障时及时向上级领导汇报，由领导安排相关维修工进行维修。

（6）叉车司机要按作业规范要求进行物资装卸、搬运和移位。

（7）叉车司机要在作业前检查叉车的性能，确保性能完好。

（8）叉车司机要严格执行叉车安全规程，杜绝违章铲运。

（9）叉车司机要保持环境整洁，不乱停乱放叉车，按指定的地方停放，在人离开叉车时必须拔掉钥匙。

（10）叉车司机要完成上级领导安排的各项任务。

 **【任务拓展】**

深圳某物流企业招聘仓库主管，任职要求如下：

（1）仓库主管要负责部门仓储物流管理工作，制定和执行仓储物流管理制度，完善供应商包装规范、仓储物流管理等相关工作。

（2）仓库主管要负责科学规划仓库，合理规划各仓库的存储空间及货物的存储方式，提升库存周转效率，做好物料库龄监控，建立呆滞物料长效处理机制，及时预警并组织开展异常物料处理。

（3）仓库主管要负责仓库的工作筹划与进度管控，合理调配人力资源。

（4）仓库主管要负责本部门日常工作计划、人员安排、进度控制、现场作业把控以及物料的先进先出管理等。

（5）仓库主管要定期组织仓库盘点工作，并对盘点差异原因进行分析，形成报表呈报给相关领导。

（6）仓库主管要持续完善仓储物流管理体系，制定、运行、优化、完善物流管理各项制度、工作流程和作业指导书。

（7）仓库主管要控制仓储、运输成本，将整体物流成本控制在公司规定的指标内。

同时，该物流企业提出仓库主管的岗位能力要求如下：

（1）仓库主管要具有良好的沟通能力、严格的执行力。

（2）仓库主管要吃苦耐劳、爱岗敬业。

（3）仓库主管要敢于挑战、勇于创新。

（4）仓库主管要具有良好的团队合作精神、较强的抗压能力。

谈谈你对此工作任职要求及岗位能力要求的理解和思考，并制订学习目标和计划。

综合技能实训

【实训目标】

学生通过对模拟公司的组建，掌握仓储企业的基本相成形式，并通过相应岗位的竞争上岗，了解岗位的任职要求和工作职责，为后续内容的学习打下基础。

【实训内容】

（1）全班分成若干小组，每组建立一家公司，确定 3 人为领导决策层，制定本公司名称以及招聘的岗位和条件，将其规范、完整地描述出来。

（2）各组根据公司资产规模（50 万元）进行部门划分。公司领导要将公司组织结构图列出。

（3）各小组模拟企业招聘，制作招聘海报，公示招聘岗位、岗位要求、招聘人数、薪资标准等信息。

（4）各小组预留两名面试官，其他组员都要制作简历去体验求职应聘的过程，面试官负责完成现场面试的工作。

（5）各组按照真实的应聘情景来准备。最后，教师根据各组的表现授予最佳组织奖和最佳表现奖。

【项目总结与评价】

1. 自我评价表（学生自评、组长评价，见表 1-6）

表 1-6　自我评价表

项目名称：			小组名称：			
评价时间：			出勤情况：			
序号	评价项目	评价标准		分值	自评分	组长评分
1	预习情况	1. 完成 2. 部分完成 3. 没做		5		
2	学习目标实现情况	1. 实现 2. 部分实现 3. 大部分未实现		10		
3	与老师同学沟通情况	1. 好 2. 较好 3. 一般 4. 存在较大问题		10		
4	与同学协作情况	1. 好 2. 较好 3. 一般 4. 存在较大问题		10		
5	技术方法运用情况	1. 好 2. 较好 3. 一般 4. 存在较大问题		20		
6	资料收集水平	1. 高 2. 较高 3. 一般 4. 差		5		
7	做事态度	1. 很认真 2. 较认真 3. 应付 4. 差		10		
8	任务是否完成	1. 完成 2. 部分完成 3. 大部分未完成 4. 全部未完成		30		
9	创新情况（加分项）	任务完成有创新性，酌情加 1~10 分				
10	自我评价	1. 整体效果： 2. 主要不足： 3. 改进措施：		总分		

2. 任务评价表（教师评价，见表 1-7）

表 1-7　任务评价表

评议项目	考评内容	评分标准	分值	实际得分
素养目标达成情况（此项为一票否决考核项目）	各任务素养目标达成	安全、积极参与、高效、团结完成工作任务，共 10 分	10	
仓储企业调研	能够积极完成企业调研任务	组织结构合理 10 分，符合效率管理等要求 10 分，共 20 分	20	

表1-7(续)

评议项目	考评内容	评分标准	分值	实际得分
组织结构分析	组织结构合理，符合企业有效管理、提高工作效率的要求	职责制定全面10分,内容符合实际10分，共40分	40	
岗位职责制定	岗位职责制定全面、符合实际要求	讲述口齿清楚、有条理，10分	20	
知识问答	相关知识共10题	每题1分，共10分	10	
总计			100	

项目二　仓储设施与设备

任务一　存储设备

【任务目标】

1. 知识目标
☑库内主要存储设备的作用及功能
☑库内不同类型货架的特点及适用范围
2. 技能目标
☑能够归纳各种货架的特点及适用范围
☑能够结合商品特点选择不同类型的货架
☑能够制作仓储设备选择说明
3. 素养目标
☑货比三家，具备成本意识
☑认真仔细、详细调研与分析，支持国产设备
☑具备团队协作意识，充分讨论分析

【任务描述】

某物流企业负责原材料仓库管理工作，主要存放各种物料。主要物料种类有 2 000 种左右，后期发展预计将达到 3 000 种以上（见表2-1）。

表2-1　某企业原材料信息

物料类别	包装箱规格	重量/千克	当前使用量	后期计划用量
冲压小件	胶箱 68.8×41.5×36 厘米	25	1 000	2 000
电气元件	胶箱 68.8×41.5×36 厘米	10	5 000	8 000
电路板	胶箱 68.8×41.5×36 厘米	10	1 000	1 500
标准件	胶箱 68.8×41.5×36 厘米	25	500	1 000
硅胶件	胶箱 68.8×41.5×36 厘米	10	1 000	2 000

表2-1（续）

物料类别	包装箱规格	重量/千克	当前使用量	后期计划用量
塑料小件	钙塑箱 62×32×37 厘米	25	5 000	8 000
电热盘	胶箱 68.8×41.5×36 厘米	25	3 000	4 000
塑料大件	钙塑箱 62×32×37 厘米	10	6 000	10 000
金属材料	地台板 100×80 厘米	1 500	300	500
塑料材料	地台板 100×80 厘米	1 500	200	400
合计			23 000	37 400

学生试为该工厂仓库选择合适的货架，并完成表 2-2。

表 2-2 货架选择

序号	货架的种类	储存的货物	选择的理由	备注
1				
2				
3				
4				
5				

【任务实施】

步骤一：学生进行商品的特点、品类、数量及储存要求分析（见表2-3）。

表 2-3 商品的特点、品类、数量及储存要求分析

商品类型	特点	数量	储存要求
冲压小件			
电气元件			
电路板			
标准件			
硅胶件			
塑料小件			
电热盘			
塑料大件			

表2-3（续）

商品类型	特点	数量	储存要求
金属材料			
塑料材料			

步骤二：学生完成常见货架的结构特点、使用范围及价格分析。

图2-1　托盘货架

托盘货架（见图2-1）的特点：＿＿＿＿＿＿＿

＿＿＿＿＿＿＿＿＿＿＿＿＿＿＿＿＿＿＿＿

＿＿＿＿＿＿＿＿＿＿＿＿＿＿＿＿＿＿＿＿

＿＿＿＿＿＿＿＿＿＿＿＿＿＿＿＿＿＿＿＿

适合存放的货物：＿＿＿＿＿＿＿＿＿＿＿＿

价格情况：＿＿＿＿＿＿＿＿＿＿＿＿＿＿＿＿

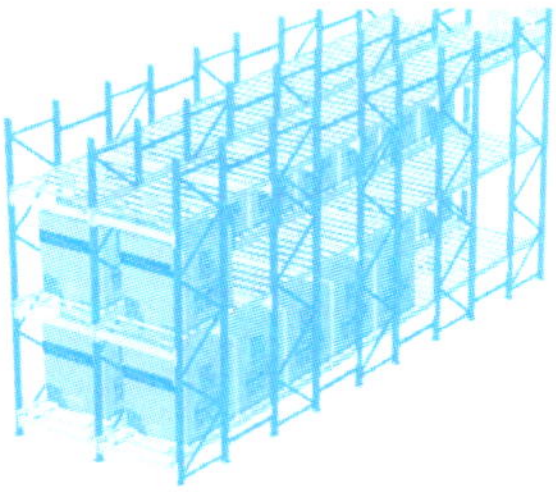

图2-2　重力式货架

重力式货架（见图2-2）的特点：＿＿＿＿＿

＿＿＿＿＿＿＿＿＿＿＿＿＿＿＿＿＿＿＿＿

＿＿＿＿＿＿＿＿＿＿＿＿＿＿＿＿＿＿＿＿

＿＿＿＿＿＿＿＿＿＿＿＿＿＿＿＿＿＿＿＿

适合存放的货物：＿＿＿＿＿＿＿＿＿＿＿＿

价格情况：＿＿＿＿＿＿＿＿＿＿＿＿＿＿＿＿

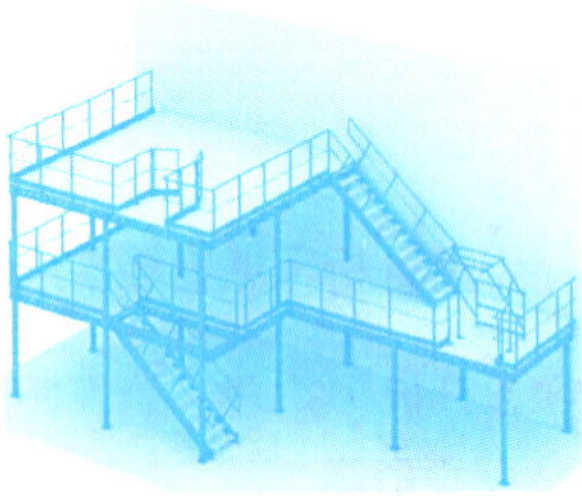

图2-3　阁楼式货架

阁楼式货架（见图2-3）的特点：＿＿＿＿＿

＿＿＿＿＿＿＿＿＿＿＿＿＿＿＿＿＿＿＿＿

＿＿＿＿＿＿＿＿＿＿＿＿＿＿＿＿＿＿＿＿

＿＿＿＿＿＿＿＿＿＿＿＿＿＿＿＿＿＿＿＿

适合存放的货物：＿＿＿＿＿＿＿＿＿＿＿＿

价格情况：＿＿＿＿＿＿＿＿＿＿＿＿＿＿＿＿

图2-4　悬臂式货架

悬臂式货架（见图2-4）的特点：＿＿＿＿＿

＿＿＿＿＿＿＿＿＿＿＿＿＿＿＿＿＿＿＿＿

＿＿＿＿＿＿＿＿＿＿＿＿＿＿＿＿＿＿＿＿

＿＿＿＿＿＿＿＿＿＿＿＿＿＿＿＿＿＿＿＿

适合存放的货物：＿＿＿＿＿＿＿＿＿＿＿＿

价格情况：＿＿＿＿＿＿＿＿＿＿＿＿＿＿＿＿

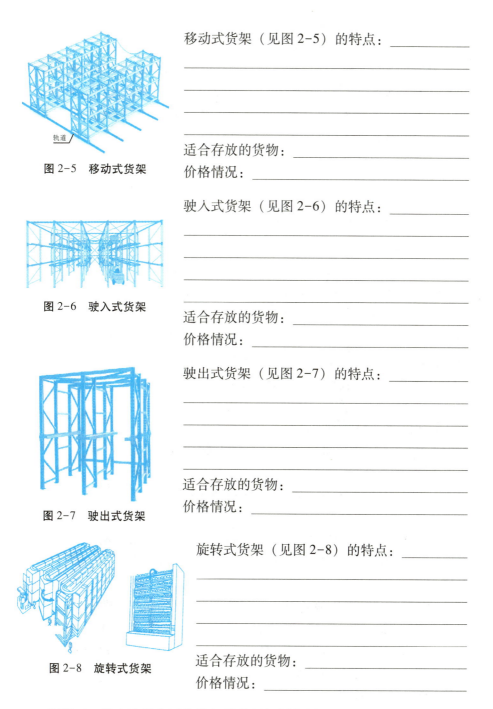

图 2-5　移动式货架

移动式货架（见图 2-5）的特点：_____

_____

_____

_____

适合存放的货物：_____

价格情况：_____

图 2-6　驶入式货架

驶入式货架（见图 2-6）的特点：_____

_____

_____

_____

适合存放的货物：_____

价格情况：_____

图 2-7　驶出式货架

驶出式货架（见图 2-7）的特点：_____

_____

_____

_____

适合存放的货物：_____

价格情况：_____

图 2-8　旋转式货架

旋转式货架（见图 2-8）的特点：_____

_____

_____

_____

适合存放的货物：_____

价格情况：_____

步骤三：学生选择合适的货架并进行规划布局。

小贴士

优质的货架是靠货架使用的钢材质量和厚度来保证的，货架结构好坏也能决定货架的好坏。分隔片对货架的强度、安全、整体稳定性都有很好的加强作用。货架的安装问题需要特别注意，货架的安装质量要经过测量，垂直度误差及对角线误差要符合标准，这样才能够保证货架的使用安全，延长货架的使用寿命。

 【任务资讯】

一、货架

1. 货架的概念和作用

（1）货架的概念。在仓储设备中，货架是指专门用于存放成件货品的保管设备。《中华人民共和国国家标准物流术语》（GB/T 18354—2006）对货架（goods shelf）的定义是用支架、隔板或托架组成的立体存储货物的设施。货架的种类特别多，在仓储物流中几乎无处不在。

（2）货架的作用。货架的作用如下：

①充分利用仓库空间，提高库容利用率和仓库储存能力。

②有利于实现仓库的机械化、自动化管理。

③存入的物品互不挤压，损耗小，减少物品的损失。

④便于采取防潮、防尘、防盗、防破坏等设施，保证储存物品的质量。

⑤存取方便，便于清点及计量，可以做到先进先出。

2. 货架的种类

随着仓库机械化和自动化程度的不断提高，仓库设施特别是货架技术也在不断发展。货架的种类多种多样，根据不同的划分方式，可以分为不同的类型。

（1）按货架的发展形态划分，货架可以分为传统式货架和新型货架。传统式货架包括层架、层格式货架、抽屉式货架、橱柜式货架、U形架、悬臂架、棚架、鞍架、气罐钢筒架、轮胎专用货架等。新型货架包括旋转式货架、移动式货架、装配式货架、调节式货架、托盘货架、进车式货架、高层货架、阁楼式货架、重力式货架、屏挂式货架。

（2）按货架的制造材料划分，货架可以分为钢货架、钢筋混凝土货架、木制货架、钢木合制货架等。

（3）按货架的结构划分，货架可以分为层架、层格架、厨架、抽屉架、悬臂架、三脚架和栅形架等。

（4）按货架的可移动性划分，货架可以分为固定式货架、移动式货架、旋转式货架、组合货架、可调式货架和流动储存货架等。

（5）按货架的高度划分，货架可以分为低层货架（高度在 5 米以下）、中层货架（高度在 5~15 米）、高层货架（高度在 15 米以上）。

（6）按货架的载重量划分，货架可以分为重型货架（每层货架载重量在 500 千克以上）、中型货架（每层载重量在 150~500 千克）、轻型货架（每层载重量在 150 千克以下）。

（7）按货架与仓库的结构关系划分，货架可以分为整体结构式货架（货架直接支撑仓库屋顶和围墙）、分体结构式货架（货架与建筑物是两个独立的系统）。

（8）按照货架的结构划分，货架可以分为组合可拆卸式货架、固定式货架。组合可拆卸式货架具有轻便、灵活、使用范围广等特点，固定式货架具有牢固、承载大、刚性好等特点。

（9）以存取作业的方式划分，货架可以分为以人工或叉车存取货架、以自动化设备配合存取货架、自动存取货架。以人工或叉车存取货架包括托盘存取货架、驶入/驶出货架、流动式货架、可移动式货架、层积式货架、悬臂式货架、窄道式货架、可携带式货架、后推式货架等；以自动化设备配合存取货架包括垂直旋转式货架、水平旋转式货架等；自动存取货架包括整体式自动仓库货架、分体式自动仓库货架等。

3. 常用的货架

（1）层架。层架由立柱、横梁、层板构成，层间用于存放货物。

①中型和重型层架一般采用固定式层架，坚固、结实、承载能力强，便于存储大件或中型、重型货物，能够配合叉车等使用，而且能充分利用仓容面积，提高仓储能力。

②轻型货架一般采用装配式，较灵活机动，结构简单，承载能力较差，适于人工存取或存储小件货物，并且存放货物数量有限，是人工作业仓库的主要存储设备。

③层格式货架原则上每个层格只能放一种货品，不易混淆，层间光线暗，存放数量少，主要用于规格复杂、多样，必须互相间隔开的货品。

④抽屉式货架主要用于存放中小型货物，还可以存放比较贵重的或怕尘土、怕湿的小件货品。通常，抽屉式货架每层载重量小于 500 千克，重型抽屉式货架可用于存放特重型模具和货物。

（2）托盘货架。托盘货架专门用于存放堆码在托盘上的货物，其基本形态与层架相似，这也是目前仓库中常用的货架之一。托盘货架结构简单，可调整组合，安装简易，成本费用较低；出入库不受先后顺序的限制，可以做到先进先出，储物形态为托盘装载货物，可以实现机械存取作业；仓容利用率高。

（3）阁楼式货架。阁楼式货架是将存储空间进行上下两层规划，利用钢架和楼板将空间间隙隔为两层，下层货架结构支撑上层货架。在厂房地板面积有限的情形下，阁楼式货架可以进行立体规划，充分、有效利用空间。阁楼式货架能够提高仓储高度，有效提高空间利用率。上层货架适合储存轻量货品，因此不适合重型搬运设备作业。此类货架存取作业效率低，仅适用场地有限而存放货物品种很多的仓库，以存放存储期较长的中小件货物为主。货物的形态最好是托盘、纸箱、包或散杂物等。

（4）悬臂式货架。悬臂式货架是在立柱上装设悬臂构成的。悬臂常用金属材料制造，其尺寸一般根据所存放物料尺寸的大小确定。为了防止物料损伤，悬臂上通常加垫木质衬垫或橡胶带以起到保护作用。此类货架适用于长形物料和不规则物料的存放；适用于人力存取操作，不适合机械化作业；一般需要配合叉距较大的搬运设备，如叉距较大的侧面式叉车，因此货架高度受限，一般在6米以下。这使得仓库的空间利用率低，仅为30%~50%。

（5）移动式货架。移动式货架底部装有滚轮，通过开启控制装置，滚轮可以沿道轨滑动。移动式货架减少了通道数，使地面使用率达80%，并且存取方便，可以先进先出，使用高度可达12米，单位面积存储量可以提升至普通货架的2倍左右。但是，移动式货架的机电装置多，建造成本高，维护困难，这使得移动式货架主要适用于仓库面积有限、数量众多的货物的存储。

（6）重力式货架。重力式货架又称为流动式货架，分为托盘重力货架和箱式重力货架。重力式货架的特点如下：

①单位面积库房存储量大。重力式货架是密集型货架的一种，能够大规模、密集地存放货物。由于密集程度很高，重力式货架减少了通道数量，可以有效节约仓库的面积。由普通货架改为重力式货架后，仓库面积可以节省近50%。

②固定了出入库位置，减少了出入库运行工具的距离。采用普通货架出入库时，搬运工具（如叉车、作业车等）需要在通道中穿行，易出差错，并且搬运工具运行线路难以规划，运行距离较长；采用重力式货架后，叉车距离可缩短约1/3。

③专业、高效、安全性高。重力式货架的拣货端与入货端分离，能提高作业效率和作业的安全性。

④保证货物先进先出。重力式货架能保证货物先进先出，并且方便拣货，普遍应用于配送中心作业。

⑤主要用于大批量、小品种存储货物的存放或配送中心的拣选作业。

（7）驶入式货架。驶入式货架是指托盘的存放由里向外逐一存放，叉车存、取同一托盘时使用相同的通道。驶入式货架采用钢质结构，钢柱上有向外伸出的水平突出构件或悬轨，叉车将托盘送入，由货架两边的悬轨拖住托盘及货物。驶入式货架的仓容利用率高，库容利用率可达90%。但是，此类货架对托盘质量和规格要求较高，托盘长度在1.3米以上，并且不保证先进先出。因此，驶入式货架仅适合于大批量、小品种，对先进先出要求不高，或者批量存取、不受保管时间限制的货物存储。

（8）驶出式货架。驶出式货架的结构与驶入式货架相同，不同之处在于驶出式货架前后通道是通的，没有拉杆封闭，前后均可安排存取货，能够实现先进先出。此类货架仓容利用率高，在高密度配置的情况下，高度可达10米，仓容利用率可以高达90%以上，并且能够保证先进先出，只是对托盘质量和规格要求较高。此类货架适合大批量、小品种的配送中心使用，但不太适合存储太长或太重的货物。

（9）旋转式货架。旋转式货架是为了适应目前生产及生活资料由少品种、大批量向多品种、小批量发展趋势而发展起来的一类现代化保管存储货架。旋转式货架可以分为水平旋转式货架和垂直旋转式货架两种。此类货架有助于减少人力，可以提高空间利用率，并且存入、取出口固定，货品不易失窃，还可以利用计算机快速检索、寻找指定的储位，适合快速的拣货作业。但是，此类货架需要使用电源，并且维修费用高。旋转式货架的储物形态多为纸箱、包、小件货品。

4. 货架的选择

货架的种类很多，要综合考虑货物特性、存取性、出入库量、搬运设备、厂房结构等多个因素来选择合适的货架，同时还应考虑货架安全等因素。

（1）货物特性。存储货物的外形和尺寸直接关系到货架规格的选定，存储货物的重量则直接影响到选用哪种强度的货架。另外，货架的选择还要预估总储位数的数量，必须考虑到企业未来两年的成长需求。

（2）存取性。通常，存取性与存储密度是一对矛盾体。也就是说，为了得到较高的存储密度，则可能牺牲货物的存取性。虽然有些种类的货架可以形成较好的存储密度，但储位管理较为复杂，一般无法做到先进先出。虽然立体自动仓库可以往上发展，存取性与存储密度俱佳，但投资成本较高，一般企业很难承受。因此，选用何种形式的存储设备，可以说是各种因素的折中，也是一种策略的应用。

（3）出入库量。出入库量是货架选择需要考虑的重要因素。某些货架虽有很好的存储密度，但出入库量却不高，只适合低频率的作业。

（4）搬运设备。存储设备的存取作业通常是以搬运设备来完成的，因此选用货架也需要考虑搬运设备。堆高机是最为通用的搬运设备，而货架通道的宽度会直接影响到堆高机的选用。另外，从货架的高度来说，货架选择还需要考虑堆高机的举升高度及举升重量。

（5）厂房结构。货架的选用还需考虑厂房结构。厂房梁下的有效高度决定了货架高度，而梁柱位置则会影响货架的配置。地板能承受的强度、地面平整度也与货架的设计和安装有关。另外，货架选择还必须考虑防火措施和照明设施的安装位置。

【任务拓展】

（1）请思考超市货架和仓库货架的区别是什么？功能有何不同？

（2）仓库设备选型时主要考虑的因素有哪些？如何在控制成本的同时实现科学配置设备？

任务二　装卸搬运设备

【任务目标】

1. 知识目标

☑仓储叉车的特点及种类

☑仓储叉车的适用条件

☑起重机的特点及适用条件

☑集装箱装卸搬运设备

2. 技能目标

☑能够结合商品特点选择不同类型的叉车

☑能够完成叉车的货比三家，完成最终的叉车选配计划

☑能够结合商品特点选择不同类型的起重机

3. 素养目标

☑货比三家，具备成本意识

☑认真仔细、详细调研

☑具备团队协作意识，充分讨论分析

【任务描述】

　　某仓储企业仓库面积 5 000 平方米，仓库地面平整，承重能力较强。该企业拟进行机械化改造，规划使用了重型的托盘货架。货架共三层，第三层高 4.5 米。出入库大部分时候为整托盘出入库，部分订单有单件出库情况。托盘货物主要存储电器（以电视机为主）。货架间巷道宽度 1.8 米。请问：该仓库应选择何种叉车呢？请试着制作叉车配置计划书，要求要列出叉车的主要参数、性能、价格以及数量情况。

　　42 英寸的外包装箱重量（含电视机）是 23 千克，尺寸是 1 017 毫米×94 毫米×661 毫米，每个托盘上可以承载 10 台电视机。

　　52 英寸的外包装箱重量（含电视机）是 45 千克，尺寸是 1 320 毫米×300 毫米×852 毫米，每个托盘上可以承载 10 台电视机。

　　55 英寸的外包装箱重量（含电视机）是 59 千克，尺寸是 1 520 毫米×300 毫米×887 毫米，每个托盘上可以承载 10 台电视机。

　　65 英寸的外包装箱重量（含电视机）是 59 千克，尺寸是 1 630 毫米×300 毫米×939 毫米，每个托盘上可以承载 10 台电视机。

　　如果储存的是一些重型货物，如光缆、重型机械，又该使用什么样的搬运设备呢？请列出适合在仓库里使用的重型装卸搬运设备，并列出相关参数、性能以及价格。

【任务实施】

　　步骤一：学生进行储存商品特点及装卸搬运要求分析。

　　步骤二：学生进行常用的叉车特点及适用范围分析。

　　步骤三：各小组结合仓库现状及设备基本情况，讨论该仓库应选择何种叉车，并试着制作叉车配置计划书，列出叉车的主要参数、性能、价格以及数量情况。

　　步骤四：学生结合任务资讯，并上网查阅信息，展开调研，收集用于重型货物的装卸搬运设备有哪些？小组讨论后列出相关参数、性能以及价格。

图 2-9　平衡重叉车

| 平衡重叉车（见图 2-9）的主要特点： |
| 平衡重叉车的应用领域： |

图 2-10　前移式叉车

前移式叉车（见图 2-10）的主要特点：

前移式叉车的应用领域：

图 2-11　拣选叉车

拣选叉车（见图 2-11）的主要特点：

拣选叉车的应用领域：

图 2-12　侧面叉车

侧面叉车（见图 2-12）的主要特点：

侧面叉车的应用领域：

图 2-13　手动叉车

手动叉车（见图 2-13）的主要特点：

手动叉车的应用领域：

一个人在选择叉车前应先收集以下信息：仓库空间有多大？仓库是在室外还是在室内？搬运的货物是什么？采用什么尺寸的卡板？是否要进电梯或集装箱？通道的尺寸有多大？作业的频率、作业量是多少？选择叉车前要对这些信息进行充分收集调研。在充分了解货物的重量、体积、形状以及需要提升的高度和厂房内部的通道状况（通道宽度、地面承重以及是否需要防静电、防尘和防污染、防噪声）等信息的情况下，这个人可以基本确定自己需要什么样的叉车及什么样的配置，是需要叉车具有水平移动货物和提升的基本功能就行了，还是要叉车同时具备堆垛、装货和拣选能力？回答完这些问题，这个人最后要注意货比三家，可以咨询 2~3 家不同的叉车公司进行咨询，减少信息的不对称，进行综合评估后选择叉车。

 【任务资讯】

一、装卸搬运的概念

装卸是指物品在指定地点以人力或机械装入运输设备或卸下。搬运是指在同一场所内，对物品进行水平移动为主的物流作业。装卸是改变物的存放、支撑状态的活动，主要是指物体上下方向的移动。搬运是改变物的空间位置的活动，主要是指物体横向或斜向的移动。通常，装卸搬运是合在一起运用的。

二、装卸搬运的作用

装卸搬运在物流活动中起着承上启下的作用。物流的各环节之间和同一环节内部，都必须进行装卸搬运作业，正是装卸搬运活动把物流各个阶段连接起来，使之成为连续的流动的过程。在生产企业物流中，装卸搬运成为各生产工序间连接的纽带，它是从原材料设备等装卸搬运预备开始到产品装卸搬运为止的连续作业过程。

装卸搬运在物流成本中占有重要地位。在物流活动中，装卸活动是不断出现和反复进行的，其出现的频率高于其他物流活动。每次装卸活动都要浪费很长时间，因此往往成为决定物流速度的关键。装卸活动消耗的人力活动也很多，因此装卸费用在物流成本中所占的比重较高。

三、装卸搬运常用的设备

1. 叉车

（1）叉车的概念。《中华人民共和国国家标准物流术语》（GB/T 18354~

2006）对叉车（fork lift truck）的定义是具有各自叉具，能够对货物进行升降和移动以及装卸作业的搬运车辆。在实际生活中，叉车又称为铲车，是物流领域中应用最广泛的装卸搬运设备，货叉是其主要的取货装置。叉车除使用货叉以外，通过配备其他装置（叉车属具）后，还能用于散货和多种规格品种货物的装卸作业。

（2）叉车的特点和作用。叉车与其他搬运机械一样，能够减少装卸工人繁重的体力劳动。除能提高装卸效率、缩短车辆停留时间、降低装卸成本以外，叉车还有以下特点和作用：

①通用性。叉车在物流的各个领域都广泛应用，如仓库、车站、码头和港口都要应用叉车进行作业。如果叉车和托盘配合，它的应用领域将更广，同时也可以提高作业的效率。

②机械化程度高。在使用各种自动取物装置或在货叉与货板配合的情况下，叉车可以实现装卸工作的完全机械化，不需要工人的辅助体力劳动。叉车将装卸和搬运两种作业合二为一，作业的效率较高。

③机动灵活性好。叉车外形尺寸相对较小、重量较轻，能在作业区域内任意移动，适应货物数量及货流方向的改变，可以机动地与其他起重运输机械配合工作，提高机械使用率。

④可以一机多用。在配备和使用各种取货装置，如货叉、铲斗、臂架、吊杆、货夹、抓取器等的条件下，叉车可以适应各种不同品种、形状和大小货物的装卸作业。

⑤叉车的使用能够提高仓库容积的利用率，有利于开展托盘成组运输和集装箱运输；同时，叉车成本较低、投资较少，能取得较好的经济效益。

（3）叉车的基本结构。

①安全架。安全架用于保护操作员，避免其被掉落的对象击中。当举升的物品会超过操作员头部的高度，叉车必须具备安全架。

②升降架。升降架是由一直立的槽形钢组合而成的升降装置，利用油压缸或电动的举升装置。升降架有一段式、二段式、三段式以及四段式。

③货叉架。货叉架通常会使用一个后挡板，以防止负载物品倾倒。

④货叉。货叉是搬运负载物品最常用的配件，一般宽为100~150毫米，长为1 000~1 200毫米，厚为40毫米。最常用的货叉配备的是牙叉侧移装置，利用手动或油压驱动，可以调整牙叉的间距，以搬运不同规格的托盘。

⑤轴距。轴距是指叉车前后轮的距离，决定了操作及作业的特性，包括负载能力、旋转半径、直角堆放通道宽度以及离地高度。

⑥负载重心距。负载重心距是指负载重心到货叉架的距离，是决定负载能力的因素之一。当负载在4 500千克以下时，标准负载重心距为0.6米。

⑦轮胎。轮胎分为硬胎与气胎，硬胎多用于室内；气胎多用于室外，行

走速度较快。

⑧动力系统。动力系统分为电动式和内燃机式，室内叉车多为电动式，室外叉车多为内燃机式。

（4）叉车的分类依据。为了更加清楚地认识叉车，按照不同的分类标准，叉车可以分成多个不同的类别。

①按举升高度划分，叉车可以分为低举升叉车和高举升叉车。低举升叉车的举升高度为 100~150 毫米，由操作者站立操作。手动低举升叉车由人力进行水平和垂直移动，电动低举升叉车以电瓶提供动力进行举升及搬运。手动操作速度慢、费力且易造成作业员受伤。因此，尽管电动低举升叉车的成本较高，但应用越来越普遍。高举升叉车的举升高度可达 12 米，操作者的操作有步行式、站立式和坐式三种。步行式、站立式的举升高度为 2.7~4 米。

②按所用动力划分，叉车可以分为内燃机式叉车和蓄电池式叉车。内燃机式叉车又有汽油内燃机式叉车和柴油内燃机式叉车之分，前者多用于 1~3 吨的起重载荷，后者多用于 3 吨以上的起重载荷。蓄电池式叉车一般用于 2 吨以下的起重载荷。

③按结构特点划分，叉车可以分为平衡重式叉车、前移式叉车、插腿式叉车、伸缩臂式叉车、侧面式叉车等。

④按使用环境划分，叉车可以分为室内用叉车与室外用叉车。室外用叉车通常为大吨位柴油、汽油或液化气叉车，如用于码头或集装箱转运站的集装箱叉车、吊车；室内用叉车则基本为电瓶车。

（5）叉车的主要类型。世界主要的叉车生产商均可提供数百种规格的产品，通常这些不同的规格可以分为以下四个系列：

①低举升托盘叉车。低举升托盘叉车的行动速度通常限制在 5 千米/小时以下，单向搬运距离在 100 米以内。如果搬运距离太长，次数频繁，作业人员容易疲劳，降低作业效率。低举升托盘叉车通常可以分为手动液压托盘叉车和电动托盘叉车两种。

②平衡重式叉车。平衡重式叉车是使用范围最广的叉车。货叉位于前轮中心线以外，尾部安装平衡重是为了克服货物产生的倾覆力矩。这种叉车适用于在露天货场作业，一般采用充气轮胎，运行速度较快、爬坡能力较好。门架可前后移动，前移时便于货叉插入，方便取货或卸货；取货后门架后倾以便在运行中保持货物的稳定。

平衡重式叉车主要由发动机、底盘（包括传动系、转向系、车架等）、门架、叉架、液压系统、电气系统以及平衡重等部分组成。叉车门架一般为两级，起升高度为 2~4 米。当堆垛很高而叉车的总高度受到限制时，叉车可以采用三级或多级门架。货叉的升降及门架的倾斜均采用液压驱动。一般提升油缸配合起重滑轮、链条可以使货叉加速升降。平衡重式叉车根据车轮的数量可以分为三轮平衡重式叉车与四轮平衡重式叉车，根据驱动轮的位置可以分为后轮驱动平衡重式叉车与前轮驱动平衡重式叉车，根据动力可以分为内燃机式平衡重式叉车、蓄电池式平衡重式叉车、柴油或汽油式平衡重式叉车等不同类型。

③前移式叉车。前移式叉车结合了有支撑臂的电动堆垛机与无支撑臂的平衡重式叉车的优点，两种性能的结合使得前移式叉车在保证操作灵活及高荷载性能的同时，体积与自重不会增加很多，可以最大限度节省作业空间。

④高架堆垛机。高架堆垛机可以分为上人式和不上人式两种，驾驶舱随门架同时上升的称为上人式，优点是在任何高度都可以保持水平操作视线，保证最佳视野以提高操作安全性。同时，由于操作者可以触及货架任何位置的货物，因此可以同时用于拣货及盘点作业。

为了使高架堆垛机在通道内始终保持直线行驶，高架堆垛机有磁导与机械式导引两种方式。由于磁导必须在巷道中央切割埋上磁导线，容易破坏地坪并且不易搬迁调整，因此目前使用最多的是机械式导引。采用机械式导引需与货架配合，在巷道的两侧安装钢轨，通过车身导轮及其他辅助装置导入巷道并沿直线行驶。以上各个系列均有其适用的场合与环境，而在某些功能上又有重合的部分，如平衡重式叉车、前移式叉车、高架堆垛机都可以进行货架区的存取作业。

(6) 叉车的属具。叉车的属具是一种安装在叉车上满足各种物料搬运和装卸作业特殊要求的辅助机构，它使叉车成为具有叉、夹、升、旋转、侧移、推拉、倾翻等多用途和高效能的物料搬运工具。由于货物形状和尺寸的差异，叉车需要配备多种叉车属具以增强通用性。叉车属具可以扩大叉车的适用范围，保证作业安全，减少工人的劳动强度，提高叉车的作业效率，保证生产安全。常用的叉车属具有货叉、侧移叉、夹持器、悬臂吊、串杆和推出器等。

①货叉。货叉是最普通的叉车升降装卸属具，是叉车最重要的承载构件，通常呈 L 形，水平段用来叉取并承载货物。其上表面平直、光滑，下表面前端略有斜度；叉尖较薄较窄，两侧带有圆弧。货叉水平段的长度一般是载荷中心距的 2 倍左右。如果需要搬运体积大、质量轻的大件货物，需要用加长货叉或在货叉上套上加长套。

②侧移叉。侧移叉是一种横向移动属具。带侧移叉的叉车与标准叉车相比，其结构中主要增加了侧移叉架导轨与油缸。在工作时，驾驶员操作侧移叉阀杆的控制手柄，侧叉油缸就产生收缩运动，带动装有货叉的侧移叉左右移动，以使货叉对准或叉取侧面紧靠障碍物的货物。

叉车使用侧移叉叉取货物时，能使货叉处于最有利的位置，按照指定地点正确卸放，以减少叉车的倒车次数，提高叉车的工作效率。侧移叉的侧向行程一般为250毫米左右。

③夹持器。夹持器是一种以夹持方式搬运货物的属具。叉车搬运装卸比重较小、外形规则（如圆柱、立方体、长方体等）、不怕挤压的货物时常用这种属具。

④悬臂吊。叉车使用悬臂吊的结构形式很多，常见的为单臂式。吊钩可以根据需要在臂上移动以调节卸载距离，但是为了保证叉车的纵向稳定性，使用时必须根据制造厂的载荷特性曲线，使吊运货物重量不超过吊钩所载位置的额定起重量。

⑤串杆。串杆主要用来装卸环状货物，如钢丝卷、空心的筒状货物等。

⑥推出器。推出器是可以将货物从货叉上推出的属具，有液压作用式和重力作用式两种形式。液压作用式推出器的推出动作由多路转向阀控制。

（7）叉车的选型要素。

①作业功能。叉车的基本作业功能分为水平搬运、堆垛或取货、装货或卸货、拣选。企业根据所要求的作业功能可以从上面介绍的车型中初步确定叉车。另外，特殊的作业功能会影响到叉车的具体配置，如搬运的是纸卷、铁水等，需要叉车安装属具来完成特殊功能。

②作业要求。叉车的作业要求包括托盘或货物规格、提升高度、作业通道宽度、爬坡度等一般要求，同时还需要考虑作业效率（不同的车型的效率不同）、作业习惯（如习惯坐驾还是站驾）等方面的要求。

③作业环境。如果企业需要搬运的货物或仓库环境对噪声或尾气排放物等有环保方面的要求，企业在选择车型和配置时应有所考虑。如果是在冷库中或是在有防爆要求的环境中，叉车的配置也应该是冷库型或防爆型的。企业应仔细考察叉车作业时需要经过的地点，设想可能的问题，例如，出入库时门高对叉车是否有影响；进出电梯时，电梯高度和承载对叉车是否有影响；在楼上作业时，楼面承载是否达到相应要求，等等。

2. 其他小型装卸搬运设备

（1）手推车。手推车轻便灵活，适合搬运重量轻的货物，一般可以承载500千克以下。因此，手推车广泛使用在仓库、物流中心、生产企业、商业企业、车站、机场等。由于手推车的生产商各异，手推车的型号和规格也不尽相同。手推车系列以其用途及负荷能力来分类，一般分为两轮手推车、多轮手推车以及物流笼车三类。

两轮手推车基本上可以分为东方型与西方型两类。东方型结构架具有弧状或平的横版，轮子在外侧，用来搬运混装的货物非常有用，如桶、袋、箱子或其他等重的东西。西方型结构架平行，轮子在内侧，手把呈弧状，可配合货车搬运及用于火车站。

多轮手推车按用途不同，可以分为立体多层式手推车、折叠式手推车、升降式手推车和附梯式手推车。立体多层式手推车为增加物品盛放的空间及存取方便性，将传统单板台面改成多层式台面设计。这种手推车常用于人工拣货。折叠式手推车为方便携带，常将的推杆设计成可折叠式。这种推车因为使用方便、收藏容易，所以普及率高。升降式手推车常用于搬运体积较小、重量较重的金属制品或人工搬运吃力的搬运场合。由于场地的限制而无法使用堆高机时可以采用升降式手推车。这种手推车除装有升降台面来供承载物升降外，其轮子多采用耐压且附有刹车定位的车轮以供准确定位。附梯式手推车在物流中心手推车的拣货作业中使用最广。拣货作业常因为货架高度的限制而要爬高取物，所以有些手推车旁附有梯子以便取物。

（2）物流笼车。物流笼车也属于手推车之一，常常用于配送出货前的集货及随车全程运送。笼车有栅门式笼车和挂钩式笼车两类。体积小的货物发货时可以使用栅门式笼车，体积大的货物发货时可以使用挂钩式笼车。采用高强度焊接架构，表面经镀锌处理再油漆，可以增长笼车的使用寿命。常用笼车的尺寸（长度×宽度×高度，单位为毫米）有 800×600×1 700、850×600×1 700、850×650×1 700、950×800×1 700、1 100×800×1 700 等。

3. 大型、重型装卸搬运设备——起重机

起重机是指在一定范围内垂直提升和水平搬运重物的多动作起重机械。起重机又称天车、航吊、吊车。根据其构造和性能的不同，起重机一般可以分为轻小型起重设备、桥架类型起重机械、臂架类型起重机、缆索式起重机四大类。轻小型起重设备有千斤顶、气动葫芦、电动葫芦、平衡葫芦（又名平衡吊）、卷扬机等；桥架类型起重机械有梁式起重机等；臂架类型起重机有固定式回转起重机、塔式起重机、汽车起重机、轮胎起重机、履带起重机等；缆索式起重机有升降机等。

起重机主要包括起升机构、运行机构、变幅机构、回转机构和金属结构等。起升机构是起重机的基本工作机构，大多由吊挂系统和绞车组成，也有通过液压系统升降重物的。运行机构用以纵向水平运移重物或调整起重机的工作位置，一般是由电动机、减速器、制动器和车轮组成。变幅机构只配备在臂架类型起重机上，臂架仰起时幅度减小，俯下时幅度增大，分平衡变幅和非平衡变幅两种。回转机构用以使臂架回转，是由驱动装置和回转支承装置组成的。金属结构是起重机的骨架，主要承载件有桥架、臂架和门架，可以为箱形结构或桁架结构，也可以为腹板结构。

（1）起重机的主要性能参数。起重机的主要性能参数是表征起重机主要技术性能指标的参数，是起重机设计的依据，是起重机安全技术要求的重要依据。

①起重机自重（G）。自重是指在标准配置下，整机的质量，单位为吨（t）或千克（kg）。

②起重量（Q）。起重量是指被起升重物的质量。起重量可以分为额定起重量、最大起重量、总起重量、有效起重量等。

③额定起重量（Qn）。额定起重量为起重机能吊起的物料连同可分吊具或属具（如抓斗、电磁吸盘、平衡梁等）质量的总和。

④总起重量（Qz）。总起重量为起重机能吊起的物料连同可分吊具和长期固定在起重机上的吊具（包括吊钩、滑轮组、起重钢丝绳以及在起重小车以下的其他起吊物）的质量总和。

⑤有效起重量（Qp）。有效起重量为起重机能吊起的物料的净质量。

（2）几种典型常用的起重设备。

①轻小型起重设备。轻小型起重设备的特点是轻便、结构紧凑、动作简单、作业范围投影以点和线为主。轻小型起重设备一般只有一个升降机构，它只能使重物做单一的升降运动。属于这一类的有千斤顶（见图2-14）、滑车、手（气、电）动葫芦、绞车等。电动葫芦（见图2-15）常配有运行小车与金属构架以扩大作业范围。

图 2-14　千斤顶　　　　　　　　　图 2-15　电动葫芦

②桥架起重机。桥架起重机可以在长方形场地及其上空作业，多用于车间、仓库、露天堆场等处的物品装卸，有梁式起重机、桥式起重机（见图2-16）、缆索起重机、运载桥等。

图 2-16　桥式起重机

③臂架起重机。臂架式起重机的特点与桥架起重机的特点基本相同，可以在圆形场地及其上空作业，多用于露天装卸及安装等工作，有门座起重

机、塔式起重机（见图2-17）、汽车起重机、壁行起重机（见图2-18）和甲板起重机等。

图2-17　塔式起重机　　　　　　　图2-18　汽车起重机

（3）集装箱堆码搬运设备。

①岸边集装箱起重机。岸边集装箱起重机（简称"岸桥"或"岸吊"）是专门用于集装箱码头对集装箱船进行装卸作业的专业设备（见图2-19），一般安装在港口码头岸边。它是集装箱船与码头前沿之间装卸集装箱的主要设备。个别码头还利用岸桥的大跨距和大后伸距直接进行堆场作业。岸桥的装卸能力和速度直接决定码头作业生产率，因此岸桥是港口集装箱装卸的主力设备。岸桥伴随着集装箱运输船舶大型化的蓬勃发展和技术进步而在不断更新换代，科技含量越来越高，正朝着大型化、高速化、自动化和智能化以及高可靠性、长寿命、低能耗、环保型方向发展。

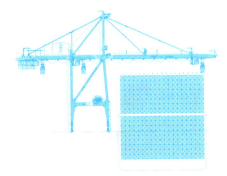

图2-19　集装箱堆码搬运设备龙门起重机

②集装箱龙门起重机（简称"龙门吊"）。集装箱龙门起重机是水平桥架设置在两条支腿上构成门架形状的一种桥架型起重机（见图2-20）。这种起重机在地面轨道上运行，主要用在露天贮料场、船坞、电站、港口和铁路货站等地进行搬运和安装作业。

图 2-20　集装箱龙门起重机

　　拖挂车将岸壁集装箱运载桥从船上卸下的集装箱运到堆场或后方，由集装箱龙门起重机堆码起来或直接装车运走，可以加快集装箱运载桥或其他起重机的周转。集装箱龙门起重机可以堆放高 3~4 层、宽 6 排的集装箱堆场。集装箱龙门起重机与集装箱跨车相比，它的跨度和门架两侧的高度都较高。为适应港口码头的运输需要，这种起重机的工作级别较高。其起升速度为 35~52 米/分，跨度根据需要跨越的集装箱排数来决定，最大为 60 米左右，"单箱"作业的集装箱起重量约为 40.5 吨，"双 20 尺箱"作业的集装箱起重量有 61 吨和 65 吨两种规格。

　　③集装箱空箱堆高机。集装箱空箱堆高机是集装箱运输的关键设备，广泛用于港口、码头、铁路公路中转站及堆场内的集装箱空箱的堆垛和转运（见图 2-21）。集装箱空箱堆高机具有堆码层数高、堆垛和搬运速度快、作业效率高、机动灵活、节约场地等特点。市场上有起升高度最高达到 20 米、堆码 9 层、门架高度 13 米的集装箱空箱堆高机。集装箱空箱堆高机机动灵活，性能可靠，可以一机多用，既可以进行水平运输，又可以进行堆场堆码、装卸搬运、拆装箱作业，造价低，使用维修方便。

图 2-21　集装箱空箱堆高机

④集装箱正面吊运机。集装箱正面吊运机是指一种具有较高灵活性的集装箱堆码和搬运机械（见图2-22）。其结构特点是在自行轮胎底盘上装有可伸缩、俯仰的臂架，配备有能伸缩和旋转的国际标准集装箱专用吊具，能在整车荷载并行进中进行臂架伸缩、俯仰和吊具回转。集装箱正面吊运机广泛应用于集装箱码头、堆场和中转站。

集装箱正面吊运机按作业对象的不同可以分为以下两类：

一是重箱正面吊运机。其主要对重载货物的集装箱进行作业，一般可以堆码4~5层集装箱。

二是空箱正面吊运机。其仅对空集装箱进行作业，一般可以堆码7~8层集装箱，最高到10层。

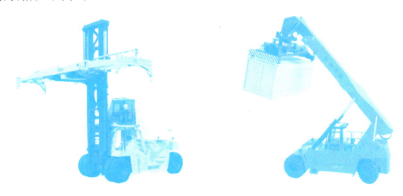

图2-22 集装箱正面吊运机

⑤集装箱跨运车。集装箱跨运车是集装箱装卸设备中的主力机型，通常承担由码头前沿到堆场的水平运输以及堆场的集装箱堆码工作（见图2-23）。集装箱跨运车由于具有机动灵活、效率高、稳定性好、轮压低等特点，因此得到普遍应用。集装箱跨运车作业对提高码头前沿设备的装卸效率十分有利。集装箱跨运车从20世纪60年代问世以来，经过几十年的发展，已经成为集装箱码头和堆场的关键设备。

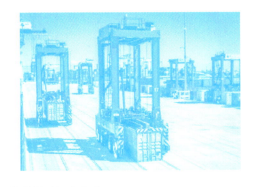

图2-23 集装箱跨运车作业

【任务拓展】

某工厂使用的叉车限载 3 吨。一天，组长王某接到上级安排，将一货物从仓库堆放到出货运输车里。王某立刻安排仓库备料，并安排驾驶员小李进行堆放作业。小李驾驶叉车到达仓库后，看到货物上标识重量为 3.39 吨，未向组长王某反映情况，继续作业。叉车叉起堆有货物的栈板后，车体后部突然翘起，驾驶员小李呼叫附近的张某、蒋某、赵某三人立即站到车体的后部，使叉车恢复平衡，继续驾驶叉车操作。在距离目的地 100 米的地方，有一段约 30° 的斜坡路面。当小李驾驶叉车经过斜坡时，叉车熄火，同时叉车后部又翘了起来，货物从失去平衡的叉车上落下，站在叉车后面的 3 人摔落。此时，叉车的后轮落地，赵某被叉车左后轮压到小腿，小腿严重骨折。

我们应该采取哪些预防措施来防止此类事故的发生，叉车安全驾驶需要注意哪些问题？

任务三　分拣输送设备

【任务目标】

1. 知识目标
☑ 输送设备的特点及种类
☑ 各种输送设备的适用范围
☑ 智能自动导向车的特点及应用实例
2. 技能目标
☑ 能够结合商品特点选择不同类型的输送设备
☑ 结合实际工作分析决策进行租用设备或自购设备的选择
3. 素养目标
☑ 具备成本意识和提高设备使用效率的意识
☑ 关注行业最新动态，掌握行业企业新发展趋势
☑ 热爱学习，多学习了解行业应用的新设备、新技术、新工具、新方法、新工艺

【任务描述】

某仓储企业每次出入库有大量统一规格的纸箱包装货物，货物包装尺寸为 70 毫米×50 毫米×40 毫米，毛重 15 千克。由于每次装卸搬运量大，该仓

储企业拟采购输送机进行出入库的输送工作，预计输送线路总长约100米。请结合实际情况，为该仓储企业选择一款适合的输送机，选定参数，并进行初步报价。

 【任务实施】

步骤一：学生分析商品特性，适用哪些输送机。

步骤二：各小组讨论制定输送机选择评估表，对几种能够适用的输送机进行综合比较。

步骤三：学生明确输送机型号、价格、尺寸。

步骤四：如果不用输送机，改用自动导向车的效果如何？学生尝试进行对比分析。

— 小贴士 —

实际工作中，输送设备的选用范围广、型号多、品牌多样。我们在可行性的研究中必须迅速决定可用的输送设备类型及其费用。除此之外，我们还应比较其投资、维修和操作费用以及效率、可靠性、使用的难易、对工艺过程的适应性、污染及对环境的影响等方面的因素。大多设备制造厂家都能提供各种物料在各种形式下的输送距离、输送高度以及相应的输送能力方面的资料，我们可以请厂家现场勘查，量身设计后进行综合比较。

 【任务资讯】

一、输送机

输送机又称连续输送机，是在一定的线路上连续输送物料的物料搬运机械。输送机可以进行水平、倾斜和垂直输送，也可以组成空间输送线路，其输送线路一般是固定的。输送机输送能力大、运距长，还可以在输送过程中同时完成若干工艺操作，因此应用十分广泛。输送机按运作方式可以分为链条输送机、板链输送机、带式输送机、滚筒输送机、悬挂输送机、螺旋输送机、垂直输送机、斗式运输机。

1. 链条输送机

链条输送机是以链条作为牵引和承载体来输送物料的运输机（见图2-24）。链条可以采用普通的套筒滚子输送链，也可以采用其他各种特种链条（如积放链、倍速链）。

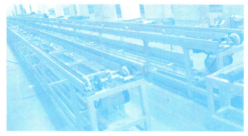

图 2-24　链条运输机

输送机的寿命与效率取决于输送元件，链条输送机的输送元件是输送链条。输送链条的组成元件虽然也会采用各种不同性能的材料来制造，但是主要还是采用金属材料来制造。即使是采用多种材料制成的链条，链条在设计与制造时也要求达到整体与部件性能的和谐和合理。因此，与其他输送元件相比，输送链条具有强度高、寿命长的特点。

链条输送机的输送能力大，主要输送托盘、大型周转箱等。输送链条结构形式多样，并且有多种附件，易于实现积放输送，可以用作装配生产线或物料的储存输送。链条输送机通过驱动链轮与链条相啮合使链条实现运行。因此，不像带传动那样会存在弹性滑动，链条输送机能保证精确同步输送。在自动化生产过程中，企业常利用链条输送机的这一特点来控制生产流水线的节拍。

2. 链板输送机

链板输送机又称链板传送机，是一种利用循环往复的链条作为牵引动力，以金属板作为输送承载体的输送机械设备（见图 2-25）。

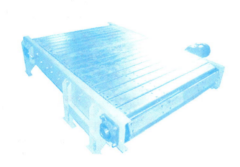

图 2-25　链板输送机

链板输送机的输送面平坦光滑、摩擦力小，物料在输送线之间的过渡平稳，可以输送各类玻璃瓶、易拉罐等物料，也可输送各类箱包。链板有不锈钢和工程塑料等材质，规格品种繁多，可以根据输送物料和工艺要求选用，能满足各行各业不同的需求。链板输送机的输送能力大，可以承载较大的载荷，如用于电动车、摩托车、发电机等行业。链板输送机的输送速度准确稳定，能保证精确的同步输送。链板输送机一般都可以直接用水冲洗或直接浸泡在水中。设备清洁方便，能满足食品、饮料行业对卫生的要求。设备布局灵活，可以在一条输送线上完成水平、倾斜和转弯输送。设备结构简单，维护方便。链板输送机的适用于形状不规则物品的重载输送，比如食品、包装、电子、汽车生产等。

3. 带式输送机

带式输送机是一种输送量大、运转费低、适用范围广的输送设施（见图2-26）。带式输送机按输送带材料类型不同可以分为PVC（聚氯乙烯）输送带输送机、PU（聚氨酯）输送带输送机、橡胶输送带输送机、硅胶输送带输送机、帆布输送带输送机、胶带输送带输送机、钢带输送带输送机、网带输送带输送机等。带式输送机按驱动方式不同可以分为有辊式输送机、无辊式输送机和直线驱动方式输送机。

图2-26　带式输送机

带式输送机结构简单、装卸料十分方便；输送物料范围广泛、输送量大、运距长；对线路适应性强，短则几米，长达10千米以上；可靠性高、能耗低、效率高、维修费少；营运费低廉、基建投资节省；应用领域广阔，市场巨大。输送带输送机可以用于水平运输或倾斜运输，使用非常方便，广泛应用于现代化的各种工业企业中，比如电力、冶金、煤炭、化工、矿山、港口等。

4. 滚筒输送机

滚筒输送机适用于底部是平面的物品输送，主要由传动滚筒、机架、支架、驱动部等部分组成（见图2-27）。滚筒输送机的结构形式多样，滚筒式输送机按驱动方式不同可以分为动力滚筒输送机和无动力滚筒输送机，按布置形式不同可以分为水平输送滚筒输送机、倾斜输送滚筒输送机和转弯输送滚筒输送机。

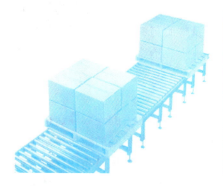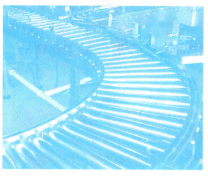

图 2-27　滚筒输送机

滚筒输送机适用于各类箱、包、托盘等件货的输送，散料、小件物品或不规则的物品需放在托盘上或周转箱内输送；能够输送单件重量很大的物料，或者承受较大的冲击载荷；滚筒线之间易于衔接过渡，可以用多条滚筒线及其他输送设备或专机组成复杂的物流输送系统，完成多方面的工艺需要；可以采用积放滚筒实现物料的堆积输送；结构简单，可靠性高，使用维护方便。滚筒输送机更多应用于电子、饮料、食品、轻工、烟草、化工、医药等行业。除此之外，滚筒输送机还应用于包装、机械、电子、橡塑、汽摩、物流等行业。

5. 悬挂输送机

悬挂输送机可以自由选择输送线路，有效利用空间、节省人力、提高工作效率。悬挂输送机主要由链条、轨道、吊具、支架、传动座和调整座等组件组成。悬挂输送机采用变频调速控制系统。悬挂输送机可以分为提式悬挂输送机、推式悬挂输送机和拖式悬挂输送机。

悬挂输送机单机输送能力大，可以采用很长的线体实现跨厂房输送；结构简单，可靠性高，能在各种恶劣环境下使用；造价低、耗能少、维护费用低，可以大大减少使用成本。悬挂输送机广泛适用于工件的远距离输送、楼层提升、空中储存以及自动化涂装生产线等。悬挂输送链适用于工厂的烤漆、金属涂装、生产组装线上，比如家具厂、自行车厂、电子厂、电镀厂、五金厂、牛皮制品厂、汽车厂等。

6. 螺旋输送机

从输送物料位移方向的角度划分，螺旋输送机分为水平式螺旋输送机和垂直式螺旋输送机两大类型。根据输送物料的特性要求和结构的不同，螺旋输送机有水平螺旋输送机、垂直螺旋输送机、可弯曲螺旋输送机、螺旋管输送机（滚筒输送机）。

螺旋输送机与其他输送设备相比较，具有结构简单、横截面尺寸小、密封性能好、可以中间多点装料和卸料、操作安全方便以及制造成本低等优点。它的缺点是机件磨损较严重、输送量较低、消耗功率大以及物料在运输过程易破碎，使用中要保持料槽的密封性及螺旋与料槽间有适当的间隙。螺旋输送机适用范围广，比如建材、化工、电力、冶金、煤炭、粮食、物流等行业。

7. 垂直输送机

垂直输送机能连续地垂直输送物料，使不同高度上的连续输送机保持不间断地输送物料。也可以说，垂直输送机是把不同楼层间的输送机系统连接成一个更大的连续的输送机系统的重要设备。垂直输送机是当代比较普通的运输设备之一，与其他运输设备（如机车类）相比，具有输送距离长、运量大、连续输送等优点，而且运行可靠，易于实现自动化和集中化控制。

垂直输送机占地面积小，便于工艺布置；节约电能，料槽磨损小；噪声低，结构简单，安装、维修便利；物料既可以向上输送，又可以向下输送。垂直输送机是一种新型的垂直振动输送设备，广泛适用于冶金、煤炭、建材、粮食、机械、医药、食品等行业。

8. 斗式输送机

斗式输送机又叫斗式提升机，是利用均匀固接于无端牵引构件上的一系列料斗，竖向提升物料的连续输送机械。斗式输送机分为环链斗式输送机、板链斗式输送机和皮带斗式输送机三种。

斗式输送机驱动功率小，采用流入式喂料、诱导式卸料、大容量料斗密集型布置。斗式输送机在物料提升时几乎无回料和挖料现象，因此无效功率少。斗式输送机对物料的种类、特性要求少，不但能提升一般粉状、小颗粒状物料，而且可以提升磨琢性较大的物料。斗式输送机的密封性好，环境污染少，运行可靠性好。较好的设计原理和方法，保证了整机运行的可靠性。斗式输送机的提升高度高，提升机运行平稳，使用寿命长。斗式输送机的喂料采取流入式，无需用斗挖料，材料之间很少发生挤压和碰撞现象。斗式输送机在设计时保证物料在喂料、卸料时少有洒落，减少了机械磨损。

斗式输送机适用于食品、医药、化学工业品、螺丝、螺帽等产品的提升上料，可以通过包装机的信号识别来控制机器的自动停启。

二、新型智能输送设备——自动导向车

1. 自动导向车的概念及特点

自动导向车（automated guided vehicle，AGV）通常又称为 AGV 小车，是指装备有电磁或光学等自动导航装置，能够沿规定的导航路径行驶，具有安全保护以及各种载货功能的运输车。AGV 是工业应用中不需要驾驶员的搬运车，以可充电的蓄电池为动力来源。AGV 一般可以通过电脑来控制行进路径及行为，或者利用电磁轨道（electromagnetic path-following system）来设立行进路径。电磁轨道粘贴于地板上，AGV 依靠电磁轨道带来的信息

进行移动和做各种动作。AGV 的主要特点总结如下：

（1）自动化程度高。AGV 由计算机、电控设备、激光反射板等控制。当车间某一环节需要辅料时，工作人员向计算机终端输入相关信息，计算机终端再将信息发送到中央控制室。中央控制室的专业技术人员向计算机发出指令，在电控设备的合作下，这一指令最终被 AGV 接受并执行——将辅料送至相应地点。

（2）充电自动化。当 AGV 的电量即将耗尽时，它会向系统发出请求指令，请求充电（一般技术人员会事先设置好一个值），在系统允许后自动到充电的地方"排队"充电。

另外，AGV 的电池寿命很长（2 年以上），并且每充电 15 分钟可工作 4 小时左右。

（3）改善企业形象。AGV 美观，可观赏性强，有助于改善企业形象。

（4）方便、减少占地面积。生产车间的 AGV 可以在各个车间穿梭往复。AGV 在仓库中的应用如图 2-28 所示。

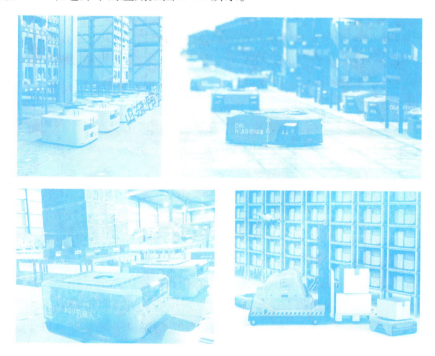

图 2-28　AGV 在仓库中的应用

2. 自动导向车的类型

AGV 从发明至今已经有 70 多年的历史，随着应用领域的扩展，其种类和形式变得多种多样。根据 AGV 自动行驶过程中的导航方式不同，我们可以将 AGV 分为以下几种类型：

（1）电磁感应引导式 AGV。电磁感应式引导 AGV 一般在地面上沿预先设定的行驶路径埋设电线，当高频电流流经导线时，导线周围产生电磁场。AGV 左右对称安装有两个电磁感应器，它们所接收的电磁信号的强度差异可以反映 AGV 偏离路径的程度。AGV 的自动控制系统根据这种偏差来控制车辆的转向，连续的动态闭环控制能够保证 AGV 对设定路径的稳定自动跟踪。这种电磁感应引导式导航方法在绝大多数商业化的 AGV 上使用，尤其适用于大中型的 AGV。

（2）激光引导式 AGV。激光引导式 AGV 上安装有可旋转的激光扫描器，在运行路径沿途的墙壁或支柱上安装有高反光性反射板的激光定位标志，AGV 依靠激光扫描器发射激光束，之后接受由四周定位标志反射回的激光束，车载计算机计算出车辆当前的位置以及运动的方向，通过和内置的数字地图进行对比来校正方位，从而实现自动搬运。激光引导式 AGV 的应用越来越普遍，并且依据同样的引导原理，若将激光扫描器更换为红外发射器、超声波发射器，则激光引导式 AGV 可以变为红外引导式 AGV 和超声波引导式 AGV。

（3）视觉引导式 AGV。视觉引导式 AGV 是正在快速发展和成熟的AGV。该种 AGV 上装有摄像机和传感器，在车载计算机中设置有 AGV 欲行驶路径周围环境图像数据库。AGV 在行驶过程中，摄像机动态获取车辆周围环境图像信息并与图像数据库进行比较，从而确定当前位置并对下一步行驶做出决策。

视觉引导式 AGV 由于不要求人为设置任何物理路径，因此在理论上具有最佳的引导柔性。随着计算机图像采集、储存和处理技术的飞速发展，视觉引导式 AGV 的实用性越来越强。

此外，AGV 有铁磁陀螺惯性引导式 AGV、光学引导式 AGV 等多种形式。

3. 自动导向车的主要应用领域

（1）仓储业。仓储业是 AGV 最早应用的领域。1954 年，世界上首台 AGV 在美国南加利福尼亚州的一家公司的仓库内投入运营，用于实现出入库货物的自动搬运。2000 年，海尔集团投产运行的开发区立体仓库由 9 台 AGV 组成了一个柔性的库内自动搬运系统，成功完成了每天 23 400 个出入库货物和零部件的搬运任务。

（2）制造业。AGV 在制造业的生产线中大显身手，高效、准确、灵活地完成物料的搬运任务。多台 AGV 可以组成柔性的物流搬运系统，搬运路线可以随着生产工艺流程的调整而及时调整，使一条生产线上能够制造出十几种产品，大大提高了生产的柔性和企业的竞争力。1974 年，瑞典的一个轿车装配厂为了提高运输系统的灵活性，采用基于 AGV 为载运工具的自动轿车装配线。该装配线由多台可装载轿车车体的 AGV 组成，采用该装配线后，装配时间减少了 20%，装配故障减少了 39%，投资回收时间减少了 57%，劳动力减少了 5%。AGV 在世界的主要汽车厂，如通用、丰田、克莱斯勒、大众等汽车厂的制造和装配线上得到了普遍应用。近年来，作为基础搬运工具，AGV 的应用深入机械加工、家电生产、微电子制造、卷烟等多个行业，生产加工领域成为 AGV 应用最广泛的领域。

（3）邮局、图书馆、港口码头和机场。在邮局、图书馆、码头和机场等场所，物品的运送存在着作业量变化大、动态性强、作业流程经常调整以及搬运作业过程单一等特点。AGV 的并行作业、自动化、智能化和柔性化的特性能够很好地满足上述场合的搬运要求。瑞典于 1983 年在大斯德哥尔摩邮局、日本于 1988 年在东京多摩邮局、中国于 1990 年在上海邮政枢纽开始使用 AGV，完成邮递物品的搬运工作。在荷兰鹿特丹港口，50 辆被称为"yard tractors"的 AGV 完成集装箱从船边运送到几百码以外的仓库这一重复性工作。

（4）烟草、医药、食品、化工领域。对搬运作业有清洁、安全、无排放污染等特殊要求的烟草、医药、食品、化工等行业中，AGV 的应用也受到重视。在国内的许多卷烟企业，如青岛颐中集团、玉溪红塔集团、红河卷烟厂和淮阴卷烟厂，都应用激光引导式 AGV 完成托盘货物的搬运工作。

（5）危险场所和特种行业。在军事上，AGV 的自动驾驶为基础集成其他探测和拆卸设备，可以用于战场排雷和阵地侦察。在钢铁厂，AGV 用于炉料运送，减轻了工人的劳动强度。在核电站和利用核辐射进行保鲜储存的场所，AGV 用于物品的运送，避免了危险的辐射。在胶卷和胶片仓库，AGV 可以在黑暗的环境中。准确可靠地运送物料和半成品。

【任务拓展】

目前，AGV 在室内的应用较多，但随着需求的发展，户外或半户外 AGV 技术将逐步完善和进入应用阶段。户外 AGV 技术一直是应用的难点，主要受制于相对恶劣的自然条件，如温度、湿度、阳光、雾、雨、雪等天气。作为领先的 AGV 技术提供商，"Mircolomay" 公司每年投入巨额的研发费用到产品升级中去，户外技术正是方向之一，如防雨的激光导航装置、交流驱动器、特殊经验的系统设计等，户外技术的测试工作也取得相对理想的实效。国内 AGV 应用需求正突破传统行业，医药、港口等行业的需求日益扩大。我国港口集装箱采用的码头运输方式为起重机将集装箱卸载到人工驾驶的运载工具上，再运输到储存地点。采用 AGV 作为运载工具在欧洲运行的案例表明 AGV 将提高港口卸载效率约 70%。"Mircolomay" 公司进一步改进系统设计，采用激光导航方式，提供缓冲区设计以提高起重机和 AGV 的协调性能，提高 AGV 的运载能力（单车运载双层集装箱 82 吨），提高运行速度（平地运行速度最快为 20 千米/小时；坡度为 5°时，运行速度最快为 5 千米/小时）。我国港口吞吐量世界第一，装卸货物总量巨大，运载效率的极大提高直接意味着集装箱货轮停泊时间的缩短，减少货轮巨额的停泊费用；同时，装卸周期的缩短将极大提升单口岸的利用效率，对国民经济进出口效益的意义不言而喻。

随着世界经济的发展，各港口的吞吐能力日趋饱和，欧盟启动了相关计划并投资提升码头周转效率，目前在测试项目中正式使用了 AGV。该计划是港口运输方式的一次革命，代表着港口运载全面自动化的开始。根据测算，单个码头对 AGV 的需求量约为 70 台。中国主要的大型码头的总需求量保守估计在 1 500 台，市场价值在 5 亿~10 亿元。该市场需求将在较短时间内呈直线上升趋势，五年后逐步趋向稳定。未来的几年，正因为巨大的经济和社会效益，AGV 在港口的应用将是富有前景的行业。

将 AGV 的应用绘制成思维导图，并结合案例谈谈你对 AGV 未来应用的展望。

任务四　集装单元设备

【任务目标】

1. 知识目标
☑集装的含义及作用
☑各种类型的托盘及其特点
☑各种类型的集装箱及其特点
2. 技能目标
☑能够结合商品装卸搬运活性要求及运输效率要求，选择适合的集装器具
☑能够结合货量、尺寸选择相应尺寸和规格的集装器具
3. 素养目标
☑本着节约的原则进行集装器具的选择与使用
☑计算科学合理、准确认真
☑及时收集并掌握国际集装器具的使用情况

【任务描述】

某货运代理公司接受客户委托，有一批玩具需要进行海运出口，货物外包装尺寸为 0.8 米×0.675 米×0.029 米，可以倒置、堆码。客户要求进行托盘化处理，并进行加固后装载，通过集装箱海运出口。请你结合商品特点及

客户要求选择合适的集装器具（托盘和集装箱），并进行相应种类、型号和数量的选择。学生进行小组讨论，详细记录分析过程，并完成相关操作。

 【任务实施】

步骤一：学生结合货物尺寸及储存运输要求，选择合适尺寸的托盘。

步骤二：学生结合货物特点，选择适合种类的集装箱；计算货量大小，选择合适尺寸的集装箱。

步骤三：学生通过网络数据搜集，调研了解其他集装器具还有哪些及适合何种场合使用。

请查询写出 20 英尺[①]和 40 英尺集装箱的长宽高和内部容积。

20 英尺 长 宽 高 内部容积	40 英尺 长 宽 高 内部容积	40 英尺高柜 长 宽 高 内部容积

小贴士

货物装载应注意以下事项：

第一，货物的摆放方式是货柜装多少的最重要因素。货物的摆放方式分为横放、竖放、侧放、躺放、相邻物体相邻摆放、自由组合摆放等，摆放要求越少，则装得越多。

第二，货物的堆码层数。在不考虑货物重量超重和货柜承重的情况下，货物堆得越高，装得也就越多，货物的堆码层数根据货物自身承重能力决定。

第三，货物的摆放缝隙因素。易碎货物或承重能力差的货物在装柜的时候要设置好货物的摆放缝隙，摆放缝隙的大小影响着货物装柜率的高低。缝隙过大，浪费了货柜的可用空间，货物可能移动，货物甚至无法全部装进货柜；缝隙过小，填充物无法放入，货物依然会被压坏。

第四，货物的自身重量因素。货柜都有最大承重量，在保证货物能够放进货柜的同时，要优先考虑货物是否超重。

---

① 1 英尺＝0.304 8 米，下同。

【任务资讯】

一、集装认知

集装是将许多单件物品，通过一定的技术措施组合成尺寸规格相同、重量相近的大型标准化的组合体，这种大型的组合状态称为集装。集装从包装角度来看，是一种按一定单元将杂散物品组合包装的形态，是属于大型包装的形态。在多种类型的产品中，小件杂散货物很难像机床、构件等产品那样进行单件处理，由于其"杂"和"散"，并且个体体积和重量都不大，因此总是需要进行一定程度的组合，才能有利于销售，有利于物流，有利于使用。例如，箱、袋等都是杂散货物的组合状态。

集装是材料科学和装卸技术两个方面有了突破进展之后才出现的，用大单元实现组合，是整个包装技术的一大进展。从运输角度来看，集装所组合的组合体往往又正好是一个装卸运输单位，非常便利运输和装卸，因此在这个领域把集装主要看成一个运输体（货载），称为单元组合货载或称为集装货载。

集装有若干种典型的方式，在各类典型方式的交叉领域还有许多非此非彼的集装方式，因此集装的方式很多。但是，一般不做特殊解释所称的集装，主要是指集装箱和托盘。各种典型的集装方式和它们之间的变形方式如下：

1. 托盘

最典型的托盘是平托盘，其变形体有柱式托盘、架式托盘（集装架）、笼式托盘（集装笼）、箱式托盘、折叠式托盘、轮式托盘（台车式托盘）、薄板托盘（滑板）等。

2. 集装箱。

最典型的集装箱是普通集装箱，其变形体有笼式集装箱、罐式集装箱、台架式集装箱、平台集装箱、折叠式集装箱等。许多类型的集装箱和相应的托盘在形态上区别并不大，但规模相差较大。

3. 集装容器

典型的集装容器是集装袋，其变形体有集装网络、集装罐、集装筒等。

集装的主要特点是集小为大。这种集小为大是按标准化、通用化要求进行的，这就使中小件散杂货以一定规模进入市场和流通领域，形成了规模优势。集装的效果实际上是这种规模优势的效果。集装的作用主要有以下四个方面：

第一，促使装卸合理化。有些人认为，这是集装的最主要作用。和单个物品的逐一装卸处理比较，这一作用主要表现在缩短装卸时间，这是由于多次装卸转为集装一次装卸而带来的效果；使装卸作业劳动强度降低。过去，中小件大数量散杂货装卸，工人劳动强度极大，并且由于劳动强度大，工作时极易出差错、产生货损。采用集装后不但降低了装卸劳动强度，而且集装货物的保护作用可以更有效防止装卸时的碰撞损坏及散失丢失。

第二，使包装合理化。采用集装后，物品的单体包装及小包装要求可降低甚至可以去掉小包装从而节约包装材料。

第三，由于整体进行运输和保管，集装大大方便了运输及保管作业，并且便于管理，还能有效利用运输工具和保管场地的空间，改善环境。

第四，集装的重要作用还有以其为核心所形成的集装系统，将原来分立的物流各环节有效地联合为一个整体，使整个物流系统实现合理化。物流的现代发展是离不开集装的，可以说集装是物流现代化的重要标志。

二、集装器具——托盘

中华人民共和国国家标准物流术语对托盘的定义是用于集装、堆放、搬运和运输的放置作为单元负荷的货物和制品的水平平台装置。托盘是为了使货物有效地装卸、运输、保管，将其按一定数量组合放置于一定形状的台面上，这种台面有供叉车从下部插入的叉入口。在实际操作中，凡是满足上述基本结构的平台和在这种结构的基础上所形成的各种形式的集装器具均可称为托盘。

托盘是一种重要的集装器具，是物流领域中适应装卸机械化而发展起来的一种常用器具。托盘的发展总是与叉车同步的，叉车与托盘的共同使用，形成的有效装卸系统可以大大促进装卸活动的改善，使装卸的机械化水平大幅度提高，使长期以来运输过程中的装卸瓶颈得以突破。托盘区别于普通的集合包装的特点是随时处于"备战"状态，使静态的货物转变为动态的货物。托盘与货物固定搭配，可以形成托盘包装。托盘包装以托盘为承载物，将包装件或产品堆码在托盘上，通过捆扎、裹包或胶粘等方法加以固定，形成一个搬运单位，以便用机械设备搬运。

托盘既具有搬运器具的作用，又具有集装容器的功能。托盘的出现还促进了集装箱和其他集装方式的形成与发展。托盘作为物流系统化的重要工具，对物流系统的建立和形成具有重要作用。托盘已成为和集装箱一样重要的集装方式，形成了集装系统的两大支柱。

1. 托盘的优缺点

托盘的优点如下：

（1）托盘自重量小。托盘装卸负荷相对于集装箱小，运输所消耗的劳动强度较小，无效运输及装卸负荷相对集装箱小。

（2）托盘返空容易。托盘返空时所占运力较少。由于托盘造价不高，又很容易互相代用，互相以对方托盘抵补，因此无需像集装箱那样必须有固定归属者，也无需像集装箱那样返空。即使返运，托盘也比集装箱容易操作。

（3）装盘容易。托盘不需像集装箱那样深入箱体底部，装盘后可以采用捆扎、裹包或胶粘等技术，操作方便。

（4）托盘装载量适宜，组合量较大。

（5）托盘节省包装材料，降低包装成本。

托盘的缺点如下：

（1）托盘的保护产品性能不如集装箱。

（2）托盘露天存放困难，需要有仓库等设施。

（3）托盘本身的回运需要一定的运力消耗和成本支出。

2. 托盘的作用

托盘是最基本的物流器具，有人称其为"活动的平台"。"可移动的地面"，它是静态货物转变为动态货物的载体，是装卸搬运、仓储保管以及运输过程中均可利用的工具。托盘与叉车配合利用，可以大幅度提高装卸搬运效率。托盘堆码货物可以大幅度提高仓库利用率。托盘化运输可以大幅度降低成本。托盘的利用最初始于装卸搬运领域，现在托盘单元化包装、托盘单元化保管、托盘单元化装卸搬运、托盘单元化运输处处可见。

3. 托盘的种类

托盘按其功能与作用不同可以分为叉车、手推平板车装卸的平托盘、柱式托盘、箱式托盘；在下部安装滚轮、可用人力推动的滚轮箱式托盘、滚轮保冷箱式托盘；采用板状托盘，可用设有推换附件的特殊叉车进行装卸作业的滑动板或装有滚轮的在托盘货车中使用货物移动的从动托盘；其他还有装运筒、罐等专用托盘之类的与货物形状吻合的特殊构造托盘。

通常，托盘按适用性不同可以分为通用托盘和专用托盘两大类；按结构不同可以分为平托盘、箱式托盘、柱式托盘三种；按材料不同可以分为木制托盘、塑制托盘、钢制托盘、竹制托盘、塑木复合托盘等。

常用的托盘主要有以下几种：

（1）平托盘。平托盘按形状的不同分为很多种。平托盘是托盘中使用最为广泛的一种类型，一般所说的托盘主要是指平托盘。平托盘还可以进一步进行分类。

①按承载货物台面不同，平托盘可以分为单面型、单面使用型、双面使用型、单面四向型、单面使用四向型、双面使用双蝶型、单面单翼型、单面使用单翼型、双面使用四向型九种。

②按叉车叉入方式不同，平托盘可以分为单向叉入式、双向叉入式、四向叉入式三种。其中，单向叉入式只能从一个方向叉入，叉车操作时较为困难；四向叉入式可以从四个方向叉入，叉车操作较为灵活。

③按制造材料不同，平托盘可以分为木制、钢制、塑料制以及高密度合成板制等。

木制平托盘制造方便，便于维修，本体重量轻，是使用最广泛的托盘。

钢制平托盘由角钢等异形材焊接而成，其最大的特点是强度高、不易损坏和变形、维修工作量小。钢制平托盘不但可以利用叉车装卸，而且可以利用两翼吊具进行吊装作业。

塑料制平托盘采用塑料模具制成，一般为双面使用型。其最大的特点是本体重量轻、耐腐蚀性强、可以用各种颜色加以区分。但是，塑料制平托盘承载能力不如钢制平托盘和木制平托盘好。

高密度合成板制平托盘利用各种废弃物经高温处理压制而成。由于它采用再生环保材料制成，因此具有抗高压、承重性能好、成本低的特点，而且它避免了传统木制平托盘的木结、虫蛀、色差、湿度高等特点，适合各类货物的运输，尤其是重货（如化工、金属等类产品）成批运输，也是替代木制平托盘的最佳选择。

（2）柱式托盘。柱式托盘是在平托盘的四个角装上立柱构成的，目的是在多层堆码保管时，保护最下层托盘货物。托盘上的立柱大多是可卸式的，高度多为 1 200 毫米左右。立柱的材料多为钢制，耐负荷为 3 吨。这种托盘进一步演化为可以从对角的柱子上端用横梁连接，使柱子成为门框形。

柱式托盘的主要作用有两个：一是防止托盘上所置货物在运输、装卸等过程中发生踏跺；二是利用柱子支撑承重，可以将托盘货物堆高叠放，而不用担心压坏下部托盘上的货物。

（3）箱式托盘。箱式托盘是沿平托盘四个边由板式、栅式、网式等各种平面组成的箱体，有些箱体上有顶板，有些箱体上没有顶板。箱板有固定式、折叠式、可卸式三种。这类托盘的特点是包装简易并可以将形状不规则的货物集装，防护能力强，可以有效防止踏跺和货损。

（4）轮式托盘。轮式托盘是在柱式托盘、箱式托盘下部安装小型脚轮，按上部构造物的形式不同可分为固定式、可卸式和折叠式三种。轮式托盘不但具有一般柱式托盘、箱式托盘的优点，而且可利用轮子进行短距离移动，无需机具也能实现搬运；可以利用轮子进行滚上滚下装卸，还有利于在装放车、船后也能移动位置。轮式托盘具有很强的搬运性，此外轮式托盘在生产物流系统中还可以作为作业车辆使用。

（5）滑动板。滑动板是瓦楞纸、板纸或塑料制的板状托盘，又称为薄板托盘。和木质平托盘相比，滑动板具有重量轻（每个约为 1.5 千克）、充分利用保管空间（厚度在 5 毫米以下）、价格低等优点。但是，装卸这种托盘需要带有特殊属具的叉车。

（6）特种专用托盘。由于托盘制作简单、造价低，因此某些较大数量运输的货物都可以制出装载效率高、装运方便、适合有特殊要求的某种物品的专用托盘。这类托盘在实际运用中种类不计其数，这里不再一一介绍。

几种常见的托盘如图 2-29 所示。

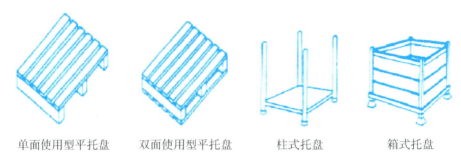

| 单面使用型平托盘 | 双面使用型平托盘 | 柱式托盘 | 箱式托盘 |

图 2-29　几种常见的托盘

4. 托盘的规格

托盘的规格的标准化是实现托盘联运的前提，也是实现物流机械和设施标准化的基础及产品包装标准化的依据。国际标准化组织规定规格主要有 1 200 毫米×1 000 毫米、1 200 毫米×800 毫米（欧洲标准），1 140 毫米×1 140 毫米（澳大利亚标准），48 英寸×40 英寸（1 219×1 016 美国标准），1 100 毫米×1 100 毫米（日本标准），此外，还有 1 200 毫米×1 600 毫米、1 200 毫米×1 800 毫米的大型托盘。我国国家标准规定的联运通用平托盘外部规格有 1 200 毫米×1 000 毫米、12 000 毫米×800 毫米、1 140 毫米×1 140 毫米、1 219 毫米×1 016 毫米四种。以上尺寸均为平面尺寸，公差为±3 毫米。托盘集合包装所集装的货物单元体积一般为 1 立方米以上，高度在 1 100 毫米或 2 200 毫米，载重为 500~2 000 千克。

5. 托盘的码货

在托盘上放同一形状的立体形包装货物时，采取各种交错组合的办法码垛可以保证足够的稳定性，甚至不需要再用其他方法紧固。码放的方式有重叠式、纵横交错式、正反交错式和旋转交错式四种（见图 2-30）。

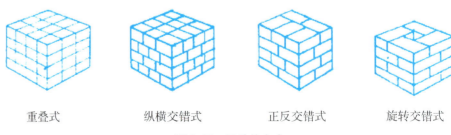

| 重叠式 | 纵横交错式 | 正反交错式 | 旋转交错式 |

图 2-30　码放的方式

（1）重叠式。重叠式各层码放方式相同、上下对应。其优点是工人操作速度快、包装物四个角和边重叠垂直，承载力大；其缺点是各层之间缺少咬合作用，稳定性差，容易发生塌垛。在货品底面积较大情况下，采用这种方式可以有足够稳定性。一般情况下，重叠式码放再配合各种紧固方式，不但能保持稳固而且能保留装卸操作省力的优点。

（2）纵横交错式。相邻两层货物的摆放旋转90°，一层横向放置，另一层纵向放置。这种方式装完一层之后，利用转向器旋转90°，层间有一定的咬合效果，但咬合强度不高。重叠式和纵横交错式适合自动装盘操作。

（3）正反交错式。在同一层中，不同列的货物以90°垂直码放，相邻两层的货物码放形式是另一层旋转180°的形式。这种方式类似于房屋建筑砖的砌筑方式，不同层间咬合强度较高、相邻层之间不重缝，因而码放后稳定性很高，但操作较为麻烦，并且包装体之间不是垂直面互相承受荷载，所以下部货品容易被压坏。

（4）旋转交错式。第一层相邻的两个包装体都互为90°，两层间的码放又相差180°，这样相邻两层之间咬合交叉，托盘货品稳定性较高，不易塌垛。其缺点是码放难度较大，而且中间容易形成空穴，会降低托盘载装能力。

6. 托盘的紧固方法

托盘货品的紧固是保证货品稳定性、防止塌垛的重要手段。托盘货品紧固方法有以下10种：

（1）捆扎紧固（见图2-31）。捆扎紧固用绳索、打包带等对托盘货品进行捆扎以保证货品的紧固，其方式有水平、垂直和对角等捆扎方式。捆扎打结的方法有结扎、融合、热融、加卡箍等。捆扎紧固还有把柔性钢丝、天线、软管用线架或卷轴等成卷的货物与托盘集合包装捆扎的情况。捆扎紧固通常顶部加柜式盖板，宽度方向捆两道，长度方向捆三道，都是铅垂方向。捆扎紧固可用于多种货物的托盘集合包装。

（2）网罩紧固（见图2-32）。网罩紧固主要用于装有同类货物托盘的紧固，多用于航空运输，将航空专用托盘与网罩结合起来，就可以达到紧固的目的。网罩紧固将网罩套在托盘货物上，再将网罩端的金属配件挂在托盘周围的固定金属片上（或将绳网下部缚牢在托盘的边沿上）、以防形状不整齐的货物发生倒塌。为了防水，网罩紧固可以在网罩之下用防水层加以覆盖。网罩用棉绳、布绢和其他纤维绳等材料制成。绳的粗细依货物的重量而定。

图 2-31　扎紧固　　　　　　　　　　　　　　图 2-32　网罩紧固

（3）框架紧固（见图 2-33）。框架紧固是将框架加在托盘货物相对的两面或四面以至顶部，用以增加托盘货物刚性。框架的材料以木板、胶合板、瓦楞纸板、金属板等为主。安装方法有固定式和组装式两种。采用组装式需要打包带紧固，使托盘和货物结合为一体。

（4）中间夹摩擦材料紧固（见图 2-34）。中间夹摩擦材料紧固将具有防滑性的纸板、纸片或软性塑料片夹在各层容器之间，以增加摩擦力，防止水平移动（滑动），或者防止冲击时托盘货物各层之间的移位。防滑片除纸板外，还有软性聚氨酯泡沫塑料等片状物。此外，在包装容器表面涂布二氧化硅溶液防滑剂，也有较好的防滑效果。

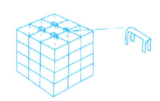

图 2-33　框架紧固　　　　　　　　　图 2-34　中间夹摩擦材料紧固

（5）专用金属卡具紧固。某些托盘货物最上部加可伸入金属卡具，可以用专用卡具将相邻的包装物卡住，以便每层货物通过金属卡具成一整体，防止个别分离滑落。

（6）黏合紧固（见图 2-35）。黏合有两种方式：一种是在下一层货箱上涂上胶水使上下货箱黏合，涂胶量应根据货箱的大小和轻重而定；另一种是在每层之间贴上双面胶条，将两层通过胶条黏合在一起，这样便可以防止在物流中托盘上货物从层间滑落。

（7）胶带粘扎（见图 2-36）。托盘货物采用单面不干胶包装带粘捆，即便胶带部分损坏，由于全部贴于货物表面，也不会散捆，而绳索、包装带捆扎，一旦有一处断裂，全部捆扎便失去效用。

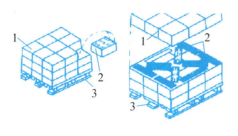

图 2-35　黏合紧固　　　　　　　图 2-36　胶带粘扎

（8）平托盘周边垫高紧固（见图 2-37）。平托盘周边稍稍垫高，托盘上的货物会向中心互相依靠，在物流中发生摇摆和震动时，可以防止层间滑动错位，防止货垛外倾，起到稳固作用。

（9）收缩薄膜紧固（见图 2-38）。收缩薄膜紧固将热缩塑料薄膜套于托盘货品上，之后进行热缩处理，塑料薄膜收缩后，便将托盘货品紧箍成一体。这种紧固方式是五面封，托盘下部与大气连通。收缩薄膜紧固不仅起到紧固、防止塌垛作用，而且由于塑料薄膜的不透水作用，还可以起到防水、防雨的作用，这有利于克服托盘货品不能露天放置而需要仓库的缺点，可以大大扩展托盘的应用领域。

（10）拉伸薄膜紧固（见图 2-39）。拉伸薄膜紧固是用拉伸塑料薄膜将货物和托盘一起缠绕包裹，当拉伸薄膜外力撤除后收缩紧固托盘货品形成集合包装件。顶部不加塑料薄膜时，形成四面封；顶部加塑料薄膜时，形成五面封。拉伸包装不能完成六面封，因此不能防潮。此外，拉伸薄膜比收缩薄膜的捆缚力差，只能用于轻量的集合包装。

图 2-37　平托盘周边垫高紧固　　图 2-38　收缩薄膜紧固　　图 2-39　拉伸薄膜紧固

三、集装器具——集装箱

集装箱，英文名 container，是指能装载包装或无包装货进行运输，并便于用机械设备进行装卸搬运的一种成组工具。集装箱最大的优势在于其产品的标准化及由此建立的一整套运输体系。装集箱能够让一个载重几十吨的庞然大物实现标准化，并且以此为基础逐步实现建立全球范围内的船舶、港口、航线、公路、中转站、桥梁、隧道、多式联运相配套的物流系统。这堪称人类有史以来创造的伟大奇迹之一。

1. 集装箱的作用

（1）集装箱可以长期反复使用，具有足够的强度。

（2）集装箱在途中转运不用移动箱内货物，就可以直接换装。

（3）集装箱可以进行快速装载和卸载。

（4）集装箱的货物的装满和卸空很方便。

（5）集装箱的容积大，装的货物多。

（6）集装箱的规格标准，在港口和船上可以层叠摆放，节省大量空间。

2. 集装箱的种类

集装箱的种类很多，分类方法多种多样。

（1）按所装货物的种类划分，集装箱有杂货集装箱、散货集装箱、液体货集装箱、框架集装箱、冷藏箱集装箱、开顶集装箱以及一些特种专用集装箱（如汽车集装箱、牧畜集装箱、兽皮集装箱等）。

杂货集装箱是最普通的集装箱，主要用于运输一般杂货，适合各种不需要调节温度的货物使用的集装箱，一般称为通用集装箱（见图2-40）。

散货集装箱是用以装载粉末、颗粒状货物等各种散装的货物的集装箱（见图3-41）。

 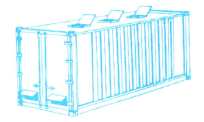

图2-40　杂货集装箱　　　　　图2-41　散货集装箱

液体货集装箱是用以装载液体货物的集装箱（见图2-42）。

框架集装箱是以箱底面和四周金属框架构成的集装箱，适用于长、大、超重等货物（见图2-43）。

图2-42　液体货集装箱　　　　　图2-43　框架集装箱

冷藏集装箱是一种附有冷冻机设备，并在内壁敷设热传导率较低的材料，用以装载冷冻、保温、保鲜货物的集装箱（见图2-44）。

开顶集装箱是用于装载玻璃板、钢制品、机械等重货，可以使用起重机从顶部装卸，顶部可以开启或无固定箱面的集装箱（见图2-45）。

图2-44 冷藏集装箱

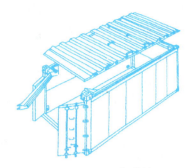

图2-45 开顶集装箱

牲畜集装箱是一种专门设计用来装运活牲畜的集装箱，有通风设施，带有喂料和除粪装置（见图2-46）。

汽车集装箱是一种专门设计用来装运汽车，并可以分为两层装货的集装箱（见图2-47）。

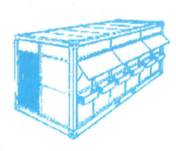

图2-46 牲畜集装箱

图2-47 汽车集装箱

（2）集装箱按制造材料划分。制造材料是指集装箱主体部件（侧壁、端壁、箱顶等）材料，可以分成三种：钢制集装箱、铝合金集装箱、玻璃钢集装箱。此外，集装箱还有木集装箱、不锈钢集装箱等。其中，钢制集装箱用钢材造成，优点是强度大、结构牢、焊接性好、水密性好、价格低廉；缺点是重量大、防腐性差。铝合金集装箱用铝合金材料造成，优点是重量轻、外表美观、防腐蚀、弹性好、加工方便以及加工费和修理费低、使用年限长；缺点是造价高、焊接性能差。玻璃钢集装箱用玻璃钢材料造成，优点是强度大、刚性好、内部容积大、隔热、防腐、耐化学性好、易清扫、修理简便；缺点是重量大、易老化、拧螺栓处强度较低。

（3）按结构划分，集装箱有固定式集装箱、折叠式集装箱、薄壳式集装箱。固定式集装箱还可以分为密闭集装箱、开顶集装箱、板架集装箱等。

折叠式集装箱是指集装箱的主要部件（侧壁、端壁和箱顶）能简单地折叠或分解，再次使用时可以方便地再组合起来。薄壳式集装箱是把所有部件组成一个钢体，它的优点是重量轻、可以适应所发生的扭力而不会引起永久变形。

（4）按总重划分，集装箱有 30 吨集装箱、20 吨集装箱、10 吨集装箱、5 吨集装箱、2.5 吨集装箱等。

（5）按用途划分，集装箱有冷冻集装箱（RF）、挂衣集装箱、开顶集装箱（OT）、框架集装箱（FR）、罐式集装箱（TK）、冷藏集装箱、平台集装箱、通风集装箱、保温集装箱。

3. 集装箱的规格标准

集装箱运输的初期，集装箱的结构和规格各不相同，影响了集装箱在国际上的流通，亟须制定集装箱的国际通用标准，以利于集装箱运输的发展。集装箱标准化不仅能提高集装箱作为共同运输单元在海、陆、空运输中的通用性和互换性，而且能够提高集装箱运输的安全性和经济性，促进国际集装箱多式联运的发展。同时，集装箱的标准化还给集装箱的载运工具和装卸机械提供了选型、设计和制造的依据，从而使集装箱运输成为相互衔接配套、专业化和高效率的运输系统。集装箱标准按使用范围划分，有国际标准、国家标准、地区标准和公司标准四种。国际标准是指国际标准化组织（ISO）技术委员会制定的国际通用的标准。

集装箱标准化历经了一个发展过程。国际标准化组织技术委员会自1961 年成立以来，对集装箱国际标准做过多次补充、增减和修改，现行的国际标准中，集装箱宽度均一样（2 438 毫米）、长度有四种（12 192 毫米、9 125 毫米、6 058 毫米、2 991 毫米）、高度有三种（2 896 毫米、2 591 毫米、2 438 毫米）。

集装箱的计算单位为 TEU，是英文 twenty equivalent unit 的缩写，又称20 英尺换算单位或国际标准箱单位。TEU 通常用来表示船舶装载集装箱的能力，也是集装箱和港口吞吐量的重要统计、换算单位。各国大部分集装箱运输都采用 20 英尺和 40 英尺长的两种集装箱。为使集装箱箱数计算统一化，把 20 英尺集装箱作为一个计算单位，40 尺集装箱作为两个计算单位，以便统一计算集装箱的营运量。在统计集装箱数量时有一个术语——自然箱，又称实物箱。自然箱是不进行换算的，即不论是 40 英尺集装箱、30 英尺集装箱、20 英尺集装箱，还是 10 英尺集装箱，均作为一个集装箱统计。

某些大型集装箱船公司根据本公司的具体情况和条件制定集装箱的标准。该标准主要在该公司运输范围内使用。随着经济的发展，我国进出口贸易也越来越频繁，从而使集装箱在市场上也得到更广泛的应用。

【任务拓展】

由于集装箱运输使货物流通过程中各个环节发生重大改变，因此被称为20世纪的"运输革命"。集装箱运输可以促使运输生产走向机械化、自动化。早在20世纪80年代，我国的铁路集装箱已经得到了发展，但相对于欧美发达国家，我国的铁路集装箱运输只能算刚刚起步。集装箱保有量不足、箱况差、箱型不全以及与海运集装箱规格不统一，使得铁路集装箱运输无法与外贸所依赖的海运方式相协调。加上管理方式相对落后，周转时间长，更加剧了铁路集装箱在数量和箱型上与运输需求的矛盾。

目前，在北美洲的大多数铁路公司，铁路集装箱业务收入基本上都达到了公司总收入的20%以上，海铁联运货物是其主要的承载对象。就加拿大的温哥华港口而言，其年吞吐量大约为170万TEU，其中50%左右是通过铁路运输到北美内陆地区。而我国目前还没有达到这个水平，铁路集装箱的现实情况则是，从港口卸下来的集装箱较少通过铁路运输。主要原因除铁路集装箱的基础设施、管理水平相对落后外，还有我国各地区的经济发展水平差异较大。要实现畅通的海铁联运，必须在转运节点上建立铁路集装箱枢纽站。这个枢纽除需要得到货量的支撑外，还有两个外部条件必不可少：一是位于自由贸易区内，或者在枢纽站内实行灵活高效的海关监管政策；二是海运和铁路集装箱标准统一，集装箱可以直接上下船。

虽然我国面临着集装箱运输的诸多问题，但是我国对铁路集装箱及多式联运的探索从未停止。

2004年年初国务院批准的《中长期铁路网规划》中明确提出，全国将建设18个集装箱中心站，各中心站之间相互开行集装箱班列，构建双层集装箱运输主通道。这个网络将与国际集装箱多式联运连成一体，促进公路和铁路联运发展，提高货物运输的质量和效率。这个规划也被当时的铁道部视为铁路货运实现"跨越式发展"的重要构成。

阅读上述案例，谈谈集装箱对海铁联运的作用是什么？目前还存在哪些问题？

任务五 流通加工及包装设备

 【任务目标】

1. 知识目标

☑流通加工的内容与方法

☑仓储包装设备的种类

☑常见打包工具的使用方法

2. 技能目标

☑能够结合客户要求进行称重、分装、贴标等流通加工作业

☑完成封箱、打包作业

☑制订工计划、准备作业工具用具、任务完成后进行现场8S管理

3. 素养目标

☑小组成员团结一致，分工合作完成任务

☑树立客户至上的服务意识，严格按照客户要求进行流通加工作业

☑培养在作业现场的沟通、协作能力以及8S管理能力

 【任务描述】

某物流企业储存客户散装商品5 000件，出库前客户要求进行每5件小商品分装在一个促销包装袋内，并贴上相应的促销标签；每6袋商品重新装箱，并进行包装封箱作业。接到此工作任务，各小组分工合作制订计划，并分工流水线作业，完成相应业务操作。

 【任务实施】

步骤一：小组成员共同讨论，按照顾客要求制订计划、进行任务分工、准备好相应的工具用具。

步骤二：学生以竞赛形式，5~6人小组开展流水线作业，分装、贴标、封箱、打包依次完成相应业务操作。

步骤三：各小组进行工作分工、作业质量、作业效率等情况总结。

 【任务资讯】

一、流通加工

流通加工是指物品在从生产地到使用的过程中，根据需要施加包装、分

割、计量、分拣、刷标志、贴标准、组装等简单作业的总称。流通加工是为了提高物流速度和物品的利用率，在物品进入流通领域后，按客户的要求进行的加工活动，即在物品从生产者向消费者流动的过程中，为了促进销售、保证商品质量和提高物流效率，对物品进行一定程度的加工。流通加工通过改变或完善流通对象的形态来实现"桥梁和纽带"的作用，因此流通加工是流通中的一种特殊形式。随着经济的增长和国民收入的增多，消费者的需求出现多样化，促使在流通领域开展流通加工。目前，世界许多国家和地区的物流中心或仓库经营中都大量存在流通加工业务，在流通加工物流发达国家流通加工更为普遍。

根据不同的目的，流通加工具有不同的类型。

1. 为适应多样化需要

生产部门为了实现高效率、大批量的生产，其产品往往不能完全满足用户的要求。这样一来，为了满足用户对产品多样化的需要，同时又要保证高效率的大生产，单一化、标准化的产品可以进行多样化的改制加工。例如，流通加工对钢材卷板的舒展、剪切加工；对平板玻璃按需要规格的开片加工；将木材改制成枕木、板材、方材等加工。

2. 为方便消费

根据下游生产的需要，流通加工将商品加工成生产直接可用的状态。例如，流通加工根据需要将钢材定尺、定型，按要求下料；将木材制成可以直接投入使用的各种型材；将水泥制成混凝土拌合料，使用时只需稍加搅拌即可，等等。

3. 为保护产品

在物流过程中，为了保护商品的使用价值，延长商品在生产和使用期间的寿命，防止商品在运输、储存、装卸搬运、包装等过程中遭受损失，流通加工可以进行稳固、改装、保鲜、冷冻、涂油等操作。例如，水产品、肉类、蛋类的保鲜、保质的冷冻加工和防腐加工等；丝、麻、棉制品的防虫、防霉加工等；为防止金属材料的锈蚀而进行的喷漆、涂防锈油等，运用手工、机械或化学方法除锈；木材的防腐、防干裂加工；煤炭的防高温自燃加工；水泥的防潮、防湿加工，等等。

4. 为弥补生产加工不足

由于受到各种因素的限制，许多产品在生产领域的加工只能到一定程度，而不能完全实现终极的加工。例如，木材如果在产地完成成材加工或制成木制品的话，就会给运输带来极大的困难，因此生产领域只能加工到圆木、板、方材这个程度，进一步的下料、切裁、处理等加工则由流通加工完成。又如，钢铁厂大规模的生产只能按规格生产，以使产品有较强的通用性，从而使生产能有较高的效率，取得较好的效益。

5. 为促进销售

流通加工也可以起到促进销售的作用。例如，流通加工将过大包装或散装物分装成适合依次销售的小包装的分装加工；将以保护商品为主的运输包装改换成以促进销售为主的销售包装，以起到吸引消费者、促进销售的作用；将蔬菜、肉类洗净切块以满足消费者要求，等等。

6. 为提高加工效率

许多生产企业的初级加工由于数量有限，加工效率不高。流通加工以集中加工的形式，解决了单个企业加工效率不高的弊病。一家流通加工企业的集中加工代替了若干家生产企业的初级加工，促使生产水平有一定的提高。

7. 为提高物流效率

有些商品本身的形态使之难以进行物流操作，而且商品在运输、装卸搬运过程中极易受损，因此需要进行适当的流通加工加以弥补，从而使物流各环节易于操作，提高物流效率，降低物流损失。例如，造纸用的木材磨成木屑的流通加工可以极大提高运输工具的装载效率；自行车在消费地区的装配加工可以提高运输效率，降低损失；石油气的液化加工，使很难输送的气态物转变为容易输送的液态物，也可以提高物流效率。

8. 为衔接不同运输方式

在干线运输和支线运输的节点设置流通加工环节，可以有效解决大批量、低成本、长距离的干线运输与多品种、少批量、多批次的末端运输和集货运输之间的衔接问题。流通加工在流通加工点与大生产企业之间形成大批量、定点运输的渠道，以流通加工中心为核心，组织对多个用户的配送，也可以在流通加工点将运输包装转换为销售包装，从而有效衔接不同目的的运输方式。例如，散装水泥中转仓库把散装水泥装袋、将大规模散装水泥转化为小规模散装水泥的流通加工，衔接了水泥厂大批量运输和工地小批量装运的需要。

9. 为实现生产流通一体化

依靠生产企业和流通企业的联合，或者生产企业涉足流通，或者流通企业涉足生产，形成对生产与流通加工进行合理分工、合理规划、合理组织，统筹进行生产与流通加工的安排，这就是生产流通一体化的流通加工形式。这种形式可以促成产品结构及产业结构的调整，充分发挥企业集团的经济技术优势，是目前流通加工领域的新形式。

10. 为实施配送

这种流通加工形式是配送中心为了开展配送活动，满足客户的需要而对物资进行的加工。例如，混凝土搅拌车可以根据客户的要求，把沙子、水泥、石子、水等各种不同材料按比例要求装入可旋转的罐中。在配送路途中，混凝土搅拌车边行驶边搅拌，到达施工现场后，混凝土已经均匀搅拌好，可以直接投入使用。

由于流通加工的范围非常广泛，作业类型非常繁杂，因此流通加工的作业类型也是多种多样的。流通加工设备是对各种流通加工作业的设备的统称。其主要包括原材料初级加工设备、产品增值性加工设备以及产品辅助性加工设备。物流领域的流通加工以产品增值性加工较为常见，以进行保护商品、方便储运、促进销售的流通加工为主，即包装的流通加工作业较多。

二、商品包装

1. 包装的概念

包装（packaging）是指为在流通过程中保护产品、方便储运、促进销售，按一定的技术方法所用的容器、材料和辅助物等的总体名称。

2. 包装的分类

（1）按产品销售范围划分，包装有内销产品包装、出口产品包装。

（2）按包装在流通过程中的作用划分，包装有单件包装、中包装和外包装等。

（3）按包装制品材料划分，包装有纸制品包装、塑料制品包装、金属包装、竹木器包装、玻璃容器包装和复合材料包装等。

（4）按包装使用次数划分，包装有一次用包装、多次用包装和周转包装等。

（5）按包装容器的软硬程度划分，包装有硬包装、半硬包装和软包装等。

（6）按产品种类划分，包装有食品包装、药品包装、机电产品设备包装、危险品包装等。

（7）按功能划分，包装有运输包装、贮藏包装和销售包装等。

（8）按包装技术方法划分，包装有防震包装、防湿包装、防锈包装、防霉包装等。

（9）按包装结构形式划分，包装有贴体包装、泡罩包装、热收缩包装、可携带包装、托盘包装、组合包装等。

3. 包装机械的作用

包装是产品进入流通领域的必要条件，而实现包装的主要手段是使用包装机械。随着时代的发展和技术的进步，包装设备在包装领域中正起着越来越大的作用。其主要作用有以下几点：

（1）提高劳动生产率。机械包装比手工包装快得多，如糖果包装，手工包糖1分钟只能包十几块，而糖果包装机每分钟可包装数百块甚至上千块，提高效率数十倍。

（2）有效保证包装质量。机械包装可以根据包装物品的要求，按照需要的形态、大小，形成规格一致的包装物，而手工包装是无法比拟的。这对出口商品尤为重要，只有机械包装，才能达到包装规格化、标准化，符合集合包装的要求。

（3）实现手工包装无法实现的操作。有些包装操作，如真空包装、充气包装、贴体包装、等压灌装等，都是手工包装无法实现的，只能用机械包装实现。

（4）降低劳动强度，改善劳动条件。手工包装的劳动强度很大，如用手工包装体积大、重量重的产品，既耗体力，又不安全；对轻小产品，由于包装频率较高，动作单调，易使工人得职业病。

（5）有利于对工人的保护。对某些严重影响身体健康的产品，如粉尘严重、有毒的产品，有刺激性、放射性的产品，手工包装难免危害健康，而机械包装则可避免危害健康，并且能有效保护环境。

（6）降低包装成本，节省贮运费用。对松散产品，如棉花、烟叶、丝、麻等，采用压缩包装机压缩打包，可以大大缩小体积，从而降低包装成本。同时，体积大为缩小，节省仓容，降低保管费用，有利于运输。

（7）可靠地保证产品卫生。对某些产品，如食品、药品的包装，根据卫生法律法规的要求是不允许用手工包装的，因为会污染产品，而机械包装避免了人手直接接触食品、药品，保证了产品卫生质量。

（8）促进相关工业的发展。包装机械是一门综合性科学，它涉及材料、工艺、设备、电子、电器、自动控制等多种学科，要求各相关学科同步、协调发展，任何学科的问题都将影响包装机械的整体性能。因此，包装机械的发展将有力地促进相关学科的进步。另外，为适应包装机械高速包装的需要，其相关的前后工序也势必与之适应，进而推动了相关工序的同步发展。

4. 包装设备的应用

包装设备是指能完成全部或部分产品和商品包装过程的设备。包装过程包括充填、包裹、封口等主要工序以及与其相关的前后工序，如清洗、堆码和拆卸等。此外，包装还包括计量或在包装件上盖印等工序。使用机械包装产品可以提高生产率，减轻劳动强度，适应大规模生产的需要，并满足清洁卫生的要求。

 【任务拓展】

包装材料是指用于制造包装容器、包装装潢、包装印刷、包装运输等满足产品包装要求所使用的材料。包装材料既包括金属、塑料、玻璃、陶瓷、纸、竹本、野生蘑类、天然纤维、化学纤维、复合材料等主要包装材料，又包括捆扎带、装潢、印刷材料等辅助材料。目前，主要使用的包装材料如下：

纸包装材料：蜂窝纸、纸袋纸、干燥剂包装纸、蜂窝纸板、牛皮纸工业纸板、蜂窝纸芯等。

塑料包装材料：打包带、撕裂膜、缠绕膜、封箱胶带、热收缩膜、塑料膜、中空板等。

复合类软包装材料：软包装、镀铝膜、铁芯线、铝箔复合膜、真空镀铝纸、复合膜、复合纸等。

金属包装材料：马口铁铝箔、桶箍、钢带、打包扣、泡罩铝、铝箔、铝板、钢扣等。

陶瓷包装材料：陶瓷瓶、陶瓷缸、陶瓷坛、陶瓷壶等。

玻璃包装材料：玻璃瓶、玻璃罐、玻璃盒等。

木材包装材料：木材制品和人造木材板材（如胶合板、纤维板）制成的包装，如木箱、木桶、木匣、木夹板、纤维板箱、胶合板箱以及木制托盘等等。

请学生以小组为单位收集各种商品的包装材料、包装容器、包装技术方法，并撰写一份关于包装材料、容器以及技术方法使用的分析调研报告，并分析未来商品包装材料的发展趋势。

任务六　自动化立体仓库

【任务目标】

1. 知识目标

☑自动化立体仓库的优缺点

☑自动化立体仓库的作业流程

2. 技能目标

☑能够制作自动化立体仓库的设备清单

☑能够分析自动化立体仓库建设的优势与局限性，结合企业实际情况进行可行性分析

3. 素养目标

☑关注行业动态前沿信息，了解中国智能物流发展现状

☑具备成本意识和效率意识，能够客观分析自动化立体仓库的优缺点

【任务描述】

蒙牛乳业自动化立体仓库

内蒙古蒙牛乳业泰安公司乳制品自动化立体仓库是蒙牛乳业委托太原刚玉物流工程有限公司设计制造的第三座自动化立体仓库。该仓库后端与泰安

公司乳制品生产线相衔接，与出库区相连接，仓库内主要存放成品纯鲜奶和成品瓶酸奶。库区面积为 8 323 平方米，货架最大高度为 21 米，托盘尺寸为 1 200 毫米×1 000 毫米，库内货位总数为 19 632 个。其中，常温区货位数为 14 964 个；低温区货位为 4 668 个。入库能力为 150 盘/小时，出库能力为 300 盘/小时。出入库采用联机自动。

根据用户存储温度的不同要求，该仓库划分为常温和低温两个区域。常温区保存鲜奶成品，低温区配置制冷设备，恒温 4 ℃，存储瓶酸奶。按照生产、存储、配送的工艺及奶制品的工艺要求，经方案模拟仿真优化，该仓库最终确定库区划分为入库区、储存区、托盘（外调）回流区、出库区、维修区和计算机管理控制室 6 个区域。入库区由 66 台链式输送机、3 台双工位高速梭车组成，负责将生产线码垛区完成的整盘货物转入各入库口。双工位高速梭车负责生产线端输送机输出的货物向各巷道入库口的分配、转动以及空托盘回送。储存区包括高层货架和 17 台巷道堆垛机。高层货架采用双托盘货位，实现货物的存储功能。巷道堆垛机按照指令完成从入库输送机到目标的取货、搬运、存货以及从目标货位到出货输送机的取货、搬运、出货任务。托盘（外调）回流区分别设在常温储存区和低温储存区内部，由 12 台出库口输送机、14 台入库口输送机、巷道堆垛机和货架组成。托盘（外调）回流区完成空托盘回收、存储、回送、外调货物入库、剩余产品和退库产品入库、回送等工作。出库区设置在出库口外端，分为货物暂存区和装车区，由 34 台出库输送机、叉车和运输车辆组成。维修区设在穿梭车轨道外侧，在某台空梭车更换配件或处理故障时，其他穿梭车仍旧可以正常工作。计算机控制室设在二楼，用于出入库登记、出入库高度管理和联机控制。

 【任务实施】

步骤一：学生了解自动化立体仓库的设施组成，制作自动化立体仓库的设施清单及基本预算表。

步骤二：学生结合企业实际情况，分析是否需要建设自动化立体仓库，其优越性和局限性分别有哪些？

步骤三：各小组调研 1~2 家国际自动化立体仓库、1~2 家国内企业建立的自动化立体仓库，并进行比较分析，制作成电子演示文稿（PPT）。

步骤四：各小组进行 PPT 展示，讲解介绍国内外自动化立体仓库发展现状，进行对比分析，并总结分析未来发展趋势。

小贴士

随着我国工业和经济的发展，仓储业的现代化要求也在持续提升。智能仓储物流系统规模从 2001 年的不足 20 亿元，迅速增长至 2015 年的 600 亿元。2018 年已超过 1 000 亿元的市场空间，年均增长速度超过 20%。目前，我国正处于仓储物流升级阶段，由机械化向自动化和智能化不断升级，智能仓储有很大的发展空间。据不完全统计，目前我国拥有立体仓库 500 余座，其中高度在 15 米以上的大型立体仓库 100 多座。这些自动化的仓库主要集中在烟草、医药保健品、食品、通信和信息、家具制造业、机械制造业等传统优势行业。在此基础上，我国对仓储的研究也向着智能化的方向发展。目前，我国还处于自动化仓储的推广和应用阶段。

 【任务资讯】

一、自动化立体仓库的概念

自动化立体仓库是物流仓储中出现的新概念。立体仓库设备可以实现仓库存取自动化、操作简便化。自动化立体仓库是当前技术水平较高的形式。自动化立体仓库的主体由货架、巷道式堆垛起重机、入（出）库工作台和自动运进（出）及操作控制系统组成。货架是钢结构或钢筋混凝土结构的建筑物或结构体，货架内是标准尺寸的货位空间，巷道式堆垛起重机穿行于货架之间的巷道式中，完成存、取货的工作。

二、自动化立体仓库的发展历程

仓库的产生和发展是第二次世界大战之后生产和技术发展的结果。20 世纪 50 年代初，美国出现了采用桥式堆垛起重机的立体仓库。20 世纪 50 年代末 60 年代初，立体仓库出现了司机操作的巷道式堆垛起重机。1963 年，美国率先在高架仓库中采用计算机控制技术，建立了第一座计算机控制的立体仓库。此后，自动化立体仓库在美国和欧洲得到迅速发展，并形成了专门的学科。20 世纪 60 年代中期，日本开始兴建立体仓库，并且发展迅速，成为当今世界上拥有自动化立体仓库较多的国家之一。

中国对立体仓库及其物料搬运设备的研制开始并不晚，1963 年研制出第一台桥式堆垛起重机。1973 年，我国开始研制中国第一座由计算机控制的自动化立体仓库（高 15 米），该库于 1980 年投入运行。立体仓库由于具有很高的空间利用率、很强的出入库能力、采用计算机进行控制管理进而有利于企业实施现代化管理等特点，已成为企业物流和生产管理不可缺少的仓储技术，越来越受到企业的重视。

由于自动化立体仓库的作业效率及自动化技术可以使得企业物流效率大

幅提升，加之立体仓库的基本技术日益成熟，因此越来越多的企业开始采用自动化立体仓库。很多企业不仅建设中大型的立体仓库，还根据需要建设了很多中小型自动化立体仓库。随着国家经济的高质量发展和对自动化立体仓库需求较高的烟草、医药、机械等行业的持续快速发展，未来自动化立体仓库面临着较大的市场需求。

三、自动化立体仓库的构成

自动化立体仓库（AS/RS）是由立体货架、有轨巷道堆垛机、出入库托盘输送机系统、尺寸检测条码阅读系统、通信系统、自动控制系统、计算机监控系统、计算机管理系统以及其他如电线电缆桥架配电柜、托盘、调节平台、钢结构平台等辅助设备组成的复杂的自动化系统。自动化立体仓库运用一流的集成化物流理念，采用先进的控制、总线、通信和信息技术，通过以上设备的协调开展出入库作业。

四、自动化立体仓库的优缺点分析

1. 自动化立体仓库的主要优点

（1）自动化立体仓库采用高层货架储存、巷道堆垛机作业，可以大幅度增加仓库的有效高度，充分利用仓库的有效面积和储存空间，使货物储存集中化、立体化，减少占地面积，降低土地购置费用。

（2）自动化立体仓库可以实现仓库作业的机械化、自动化，从而大大提高工作效率。

（3）由于物资在有限空间内集中储存，因此自动化立体仓库便于进行温度或湿度控制。

（4）自动化立体仓库利用计算机进行控制和管理，作业过程和信息处理迅速、准确、及时，可以加速物资周转，降低储存费用。

（5）由于货物的集中储存和计算机控制，因此自动化立体仓库便于采用现代科学技术和现代化管理方法

2. 自动化立体仓库的主要缺点

（1）自动化立体仓库结构复杂，配套设备多，需要大量的基建和设备投资。

（2）自动化立体仓库的货架安装要求精度高，施工比较困难，施工周期长。

（3）计算机控制系统是自动化立体仓库的"神经中枢"，一旦出现故障，将会使整个仓库处于瘫痪状态，收发作业就要中断。

（4）由于高层货架是利用标准货格进行单元储存的，因此自动化立体仓库对储存货物的种类有一定的局限性。

（5）由于实行自动控制与管理，技术要求比较高，因此自动化立体仓

库对工作人员的技术水平和业务素质要求比较高。工作人员必须具有一定的文化水平和专业知识，而且经过专门培训才能胜任。

五、自动化立体仓库的建设步骤

1. 设计前的准备工作

（1）自动化立体仓库建设前要了解建库的现场条件，包括气象、地形、地质条件、地面承载能力、风及雪载荷、地震情况以及其他环境的影响。

（2）在自动化立体仓库的总体设计中，机械、结构、电气、土建等多专业相互交叉、相互制约，这就要求物流企业在进行设计时必须考虑到各专业的需要。例如，机械的运动精度要根据结构制作的精度和土建的沉降精度而选定。

（3）物流企业要制订仓储系统的投资、人员配置等计划，以此来确定仓储系统的规模、机械化和自动化的程度。

（4）自动化立体仓库建设前要对与物流企业仓储系统有关的其他方面的条件进行调查了解。例如，货物的来源、连接库场的交通情况、货物的包装、搬运货物的方法、货物的最终去向和运输工具等。

2. 库场的选择与规划

库场的选择和规划对仓储系统的基建投资、物流费用、劳动条件等都有重要的意义。考虑到城市规划、物流企业的整体运作，自动化立体仓库最好选在靠近港口、码头、货运站等交通枢纽，或者靠近生产地或原材料产地，或者靠近主要的销售市场。这样可以大大降低物流企业的费用。库场地址是否合理对环境保护、城市规划等也有一定的影响。例如，选择在受到交通限制的商业区建立自动化立体仓库，一方面与繁华的商业环境不协调，另一方面要花高价购买地皮。最重要的是，由于受到交通限制，只能每天半夜来运送货物，这显然是极不合理的。

3. 确定仓库的形式、作业方式和机械设备参数

仓库的形式需要在调查入库货物品种的基础上确定。物流企业一般都采用单元货格式仓库。如果存储的货物品种单一或很少，而且货物批量较大，物流企业可以采用重力式货架或其他形式的贯通式仓库。物流企业根据出入库的工艺要求（整单元或零散出入库）来决定是否需要堆垛拣选作业，如果需要拣选作业，再确定拣选作业的方式。在自动化立体仓库中还有一种作业方式常被采用，这就是所谓的自由货位方式，即货物可以就近入库。特别是出入库频繁和超长、超重的货物，应当尽量在到货和发货的地点附近作业。这样做不但可以缩短出入库时间，还节省了搬运费用。自动化立体仓库使用的机械设备有很多种，一般都包括巷道堆垛机、连续输送机、高层货架，自动化程度高的还有自动导向车。在进行仓库的总体设计时，物流企业要根据仓库的规模、货物的品种、出入库频率等选择最适合的机械设备，并

确定这些设备的主要参数。

4. 确定货物单元形式及规格

由于自动化立体仓库的前提是单元化的搬运，因此确定货物单元的形式、尺寸和重量是一个非常重要的问题。这会影响到物流企业对仓库的投资，而且会影响到整个仓储系统的配备、设施等问题。因此，为了合理确定货物单元的形式、尺寸和重量，物流企业应根据调查和统计的结果，列出所有可能的货物单元形式和规格，并做出合理的选择。对那些形状和尺寸比较特殊或很重的货物，物流企业可以单独处理。

5. 确定库容量（包括缓存区）

库容量是指在同一时间仓库可容纳的货物单元数。库容量对于自动化立体仓库来说是一个非常重要的参数。由于在库存周期会受到许多预料之外的因素的影响，因此库容量的峰值有时会大大超出自动化立体仓库的实际库容量。除此之外，有的自动化立体仓库仅仅考虑了货架区的容量，而忽视了缓存区的面积，结果造成缓存区的面积不足，使得货架区的货物出不来，库房外的货物进不去。

6. 库房面积与其他面积的分配

自动化立体仓库的总面积是一定的，许多物流企业在建造自动化立体仓库时只重视办公场所、实验（包括研发）场所的面积，却忽视了库房面积。为了满足库容量的需要，自动化立体仓库只好通过空间发展来达到要求。但是，货架越高，机械设备的采购成本和运行成本也就越高。除此之外，自动化立体仓库内最优的物流路线是直线形的，但在仓库设计时往往会受到平面面积的限制，造成本身物流路线的迂回（物流路线往往是 S 形甚至是网状），这会增加许多不必要的投入和麻烦。

7. 人员与设备的匹配

不管自动化立体仓库的自动化程度有多高，具体运作时仍需要一定的人工劳动，因此工作人员的数量要合适。人员不足会降低仓库的效率，人员太多又会造成浪费。自动化立体仓库采用了大量先进的设备，对人员的素质要求比较高，人员素质跟不上，同样会降低仓库的吞吐能力。物流企业需要招聘专门的人才，并对其进行专门的培训。

8. 系统数据的传输

数据传输路径不通畅或数据冗余等会造成系统数据传输速度慢，甚至无法传输的现象，因此物流企业要考虑自动化立体仓库内部以及与物流企业上下级管理系统间的信息传递的问题。

9. 整体运作能力

自动化立体仓库的上游、下游及其内部各子系统的协调，有一个木桶效应的问题，即最短的那一块木板决定了木桶的容量。有的仓库采用了很多的高科技产品，各种设施设备也非常齐全，但是由于各子系统间协调性、兼容性不好，造成整体运作效果比预期差很多。

 【任务拓展】

京东亚洲一号上海物流中心自动化立体仓库是我国较为先进的电商物流中心。其一期于 2014 年 6 月完成设备安装调试后开始试运营。该物流中心位于上海嘉定，共分两期，规划的建筑面积为 20 万平方米，其中投入运行的一期定位为中间商品仓库，总建筑面积约为 10 万平方米，分为 4 个区域——立体库区、多层阁楼拣货区、生产作业区和出货分拣区。其中，立体库区库高 21 米，利用自动存取系统（AS/RS 系统），实现了自动化高密度的储存和高速的拣货。多层阁楼拣货区采用了各种现代化设备，实现了自动补货、快速拣货、多重复核、多层阁楼自动输送，具备了京东巨量库存管理单位（SKU）的高密度存储和快速准确地拣货与输送。生产作业区采用京东自主开发的任务分配系统和自动化的输送设备，实现了每一个生产工位任务分配的自动化和合理化，保证了每一个生产岗位的满负荷运转，避免了任务分配不均的情况，极大地提高了劳动效率。出货分拣区采用了自动化的输送系统和代表全球领先技术水平的分拣系统。其分拣处理能力达 16 000 件/小时，分拣准确率高达 99.99%，彻底解决了原先人工分拣效率低和分拣准确率低的问题。

谈谈你对京东自动化立体仓库的作用和意义的理解。

综合技能实训

【实训目标】

仓储设施设备的配置是开展仓储生产的必要条件，也是进行现代化仓储管理的重要内容。它不仅关系仓库的建设成本和运营费用，更关系仓库的生产效率和效益。本项目的实训，重点在于通过让学生在学习多种仓储设备的功能和特点后，掌握常用仓储设施设备的作业特征、配备原则和方法，能够帮助物流企业科学地实现仓储设备的选型与配置。

【实训内容】

某工厂货架配置选型

某工厂生产电饭煲，某原材料仓库存放各种物料类别及使用量，即仓库储存物资明细如表 2-4 所示。该工厂物料种类目前为 2 000 种左右，后期发展要达到 3 000 种以上。

表 2-4　仓库储存物资明细

物料类别	包装箱规格	重量/千克	当前使用量	后期计划用量
冲压小件	胶箱 68.8 厘米×41.5 厘米×36 厘米	25/箱	1 000	2 000
电气元件	胶箱 68.8 厘米×41.5 厘米×36 厘米	10/箱	5 000	8 000
电路板	胶箱 68.8 厘米×41.5 厘米×36 厘米	10/箱	1 000	1 500
标准件	胶箱 68.8 厘米×41.5 厘米×36 厘米	25/箱	500	1 000
硅胶件	胶箱 68.8 厘米×41.5 厘米×36 厘米	10/箱	1 000	2 000
塑料小件	钙塑箱 62 厘米×32 厘米×37 厘米	25/箱	5 000	8 000
电热盘	胶箱 68.8 厘米×41.5 厘米×36 厘米	25/箱	3 000	4 000
塑料大件	钙塑箱 62 厘米×32 厘米×37 厘米	10/箱	6 000	10 000
金属材料	地台板 100 厘米×80 厘米	1 500/板	300	500
塑料材料	地台板 100 厘米×80 厘米	1 500/板	200	400
合计			23 000	37 400

学生试为该工厂仓库选择合适的货架，并完成表 2-5。

表 2-5　货架选择

序号	货架的种类	储存的货物	选择的理由	备注
1				
2				
3				
4				
5				

【项目总结与评价】

1. 自我评价表（学生自评、组长评价，见表 2-6）

表 2-6　自我评价表

项目名称：				小组名称：		
评价时间：				出勤情况：		
序号	评价项目	评价标准		分值	自评分	组长评分
1	预习情况	1. 完成　2. 部分完成　3. 全部未完成		5		
2	学习目标实现情况	1. 实现　2. 部分实现　3. 大部分未实现		10		
3	与老师同学沟通情况	1. 好　2. 较好　3. 一般　4. 存在较大问题		10		
4	与同学协作情况	1. 好　2. 较好　3. 一般　4. 存在较大问题		10		

表2-6(续)

序号	评价项目	评价标准	分值	自评分	组长评分
5	技术方法运用情况	1. 好 2. 较好 3. 一般 4. 存在较大问题	20		
6	资料收集水平	1. 高 2. 较高 3. 一般 4. 差	5		
7	做事态度	1. 很认真 2. 较认真 3. 应付 4. 差	10		
8	任务是否完成	1. 完成 2. 部分完成 3. 大部分未完成 4. 全部未完成	30		
9	创新情况（加分项）	任务完成有创新性，酌情加1～10分			
10	自我评价	1. 整体效果： 2. 主要不足： 3. 改进措施：	总分		

2. 任务评价表（教师评价，见表2-7）

表 2-7　任务评价表

评议项目	考评内容	评分标准	标准分	实际得分
素养目标达成情况（此项为一票否决考核项目）	各任务素养目标达成	安全、积极参与、高效、团结完成工作任务，共10分	10	
存储设备分析与选择	结合商品特点、仓库现状选择恰当的存储设备	商品特点分析准确10分；货架类型分析正确5分；正确选择货架，原因分析合理5分	20	
装卸搬运设备分析与选择	结合货物特点正确分析选择装卸搬运设备	叉车种类3分，参数4分，货比三家分析到位3分	10	
输送设备分析与选择	输送设备调研充分、分析到位、选择正确	输送设备种类正确5分，配置合理5分	10	
集装单元设备选用	结合客户要求选择正确的托盘、集装箱	托盘、集装箱种类选择正确5分，计算准确合理5分	10	
流通加工及包装作业	完成流通加工、包装作业，总结归纳到位	分工合作完成流通加工、包装作业10分，按照效率依次从高到低打分，最高10分	20	
自动化立体仓库认知	自动化立体仓库调研充分、认知准确	完成自动化立体仓库调研PPT 5分，讲解清晰、分析到位5分	10	
知识问答	相关知识共10题	每题1分，共10分	10	
总计			100	

项目三　入库作业管理

任务一　入库作业准备

 【任务目标】

1. 知识目标

☑入库作业流程认知

☑入库申请、入库作业计划的编制

☑入库准备工作的主要内容

☑不同类商品的理化特性及储存要求分析

2. 技能目标

☑根据任务描述，写出入库物资的基本情况，完成物资情况分析

☑能够结合商品数量、时间等情况制订入库准备计划书

☑完成入库商品的人员准备、设备准备、工具用具准备、单证准备等相
　关准备工作

3. 素养目标

☑具备良好的交流沟通、清晰表达的能力

☑具备熟练的信息处理能力

☑具备认真严谨的工作态度

☑具备较好的团队协作意识

 【任务描述】

　　某个工作日，仓库分别以传真、电子邮件和电话的形式接到两个客户的
入库通知（见表3-1、表3-2），请各小组学生结合案例的实际情况，试分
析说明入库准备工作的主要内容。

表 3-1　客户 1 物美集团入库通知

货品名称	数量/盒	每箱细数/个	预计提货时间 10 月 21 日上午 12：00
诺基亚 N97	20	20	
诺基亚 6300	40	20	

表 3-2　客户 2 峰星公司入库通知

货物名称	数量/箱	预计提货时间 4 月 8 日上午 7：00
康师傅红烧牛肉面	5	
康师傅番茄牛腩面	5	
达能闲趣饼干	6	
奥利奥牛奶味饼干	6	

【任务实施】

步骤一：学生根据客户入库通知单的内容，对入库商品特性进行分析。

步骤二：学生编制入库准备计划，各小组成员根据两个客户的入库通知内容完成入库准备计划书的编制。

入库准备计划书

入库商品特性分析：

仓库储位分析与准备：

所需工具用具：

单证准备：

人员安排：

设备安排：

其他方面：

步骤三：学生对入库作业的人员配置、设备配备安排进行说明，并做好入库系列准备工作。

步骤四：各小组学生领取白纸，将入库准备计划书制作成展示模式，派代表进行展示与说明。

— 小贴士 —

现代企业基本都已经使用信息系统进行库存管理，因此学生在入库前还应查看仓储系统里是否已经录入货品档案，如为新品入库，需要联系客户录入货品信息、货品档案，以便后续入库工作的顺利进行。

 【任务资讯】

一、入库作业流程

入库作业是仓库管理的开始。商品入库一般要经过入库申请、编制入库作业计划及计划分析、入库准备、接运卸货、核查入库凭证、物品检验、办理交接手续、处理入库信息、生成提货凭证（仓单）等一系列作业环节，并对这些作业活动进行合理安排和组织。物品的收货和入库是指根据供货合同的规定完成物品的接货、验收和办理入库手续等业务活动的全过程。入库是仓储管理的关键环节。入库作业流程如图3-1所示。

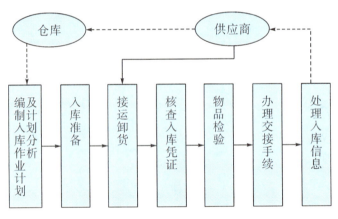

图 3-1　入库作业流程

仓库管理人员根据仓储合同、入库单、入库计划及时进行入库准备，保证物资按时入库。入库准备通常由仓库主管、仓管员和搬运设备作业人员分工合作共同完成。主要准备工作如下：

（1）熟悉入库物资的情况。仓库管理人员需要了解入库物资的品种、规格、数量、包装状态、单体体积、到库确切时间、物资储存时间、物资的理化特性以及保管的要求，妥善进行库场安排与准备。

（2）全面掌握仓库情况。仓库管理人员要了解物资在入库期间、保管期间仓库的库容、设备、人员变动情况，安排好工作。对必须使用重型设备操作的物资，仓库管理人员要确保安排可以使用设备的货位储存，必要时对仓库进行清查、清理，腾出足够的仓容货位。

（3）妥善安排货位。仓库管理人员要根据入库物资的性能、数量和类别，结合仓库分区分类保管的要求，核算货位的大小，根据货位使用原则，确定验收场地，妥善安排货位，确定苫垫方案和堆码方法等。

（4）制订仓储计划。仓库管理人员要根据物资情况、仓库情况、设备情况制订仓储计划，并将计划下达到相应的工作人员。

（5）合理组织人力。仓库管理人员要根据入库物资的数量和时间，安排好物资验收人员、搬运堆码人员以及物资入库工作流程，确定各个工作环节所需要的人员和设备。

（6）做好货位准备。仓库管理人员要及时做好拉货的准备，彻底清洁货位、清除残留物、清理排水管道，必要时进行消毒、除虫、铺地。仓库管理人员要详细检查照明、通风等设备，发现损坏及时组织维修。

（7）苫垫材料、作业工具的准备。在物资入库前，仓库管理人员要根据所确定的苫垫方案，准备相应材料以及所需用具，并组织衬垫铺设作业。

（8）准备好验收工具。仓库管理人员要根据物资情况和仓库管理制度，确定验收方法，准备验收所需要的点数、称量、测试、开箱装箱、丈量等工具，并准备好移动照明等各项工作所需的用具。

（9）装卸搬运工艺设定。仓库管理人员要根据物资、货位、设备条件和人员情况，科学合理地设定装卸搬运工艺，保证作业效率。

（10）文件单证准备。仓库管理人员要妥善保管物资入库所需要的各种报表、单证和记录簿等，如入库记录、理货检验单、库存卡和残损单等，以备使用。

二、入库申请和入库通知单

1. 入库申请

入库申请是生成作业计划的基础和依据，是存货人（供应商）对仓储服务产生需求，并向仓储企业发出需求通知。仓储企业接到申请后，对此项业务进行评估并结合仓储企业自身业务状况做出反应：拒绝该项业务，并做出合理解释，以求客户谅解；接受此项业务，制订入库作业计划，并分别传递给存货人和仓库，做好各项准备工作，事先掌握入库商品品种、性能、数量和到库日期，安排商品接货、验收、搬运、堆码所需设备、场地和劳动力。

2. 入库通知单

入库通知单是存货人给仓库的一个客户委托，即存货人向仓储企业提出入库申请的书面形式。一般入库通知单是货主或货主委托方为入库任务下达单位，根据仓储协议，在一批货物由司机送达仓库前下达给仓库，仅仅起到预报入库信息的作用。入库通知单的内容一般根据用途不同，可以包括编号、日期、订单号、供应商、存货人、物品编号、物品属性、物品件数、物品重量、包装材质及规格、存放要求等信息（见图 3-2）。

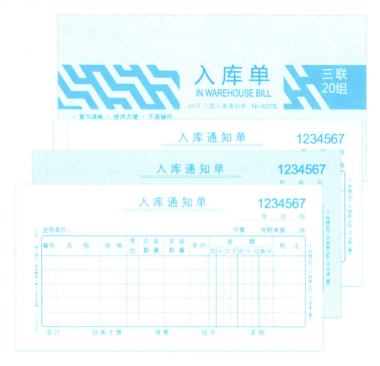

图 3-2　入库通知单样例

三、入库作业计划的编制及计划分析

1. 入库作业计划的内容

入库作业计划是存货人发货和仓库部门进行入库前准备的依据。入库作业计划的内容主要包括到货时间、接运方式、包装单元与状态、存储时间及物品的名称、品种、规格、数量、单件体积与重量、物理特性、化学特性、生物特性等详细信息。仓库部门对入库作业计划的内容要进行分析，并根据物品在库时间、物理特性、化学特性、生物特性、单品体积、重量、包装物等，合理安排货位。仓库部门通过对入库作业计划做出测评与分析之后，即可进行物品入库前的准备工作。

2. 影响入库作业的因素分析

（1）供应商的送货方式。供应商的送货方式直接影响入库作业的组织和计划。影响仓库接货作业的供应商信息如图 3-3 所示。

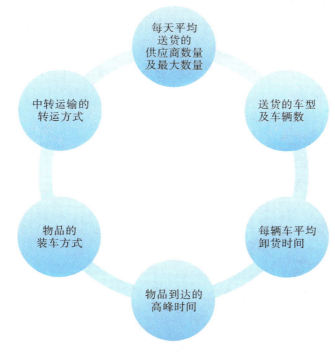

图 3-3　影响仓库接货作业的供应商信息

（2）物品的种类、特性与数量。

（3）仓库设备及储存方式。

四、入库准备

仓库部门应根据入库物品的性能、数量、类别，结合仓库分区分类的要求核算货位大小；根据货位使用原则严格验收场地，妥善安排货位，确定堆垛方法和苫垫方式。

1. 高架库货架货位的准备

计划入库物品如果上架储存，保管人员应在入库前准备好足够的货位和上架所需的托盘。

（1）货架货位的优化。决定计划入库物品的存储位置的关键因素是物动量分类的结果。物动量是运动物体的质量和速度的乘积。高物动量物品应该选择首层货位，中物动量物品应该选择中间层货位，低物动量物品应该选择上层货位。

（2）货架货位及托盘数量准备。计算所需货位及托盘数量时应考虑的因素有计划入库的物品种类及包装规格、货架货位的设计规格、所需托盘规格、叉车作业要求、作业人员的熟练程度及技巧。

货架入库位与平置入库位不同的地方还包括货位净高的要求以及叉车作业空间的预留。预留作业空间可以根据实际情况确定。

具体计算步骤如下：

第一步，计算托盘面积最大码放物品的数量。

第二步，计算托盘码放层数。

托盘码放层数=（货架每层高度-货架横梁高度-托盘厚度-作业预留空间）÷物品高度

第三步，确认物品堆码极限层高。

第四步，计算货位承重范围内堆码层数。

货位承重范围内堆码层数=（单货位承重-托盘重量）÷（物品重量×托盘面积最大码放物品的数量）

第五步，计算码托层高。

码托层高=min［托盘码放层数，物品堆码极限层高，货位承重范围内堆码层数］

第六步，计算货位（托盘）数量。

货位（托盘）数量=物品数量÷（码托层高×托盘面积最大码放物品的数量）=物品数量÷单位托盘码放数量

例如，某物流公司收到一份入库通知单，计划入库物品为舒肤佳沐浴露，包装规格为 325 毫米×157 毫米×237 毫米，堆码层限为 4 层，每箱重量为 8 千克，共 4 200 箱。货架规格为 1 200 毫米×1 000 毫米×1 000 毫米，单货位承重为 500 千克；托盘规格为 1 200 毫米×1 000 毫米×160 毫米；单位托盘重量为 10 千克；作业预留高度不少于 150 毫米。

第一步，计算托盘面积最大码放物品的数量。

按照托盘利用最大化的原则，托盘面积最大码放物品的数量为 21 箱。

第二步，计算托盘码放层数。

托盘码放层数=（货架每层高度-货架横梁高度-托盘厚度-作业预留空间）÷物品高度=（1 000-160-150）÷237=2（层）

第三步，确认物品堆码极限层高。

物品堆码极限层高=4（层）

第四步，计算货位承重范围内堆码层数。

货位承重范围内堆码层数=（单货位承重-托盘重量）÷（物品重量×托盘面积最大码放物品的数量）=（500-10）÷（8×21）=2（层）

第五步，计算码托层高。

码托层高=min［托盘码放层数，物品堆码极限层高，货位承重范围内堆码层数］=min［2，4，2］=2（层）

第六步，计算货位（托盘）数量。

货位（托盘）=物品数量÷（码托层高×托盘面积最大码放物品的数量）=物品数量÷单位托盘码放数量=4 200÷（2×21）=100（个）

因此，共需要 100 个货位及托盘。

2. 平置库货位的准备

（1）确定物品存储的位置主要考虑平置库平面布局、物品在库时间、物品物动量等关键因素。例如，高物动量的物品，在库时间一般较短，因此一般应放置在离通道或库门较近的地方。

（2）确定物品所需货位面积所必须考虑的因素包括仓库的可用高度、仓库地面荷载、物品包装物所允许的堆码层数以及物品包装物的长、宽、高。

①计算单位包装物面积。

单位包装物面积＝长×宽

②计算单位面积重量。

单位面积重量＝单位物品毛重÷单位面积

③计算可堆层数。

从净高考虑：层数 a＝库高÷箱高

从地坪载荷考虑：层数 b＝地坪单位面积最高载荷量÷单位面积重量

从包装标识限高考虑：层数 c 可堆层数＝min［层数 a，层数 b，层数 c］

④计算占地面积。

占地面积＝（总件数÷可堆层数）×单位包装物面积

3. 立体库货位的准备

在明确储存位置和所需货位数量的同时，仓库还要准备好相应数量的托盘。具体计算步骤同前，此不赘述。

4. 密集型储存区货位的准备

在明确储存位置和所需货位数量的同时，仓库要准备好相应数量的周转箱。具体计算步骤如下：

第一步，计算周转箱内单层最大码放物品的数量。

第二步，计算周转箱内物品码放层数。

周转箱内物品码放层数＝（周转箱高度＋物品包装在周转箱中的高度－作业预留空间）÷物品高度

第三步，确认物品堆码极限层高。

第四步，计算货位承重范围内堆码层数。

货位承重范围内堆码层数＝（单货位承重－单位周转箱重量）÷（物品重量×周转箱内单层最大码放物品的数量）

第五步，计算码托层高。

码托层高＝min［周转箱内物品码放层数，物品堆码极限层高，货位承重范围内堆码层数］

第六步，计算货位及周转箱数量。

货位（托盘）数量＝物品数量÷（码托层高×周转箱内单层最大码放物品的数量）＝物品数量÷单位周转箱码放数量

5. 苫垫材料的准备

仓库管理人员根据预计到货物品的特性、体积、质量、数量和到货时间等信息，结合物品分区、分类和货位管理的要求，确定货位；同时，要做好防雨、防潮、防尘、防晒准备，即准备所需要的苫垫材料。苫垫材料应根据货位位置和到货物品特性进行合理的选择。苫盖材料主要有塑料薄膜、席子、油毡纸、铁皮、苫布等。垫垛材料主要有枕木、方木、石条、水泥墩、防潮纸等。

6. 验收、入库以及装卸搬运器械的准备

仓库管理人员应根据到货物品的特性、货位、设备条件、人员等情况，科学合理地确定卸车、搬运工艺，准备好相关专业设备，安排好卸货站台或场地，保证装卸搬运作业的效率。

 【任务拓展】

某仓库建筑面积为 10 000 平方米，地坪载荷为 2 000 千克/平方米，库高 4.8 米。现该库收到入库通知单如表 3-3 所示，入库时间 2024 年 5 月 16 日。

表 3-3　入库通知单

入库编号	品名	包装规格/毫米	包装材料	单体毛重/吨	包装标识限高/层	入库总量/箱
202405	工具	400×250×320	松木	48	5	2 400

请阐述本次仓储业务中的入库准备的内容。如果该批物品入库后，确定物品所需货位面积应考虑哪些因素？如果该批物品入库后码垛堆存，请计算出需要多大面积的储位。如果仓库可用宽度受限仅为 5 米，请计算出计划堆成重叠堆码的平台货垛的垛长、垛宽以及垛高各为多少箱。

2024 年 8 月 10 日，深圳慧通仓储公司收到沃尔玛超市的入库申请单（见图 3-4），请阐述这批货物的入库准备工作的主要内容。

入库流水单号				411					
单据类型	入库单			入库时间			2024年8月13日8：00		
客户编号	D1102			客户名称			沃尔玛超市		
入库申请人	王洋			申请人联系方式			135××××××××		
配送受理人	金立			受理人联系方式			139××××××××		
仓库地址	大连市开发区金马工业区								
序号	入库编号	商品编号	名称	单位	规格/mm	毛重	包装材料	申请数量	实际数量	情况说明
1	13457801	5649	格兰仕微波炉	箱	570×380×390		纸箱	400		
合计								400	

供应商客户签字盖章：　　　　　　　　入库接收签字盖章：
时间　　　　　　　　　　　　　　　　时间

图3-4　沃尔玛超市的入库申请单

任务二　货物接运与货位确定

【任务目标】

1. 知识目标
☑入库货物的接运方式
☑不同接运方式的操作步骤
☑确定货位的计算方法

2. 技能目标
☑能够准确、及时地向承运部门或供货单位办理物资交接手续
☑安全、迅速地将货物提运至仓库
☑事先计算好货位大小及货位数量，做好货位准备

3. 素养目标
☑具有认真严谨的工作态度，认真做好与承运部门的对接工作
☑具有良好的沟通、协调能力
☑具备货物计算的测算能力，计算认真，不出差错

【任务描述】

　　某仓库收到客户的一份到货通知，得知客户有一批货物将通过铁路运输至深圳北站，货物主要有5 000箱方便面（每箱尺寸为50厘米×50厘米×20

厘米，限堆高 10 层）；木箱装罐头食品 100 箱（每箱毛重 50 千克，箱底面积为 0.25 平方米，箱高 0.25 米，箱上标识表示最多允许叠堆 16 层）；力波啤酒 8 000 箱（包装体积长 0.3 米，宽 0.3 米，高 0.4 米，毛重 12 千克，净重 10 千克）。作为仓库主管，你需要马上组织人员进行相关接运及货位准备工作，把货物运回仓库，请思考该如何开展工作。

 【任务实施】

步骤一：学生结合入库商品的到货通知，做好货物接运工作，选择适合的接运方式，根据接运流程，制订详细的接运计划。

步骤二：学生根据入库商品具体情况，计算各自的货位信息。

方便面 5 000 箱，每箱尺寸为 50 厘米×50 厘米×20 厘米，限堆高 10 层，某货位一边长 10 米，需要多宽、多高的货位？

木箱装罐头食品 100 箱，每箱毛重 50 千克，箱底面积为 0.25 平方米，箱高 0.25 米，箱上标识表示最多允许叠堆 16 层，地坪承载能力为 5 吨/平方米，库房可用高度为 5.2 米，该批商品的可堆高度为多少？

力波啤酒 8 000 箱，每箱包装体积长 0.3 米，宽 0.3 米，高 0.4 米，毛重 12 千克，净重 10 千克，用托盘堆码，托盘规格为 1.04 米×1.04 米（托盘重量不计），库房地坪单位面积载荷为 1 吨，包装的承压能力为 50 千克，库房可用高度为 3 米，该批货物的储存至少需要多少面积？

步骤三：学生规划确定入库货物的货位。除完成了货位长宽高的计算外，对入库货物的货位还有哪些要求？学生规划确定入库货位，画出示意图。

【任务资讯】

一、货物接运

1. 货物接运的定义

货物接运是物品入库前的重要环节，目的是向托运人或承运人办清业务交接手续，及时将货物安全接运回库。仓库管理人员首先要了解接运产品的方式及程序，然后才能根据不同的接运方式，安排人员进行接货，并处理接货过程中出现的各种问题。做好物品接运工作的意义在于防止把运输过程中或运输之前已经发生的物品损害和各种差错带入仓库，减少或避免经济损失，为验收、保管和保养创造良好的条件。

货物接运的主要内容如下：

（1）接运准备。仓库管理人员要安排物资接运车辆、装卸机械和存放场地，核对采购合同或物资入库计划。

（2）接货。对整车（船）、集装箱和零担接货，仓库管理人员要依据货物运单核查货车（船）、集装箱及货物后接货。对到供货单位接货和供货单位送货上门的接货，仓库管理人员要严格按合同规定交接，做好接运记录。

（3）物资运送。仓库管理人员要按物资特性及运输要求装载、行驶，确保物资安全运到存放场地。仓库管理人员在接运中发现物资损坏、短少等问题要及时向有关单位提出，并按规定处理。货物接货的方式主要包括到车站、码头提货，铁路专用线路接货，自提货三种。

2. 货物接运的流程

货物接运的流程如图3-5所示。

（1）铁路专用线路接货。铁路专用线路接货是铁路部门将火车运输的物品直接运送到仓库内部专用线的一种接运方式。铁路专用线路接货一般适用于整车大批量货物。接货人员在接到车站到货的通知后，一般按照接车卸货准备、卸车前的检查、卸车作业、卸车后的清理、填写到货台账和办理内部交接等接货工作。

（2）到车站、码头提货。到车站、码头提货是指由外地托运单位委托铁路、水运、民航等运输部门或邮局代运或邮递货物到达本地车站、码头、机场、邮局后，仓库依据货物通知单派车接运货物。一般到车站、码头提货适用于零担托运、到货批量较小的货物。其流程如下：

①安排接运工具。在去车站、码头提货时，接货人员对所提取物品要了解其品名、型号、特性、尺寸等情况，并以此安排接运工具。

②前往承运单位。准备好接运工具后，接货人员携带提货凭证前往承运单位，准备接货。

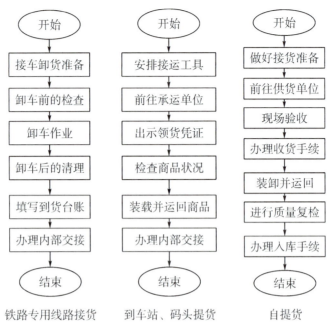

图 3-5　货物接运流程

③出示领货凭证。接货人员达到车站、码头后，出示领货凭证，将物品取回。

④检查商品状况。在提货时，接货人员根据运单仔细核对商品的名称、规格、数量、收货单位等，之后认真对物品的外观进行检查，如包装是否完好无损，有无水渍、油渍、受潮、破损等。

（3）自提货。自提货是指仓库受托运方的委托，直接到供货单位提货的一种形式。其流程是做好接货准备、前往供货单位、现场验收、办理收货手续、装载并运回、进行质量复检、办理内部交接。

二、货位存货量的确定

确定库场货物单位面积定额，即单位仓容定额为 P。

库场单位面积技术定额为 $P_{库}$（吨/平方米）。

货物单位面积堆存定额为 $P_{货}$（吨/平方米）。

货物单位面积堆存定额 $P_{货}$ 是货物本身的包装及其强度所确定的堆高限定。库场货物单位面积技术定额 $P_{库}$ 由以上两者确定，使用较小的数值，这样才能同时保证库场地面不会损坏及货物本身不会被压坏。

如果 $P_{库}<P_{货}$，则 $P=P_{库}$。

如果 $P_{库}>P_{货}$，则 $P=P_{货}$。

如果 $P_{货}$ 为额定，$P_{货}=$ 货自重×堆码层数/货物底面积

货位存货数量的计算如下：

货位存货数量是计算所选用的货位能堆存拟安排货物的总数量，即货位的存储能力（q）。其计算公式如下：

$$q = p \times s$$

式中：q 为某货位的储存能力（吨）；p 为某类货物的仓容定额（吨/平方米）；s 为该类货物所存放货位的有效占用面积（平方米）。

仓库储存能力的计算如下：

仓库存储能力（Q）包括某一仓库或整个库区对特定货物的存放能力。其计算公式如下：

$$Q = \sum ps$$

式中：Q 为仓库的储存能力（吨），p 为某类物质的仓容定额（吨/平方米），s 为该类货物有效占用面积（平方米）。

例题 3-1：某电冰箱注明限高 4 层，箱底尺寸为 0.8 米×0.8 米，每箱重 80 千克，存放于某仓库。仓库地面单位面积定额为 3 吨/平方米，则单位仓容定额 P 为多少？如果仓库此货位占地面积为 100 平方米，则此货位存货数量为多少？

解：$P_货 = \dfrac{80 \times 4}{0.8 \times 0.8 \times 1\,000} = 0.5$（吨/平方米），$P_库 = 3$（吨/平方米）

$P_货 < P_库$，则单位仓容定额 P = 0.5×100 = 50（吨）

例题 3-2：有 840 箱到库，单件外形尺寸为 60 厘米×60 厘米×60 厘米，外包装上堆码极限为 6 层，需要为此准备多少平方米货位？

解：S =（入库总件数/允许堆码层数）×单件底面积

　　　 =（840/6）×（0.6×0.6）

　　　 = 140×0.36

　　　 = 50.4（平方米）

例题 3-3：某仓库只储存两种物资：一种物资就地码垛，其单位面积储存定额为 0.5 吨/平方米，已分配的储存有效面积为 250 平方米；另一种物资存入货架上，其有效容积为 500 立方米，每个货架的有效利用高度是 10 米，单位面积储存定额是 0.8 吨/平方米。该仓库的总储存能力是多少？

解：

$Q_1 = 0.5 \times 250 = 125$（吨）

$Q_2 = 500/10 \times 0.8 = 40$（吨）

$Q = Q_1 + Q_2 = 125 + 40 = 165$（吨）

答：该仓库总储存能力为 165 吨。

【任务拓展】

结合课程所学的货位存货量计算的相关知识完成下列计算题：

（1）仓库存储 2 000 箱商品，每箱尺寸为 50 厘米×40 厘米×20 厘米，限高 10 层，某货位一边长 10 米，需要多宽、多高的货位？

（2）某仓库进了一批木箱装的罐头食品 100 箱。每箱毛重 50 千克，箱底面积为 0.25 平方米，箱高 0.25 米，箱上标识表示最多允许叠堆 16 层，地坪承载能力为 5 吨/平方米，库房可用高度为 5.2 米，求该批商品的可堆高度。

（3）某企业的配送中心有两个货位：第一个货位预计存放洗碗机，限高 7 层，每箱重 70 千克，箱底尺寸为 0.7 米×0.6 米，有效占用面积为 200 平方米；第二个货位预计存放电脑，限高 8 层，每箱重 100 千克，箱底尺寸为 0.8 米×0.5 米，有效占用面积为 30 平方米。请估算该仓库的储存能力（注：该仓库地面的单位面积定额为 3.5 吨/平方米）。

（4）某第三方物流公司一仓库内墙长 42 米，宽 21 米，高 4.1 米，沿着宽方向的走道宽 2.6 米，沿着长方向的走道宽 1.8 米（走道在中间），库房长方向墙距 1 米，宽方向墙距 0.8 米，库内无柱子、间壁墙、扶梯及其他固定设施。现用该仓库储存一批洗衣机（立着堆放），包装长 0.8 米，宽 0.6 米，高 1 米，毛重 50 千克，包装承压能力 110 千克。该仓库最多能储存多少台洗衣机？

（5）某中心仓库选 625 块 20 毫米×1 000 毫米×2 000 毫米的钢板（密度取 7.8 吨/立方米），库房地坪单位面积载荷为 3 吨，可用高度为 3 米。该批货物的储存至少需要多少面积（取整）？

任务三　入库验收与入库手续办理

 【任务目标】

1. 知识目标
☑入库验收的操作步骤
☑入库验收的操作方法
☑入库验收异常处理的步骤
☑入库手续办理的操作流程

2. 技能目标
☑能够完成商品入库验收工作，并能正确处理物资验收中出现的异常问题
☑完成商品入库上架作业
☑正确填写相关单证，办理商品入库手续

3. 素养目标
☑具有较强的责任意识，认真验收，确保入库商品质量

☑具有严谨的工作态度，认真仔细填写单据，不出错误
☑具有团结协作意识，能够与团队成员协作完成本职工作

 【任务描述】

2024 年 11 月 21 日上午，武汉振兴仓储物流中心 C 库收到客户武汉美的分公司送来的一批货物及送货单（见表 3-4）。C 库的仓管员刘军在客户送货之前已经收到提前打印好的入库单（见图 3-6）。刘军需要依据入库单和客户的送货单完成货物的验收入库。在入库前，武汉振兴仓储物流中心仓管员刘军要完成这批货物的入库验收。请问：刘军该如何完成这项任务？

表 3-4　送货单

武汉振兴仓储物流中心		No. 20241121029			
武汉市汉阳区高新物流园科技 1 路		2024 年 11 月 21 日			
货品型号	名称	单位	单价/元	数量	备注
BCD225	吸尘器	箱		30	
MM721A	电熨斗	箱		45	
LED50B	蒸汽拖把	箱		20	
拾　万　仟　佰　拾　元　角　分　　¥					
收货单位及经手人（签章）：		送货单位及经手人（签章）：武汉美的分公司王凯			

入库单

作业计划单号
0000000000023552

武汉振兴仓储物流中心C仓库　　　　　应收总数：93.0　实收总数

客户名称：武汉美的分公司　　客户编号：MD0271621　　客户指令号：　　日期：

产品名称	条形码	规格	单位	应收数量	实收数量	货位号	批号	备注
吸尘器	9487880767613	1x1	箱	28				
电熨斗	9487880767616	1x1	箱	45				
蒸汽拖把	9487880767617	1x1	箱	20				

仓管员（签字）：＿＿＿＿＿＿　　　送货人（签字）：＿＿＿＿＿＿

图 3-6　入库单

【任务实施】

步骤一：准备验收工具和单据。

（1）学生列出需要的验收工具。

（2）学生进行小组讨论，讨论需要的单据有哪些。小组共同完成相关单据的设计与制作。

步骤二：将货物卸到指定地点。

武汉美的分公司送货员将货物送达武汉振兴仓储物流中心 C 库后，按照仓管员刘军的指示将货物卸在指定地点。

步骤三：检查单货是否相符。

仓管员刘军仔细核对送货单上的信息是否与实物相符。首先，刘军要核对货品名称、数量是否一致。送货单上显示的货物为三个种类：吸尘器、电熨斗、蒸汽拖把数量分别为 30 箱、45 箱、20 箱。经仓管员刘军仔细核对，电熨斗、蒸汽拖把的信息与送货单一致，吸尘器的数量少了 2 箱。其次，刘军要审核收货单位、货品编号是否一致。经核查，收货单位及货品编号准确无误。

步骤四：检查货物外包装是否完好。

仓管员刘军在检查货物外包装的过程中，发现 2 箱电熨斗外包装出现破损。

步骤五：异常货物处理。

（1）与客户沟通。仓管员刘军第一时间将验收结果告知了仓库主管。经过仓库主管与武汉美的分公司沟通后，客户称会在下一次送货时补发缺少的 2 箱吸尘器。

（2）开箱查验。对外包装破损的 2 箱电熨斗，刘军与武汉美的分公司的送货员进行了共同开箱检查，查看箱内的货物外观、质量是否受到了影响。在开箱检验的过程中，双方都进行了拍照取证以做进一步处理。

（3）出库作业。经检查和确认，箱内的货物外观并未受到影响，但是质量是否因为颠簸磕碰出现问题还不得而知，因此需要将这 2 箱电熨斗暂时存放在待检区，由质检员进行进一步检测。

步骤六：是否记录货物验收结果。

验收结束后，仓管员刘军和客户的送货员王凯分别在送货单和入库单上的备注栏与空白处做了详细记录并签字确认，并由送货员王凯将签字确认的送货单带回给客户。仓管员刘军依据入库单做入库理货、上架作业。

> **小贴士**
>
> 出入境商品的验收要结合检验检疫商品目录进行检验检疫申报。出入境货物检验检疫实行"一次报检、一次抽（采）样、一次检验检疫、一次卫生除害处理、一次收费、一次发证放行"的工作模式和先报检后报关的工作程序。

 【任务资讯】

一、入库验收

1. 入库验收

入库验收是指仓库在物品正式入库前，按照一定的程序和手续，对到库物品进行数量和外观质量的检查，以验证其是否符合订货合同规定的一项工作。

2. 入库验收的目的

入库验收的目的是统一入库验收方法，查明入库数量，避免接受不合格货物，明确责任。入库验收不仅可以防止企业遭受经济损失，而且可以起到监督供货单位和承运商的作用，同时还可以指导保管和使用。

（1）入库验收可以为物品保管和使用提供可靠的依据。

（2）验收记录是货主退货、换货和索赔的依据。

（3）入库验收是避免物品积压、减少经济损失的重要手段。

（4）入库验收有利于维护国家利益。

3. 入库验收的准备

仓库接到到货通知后，应根据物品的性质和批量提前做好验收前的准备工作，大致包括以下内容：

（1）人员准备。仓库应安排好负责质量验收的技术人员或用料单位的专业技术人员以及配合数量验收的装卸与搬运人员。

（2）资料准备。仓库应收集并熟悉待验物品的有关文件，如技术标准、订货合同等。

（3）器具准备。仓库应准备好验收用的检验工具，如衡器、量具等，并校验准确。

（4）货位准备。仓库应针对到库物品的性质、特点和数量，确定物品的存放地点和保管方法，要为可能出现的不合格物品预留存放地点。

（5）设备准备。对大批量物品的验收，仓库必须要有装卸与搬运机械的配合，应做好设备的申请调用。

此外，对有些特殊物品的验收，如毒害品、腐蚀品、放射品等，仓库还要准备相应的防护用品，计算和准备堆码、苫垫材料。对进口物品或存货单位指定需要进行质量检验的，仓库应通知有关检验部门会同验收。

4. 入库验收的内容

（1）数量验收。数量验收是保证物品数量准确不可缺少的重要步骤，一般在质量验收之前，由仓库保管职能机构组织进行。数量验收是保证入库物品数量准确的重要步骤。数量验收应采取与供货单位一致的计量方法进行。按物品性质和包装情况，数量验收分为三种形式，即计件、检斤、检尺求积。

①计件。计件是指按件数供货或以件数为计量单位的物品，做数量验收时的清点件数。一般情况下，计件物品应全部逐一点清。包装内有小件包装，应抽取部分包装进行拆包点验。

②检斤。检斤是指按重量供货或以重量为计量单位的物品，做数量验收时的称重。金属材料、某些化工产品多半是检斤验收。按理论换算重量供应的物品，先要通过检斤，如金属材料中的板材、型材等，然后按规定的换算方法换算成重量验收。对进口物品，原则上应全部检斤。若订货合同规定按理论换算重量交货，则应该按合同规定办理。所有检斤的物品，都应填写磅码单。

③检尺求积。检尺求积是指对以体积为计量单位的物品，如木材、竹材、砂石等，先检尺后求体积所做的数量验收。

数量验收应一次进行完毕。计重物品的数量验收应实行一次清点制。一次清点制，即在入库验收时，逐磅计数，按顺序分层堆码，一次确定标准，以后清查和发放出库时不再过磅。因此，在入库验收时，仓库必须把好过磅、记码单和码垛三个环节，以保证数量准确。凡是经过检尺求积检验的物品，都应该填写磅码单。

按件数供货或以件数为计量单位的物品，做数量验收时要清点件数。一般情况下，计件物品应全部逐一点清。对固定件数包装的小件物品，如果包装完好，打开包装则不利于以后进行保管，因此通常情况下，国内物品只检查外包装，不拆包检查，而进口物品则按合同或惯例检查。

对计件的商品，仓库管理人员要对商品的数量进行数量清点。清点时，清点人员可以采用逐件点数法、集中堆码点数法、称重核算法等方法（见表3-5）。

表3-5　数量检验法类型

方法名称	具体内容	适用商品
逐件点数法	采用人工或简易计算器，逐一计数，累计以得出总数	一般适合散装或非定量包装的商品以及价值较高的商品

表3-5(续)

方法名称	具体内容	适用商品
集中堆码点数法	将商品按照每行、每层件数一致的原则,堆成固定的垛形,之后通过计算得出总数	花色品种单一、包装大小一致、数量较多或体积较小的商品
称重核算法	将一定量的某种商品称重后,核算出每个商品的重量,之后称总重量,总重量除以单个商品的重量,就可以算出商品数量	适用于价值较低、数量较多、体积不大的商品

在一般情况下,数量检验应全验,即按件数供货的应全部进行点数;按重量供货的应全部检斤,按理论重量供货的应全部检尺,然后换算为重量,以实际检验结果的数量为实收数。对大批量、同包装、同规格、较难损坏的物品,质量较高、可信赖的,可以采用抽验的方式检验。

(2)质量验收。质量验收包括物品的外观检验、物品的尺寸精度检验和理化检验。

①物品的外观检验。在仓库中,物品的外观检验由仓库保管职能机构组织进行。外观检验是指通过感官检验,检验物品的包装外形或装饰有无缺陷;检验物品包装的牢固程度;检验物品有无损伤,如撞击、变形、破碎等;检查物品是否被雨、雪、油污等污染,等等。凡经过外观检验的物品,都应该填写检验记录单。物品的外观检验只通过直接观察物品包装或物品外观来判别质量情况,大大简化了仓库的质量验收工作,避免了各个部门反复进行复杂的质量检验,从而节省了大量的人力、物力和时间。

②物品的尺寸精度检验。物品的尺寸精度检验由仓库的技术管理职能机构组织进行。进行尺寸精度检验的物品,主要是金属材料中的型材、部分机电产品和少数建筑材料。不同型材尺寸检验标准各不相同,如椭圆形型材主要检验直径和圆度,管材主要检验壁厚和内径,板材主要检验厚度及其均匀度等。对部分机电产品的检验,仓库一般请用料单位派技术员进行。尺寸精度检验是一项技术性强、很费时间的工作,全部检验的工作量大,并且有些产品质量的特征只有通过破坏性的检验才能测到,因此一般采用抽验的方式进行。

③理化检验。理化检验是对物品内在质量和物理、化学性质所进行的检验,一般主要是对进口物品进行理化检验。对物品内在质量的检验要求一定的技术知识和检验手段,目前仓库多不具备这些条件,因此一般由专门的技术检验部门进行。例如,羊毛含水量的检测、药粉含药量的检测、花生含黄曲霉检测等。

5. 入库验收的方式

货物入库验收方式可以分为全验和抽验。

（1）全验。数量和外观验收一般要求全验。仓库在进行质量验收时，当批量小、规格复杂、包装整齐或要求严格验收时，可以采用全验。全验需要大量的人力、物力和时间，但是可以保证验收的质量。

（2）抽验。在批量大、规格和包装整齐、存货单位的信誉较高、人工验收条件有限的情况下，仓库通常采用抽验。物品质量和储运管理水平的提高以及数理统计方法的发展，为抽验提供了物质条件和理论依据。抽验方式可以节约人力，减少对物品质量的影响，提高物品入库的速度。

6. 入库验收异常处理

在物品验收过程中，如果发现物品数量或质量有问题，相关人员应该严格按照有关制度进行处理。验收过程中发现的数量和质量问题有可能发生在各个流通环节，按照有关规章制度对问题进行处理，有利于分清各方的责任，并促使有关责任部门吸取教训，改进今后的工作。

（1）凡属承运部门造成的货物数量短缺、外观破损等，仓库应凭接运时索取的货运记录，向承运部门索赔。

（2）如发生到货与订单、入库通知单或采购合同不相符的，尽管运输单据上已标明本库为收货人的货物，仓库原则上也应拒收，或者同有关业务部门沟通后，将货物置于待处理区域，并做相应的标记。

（3）凡必要的证件不齐全的，仓库应将货物置于待处理区域，并做相应的标记，待证件到齐后再进行验收。

（4）凡有关证件已到库，但在规定时间内货物尚未到库的，仓库应及时向存货单位反映，以便查询处理。

（5）供货单位提供的质保书与存货单位的进库单、合同不符的，仓库应将货物作为待处理货物等待处理，不得随意动用，并要通知存货单位，按存货单位提出的办法处理。

（6）凡数量差异在允许的磅差以内，仓库可以按应收数入账。如果超过磅差范围，仓库应查对核实，做好验收记录，并提出意见，送存货单位再行处理。该批货物在做出结案前，仓库不准随意动用。待结案后，仓库才能办理入库手续。

（7）当规格、品质、包装不符合要求或发生错发时，仓库应先将合格品验收，再将不合格品或错发部分分开并进行核对，核实后将不合格情况向收货人说明，并将货物置于不合格品隔离区域，做相应的标记。对错发货物，仓库应将货物置于待处理区域，并做相应的标记，及时通知相关业务部门或货主，以便尽快处理。

（8）进口货物在订货合同上均规定索赔期限，有问题必须在索赔期限内申报商检局检验出证，并提供验收报告及对外贸易合同和国外发货单、运输单或提单、装箱单、磅码单、检验标准等单证资料，以供商检局审核复验。如果缺少必要的单证技术资料，相关人员或部门应分别向有关外贸公司和外运公司索取，以便商检局复验出证和向外办理索赔手续。

（9）对需要对外索赔的货物，未经商检局检验出证的，或经检验提出退货或换货的，相关人员或部门对出证应妥善保管，并保留好货物原包装，以供商检局复验。

入库异常问题处理方法汇总如表 3-6 所示。

表 3-6 入库异常问题处理方法汇总

序号	验收中的异常问题	相应的处理方法
1	必要证件不齐全	到库商品应作为待验商品处理，堆放在待验区，临时妥善保管，待证件到齐后进行验收
2	有关证件已到库，但在规定时间内进仓商品尚未到库	及时向存货单位反映，以便查询处理
3	供货单位提供质量证明书与存货单位的进仓单、合同不符	通知存货单位，按存货单位提出的办法处理
4	规格、条码不符合或错发	先将合格品验收，不合格品或错发部分分开并进行核对，核实后将不合格情况错发程度做好记录，由供货单位决定是否退货
5	包装出现破损、湿损	及时向存货单位反映，以便协助处理
6	商品损益在规定磅差以内	按实际验收数量验收入库，并填写入库单（或验收单）
7	商品损益超过规定磅差	查对核实，做好验收记录，并提出意见，送存货单位再行处理。该批商品在未做出处理结果前不得动用
8	商品出现划痕、撞击、	残损降级
9	索赔	在合同规定的索赔期限内索赔

二、入库交接手续

1. 入库交接手续的概念

入库交接手续是指仓库对收到的货物向送货人进行确认，表示已接受货物。交接手续的办理意味着划清运输、送货部门和仓库的责任。

2. 入库交接手续的内容

（1）接受货物。验货后，仓库将不良货物提出、退回，或者编制残损单证等明确责任，并确定收到货物的确切数量、货物表面良好状态。

（2）接受文件。仓库接受送货人送交的货物资料、运输货物的记录、普通记录等以及随货附带在运输单证上注明的相应文件，如图纸，准运证等。

（3）签署单证。仓库与送货人或承运人共同在送货人交来的送货单、交接单上签字，并留存相应单证。

📖 【任务拓展】

（1）仓库对检查中发现的各种问题商品，如数量差错、质量不符等，一定要及时处理，分清各方应承担的责任，否则后患无穷。根据实际检验情况完成表3-7的填写。

表3-7　货物验收中常见的问题及处理方式

常见问题处理	数量溢余	数量短少	品质不合格	包装不合格	规格品类不符	单证与实物不符
通知供货方						
按实数签收						
维修整理						
查询等候处理						
改单签收						
拒绝收货						
退单、退货						

（2）入库验收异常处理。

案例1：一供应商于2024年1月20日送来一车娃哈哈纯净水，送货单上数量为600箱，规格为1×24（596毫升），单价为0.8元/瓶，金额为19.2元/箱。生产日期是2023年6月10日，保质期为12个月。请问：一般应该采取何种质量验收方式进行质量验收？验收质量时发现哪些问题，我们可以将其作为疑问商品或不合格商品处理？

案例2：宏达贸易公司2024年5月20日使用自有货车送一批康师傅红烧牛肉面至华达配送中心仓库。但是，华达配送中心仓库没有收到该批产品的送货单、产品合格证。你作为华达配送中心仓库的收货员打算怎样处理这批货物？

案例3：某供应商于2024年2月8日送来一车旺旺食品，送货单上标明旺旺雪饼数量为50箱，规格为1×20袋（500克），单价为22元/袋，金额为440元/箱。生产日期是2023年12月6日。旺旺烧米饼80箱，规格为1×20袋（500克）单价为32元/袋，金额为640元/箱。生产日期是2023年12月10日。这两种食品的保质期都为9个月，在收货时，仓库发现其中有4件旺旺雪饼外包装破损，3件旺旺烧米饼外包装有水渍。你作为某配送中心的收货员打算怎样处理这批有问题的货物？

案例4：宏达贸易公司2024年5月20日使用自有货车送一批康师傅红烧牛肉面至华达配送中心仓库，送货单上数量为1 000箱，规格为1×12（128克），单价为2.8元/盒，金额为33.6元/箱。生产日期是2024年5月10日。仓库在验收时发现有3件水渍污染，2件破损。请问：应由哪方承担责任，应如何处理？

（3）结合下列案例，填写在库储位分配单。

案例1：郑州华德永佳地毯有限公司（以下简称"华德公司"）于2024年6月7日收到客户编号为KHBH001的原材料供应商内蒙古兴安盟商贸总公司的一批原材料。

应收货物包括：

货物01：羊毛Aa，产品编号CPBH001a，袋装，60千克/袋，共计20袋。

货物02：羊毛Bb，产品编号CPBH002b，袋装，60千克/袋，共计20袋。

货物03：羊毛Ca，产品编号CPBH003a，袋装，60千克/袋，共计20袋。

货物04：羊毛Db，产品编号CPBH004b，袋装，60千克/袋，共计20袋。

华德公司仓库保管员程欣然收到该批货物入库通知单（RKTZD001），编制作业计划单号为RKD001的入库单，将该批原材料存放于编号为KF001的库房。但是，程欣然在入库验收中发现羊毛Db质量没有过关，包装出现破损，要求将产品编号为CPBH004b的羊毛Db全部退货。于是，程欣然于当时编制作业计划为CKD001的退货申请单，退货单号是THDH001，要求供货方更换产品编号为CPBH004b的羊毛Db（送货单号是SHDH001）。

其他合格产品暂放在编号为KF001库房的暂存区，待货品（羊毛Db）更换完毕后一起入库。如果你是程欣然，请根据上述信息完成退货申请单的缮制及暂存货品入库单的缮制。

6月10日产品编号为CPBH004b的羊毛Db送到后，将所有货物存放在仓库KF001中相应的储位，保管员程欣然编制储位分配单CWFPD001。

当前仓库KF001的储位情况如下：

HW406的货位为空，HW407的货位为空，HW408的货位为空，HW409的货位为空，其中距出库理货区由近及远为：HW409的货位、HW408的货位、HW407的货位、HW406的货位。

注：每个储位最多可放羊毛20袋。羊毛Aa、羊毛Bb、羊毛Ca、羊毛Db依次出入库频率降低。如果你是程欣然，请根据上述信息完成储位分配单的缮制（见表3-8）。

表 3-8 储位分配单

作业单号：

入库单号		仓库编号	
仓管员		日期	
作业明细							
序号	储位	货品名称	规格	应放数量	实放数量	单位	备注

制单人： 作业人：

（3）根据案例内容完成入库单的填制。

广东肇庆人民商场于 2024 年 9 月 7 日收到客户编号为 KHBH003 的供应厂商广东顺德嘉郝服装厂的一批针织文化衫。应收货物信息如下：

货物 01：针织文化衫 A，NO.571，箱装，12 打/箱，200 箱。

货物 02：针织文化衫 B，NO.572，箱装，12 打/箱，200 箱。

货物 03：针织文化衫 C，NO.573，箱装，12 打/箱，200 箱。

广东肇庆人民商场仓库保管员程成收到该批货物入库通知单 RKTZD001，并编制作业计划单号为 RKD001 的入库单，将该批货物存放于编号为 KF003 的库房。程成在入库的时候发现广东顺德嘉郝服装厂发货入库货物型号错误，即错将 NO.574 的针织文化衫当成 NO.572 的针织文化衫，于是程成立即编制了退货申请单，退货单号是 THDH001，要求广东顺德嘉郝服装厂更换货物为 NO.572 的针织文化衫，其中送货单号是 SHDH001。程成把验收合格的其他货品暂存在编号为 KF003 的库房的暂存区，待次日一起入库。次日待所有货物齐全后，程成将货物存放于编号为 KF003 的库房中，程成编制储位分配单 CWFPD001。

货物 01：针织文化衫 A，NO.571，箱装，每箱 12 打，200 箱，存放于编号为 HW406 的货位。

货物 02：针织文化衫 B，NO.572，箱装，每箱 12 打，200 箱，存放于编号为 HW407 的货位。

货物 03：针织文化衫 C，NO.573，箱装，每箱 12 打，200 箱，存放于编号为 HW408 的货位。

请根据题目信息，完成入库单的缮制（见表 3-9）。

表 3-9　入库单

作业单号：

入库单号			仓库编号		
仓管员			日期		
作业明细					
序号	储位	货品名称	规格	应放数量	实放数量	单位	备注

制单人：　　　　　　　　　　　　　　　　　作业人：

综合技能实训

【实训目标】

以入库业务处理实训项目锻炼学生，使学生掌握入库业务操作方法，并能将入库业务相关知识灵活应用到企业实际问题的解决中。

【实训内容】

A、B、C 三家公司准备将表 3-10 至表 3-12 的货物存储在深圳慧康仓储有限公司，存期分别为 2024 年 7 月 10 日至 2024 年 8 月 30 日、2024 年 7 月 12 日至 2024 年 8 月 12 日、2024 年 7 月 20 日至 2024 年 9 月 20 日。

表 3-10　A 公司储存货物一览表

序号	品名	包装及承重	数量	重量/吨
1	过氧化氢（双氧水）	500 克/玻璃瓶，12 瓶/纸箱 纸箱尺寸：68 厘米×54 厘米×46 厘米 承重：150 千克	50 箱	0.345

表3-10（续）

序号	品名	包装及承重	数量	重量/吨
2	黄磷	50千克/铁桶 铁桶尺寸：高85厘米，直径50厘米 承重：650千克	120箱	6.0
3	碳化钙	50千克/铁桶 铁桶尺寸：高85厘米，直径50厘米 承重：650千克	200箱	10
4	重铬酸钾	50千克/铁桶 铁桶尺寸：高85厘米，直径50厘米 承重：650千克	250箱	12.5
5	重铬酸钠	50千克/铁桶 铁桶尺寸：高85厘米，直径50厘米 承重：650千克	150桶	7.5
6	氢氟酸	50千克/木箱 木箱尺寸：92厘米×65厘米×75厘米 承重：500千克	60桶	3.0
7	磷化锌	50千克/木箱 木箱尺寸：92厘米×65厘米×75厘米 承重：500千克	100箱	5.0
8	甲酸	50千克/铁桶 铁桶尺寸：高85厘米，直径50厘米 承重：650千克	80桶	4.0

表 3-11 B公司储存货物一览表

序号	品名	包装	数量	重量/吨
1	差频电疗机	1台/箱，5千克/箱	100台	0.5
2	血糖分析仪	1台/箱，6千克/箱	250台	1.5
3	肝脏冷冻治疗仪	1台/箱，7千克/箱	200台	1.4
4	益母草膏	250克/瓶，30瓶/箱	300箱	2.25
5	板蓝根	10克/袋，100袋/箱	500箱	0.5
6	硫酸亚铁片	100克/瓶，30瓶/箱	100箱	0.6
7	口服补液盐	150克/盒，20盒/箱	200箱	0.7
8	清凉油	150克/大盒，20大盒/箱	300箱	1.2

表 3-12 C公司储存货物一览表

序号	品名	包装及承重	数量	重量/吨
1	冻猪肉	1片/袋，35千克/袋 120厘米×65厘米×20厘米 承重：850千克	500袋	17.5

表3-12(续)

序号	品名	包装及承重	数量	重量/吨
2	冻牛肉	50 千克/袋 100 厘米×55 厘米×40 厘米 承重：850 千克	1 000 袋	50
3	冻羊肉	1 片/袋，4 千克/袋 75 厘米×45 厘米×15 厘米 承重：850 千克	300 袋	1.2
4	对虾	20 千克/泡沫箱 65 厘米×55 厘米×40 厘米 承重：200 千克	100 箱	2.0
5	鱼	25 千克/泡沫箱 70 厘米×65 厘米×45 厘米 承重：200 千克	60 箱	1.5
6	鸡蛋	30 千克/筐 68 厘米×52 厘米×45 厘米 承重：180 千克	8 筐	2.4
7	苹果	25 千克/箱 75 厘米×65 厘米×545 厘米 承重：220 千克	200 箱	5.0
8	梨	25 千克/箱 75 厘米×65 厘米×545 厘米 承重：210 千克	100 箱	2.5

（1）假设货物都已验收合格，请分别填写入库通知单（以客户名义填写）、到接货交接单、送货单（以客户名义填写）、磅码单、入库验收单、入库单，并请对入库业务的验收项目分别做详细说明。

（2）假如在验收时发现 A 客户的货物中有 2 桶黄磷是用塑料桶装的，桶内虽然加了水，但水没有浸没货物，且密封不严；B 客户的益母草膏有 1 箱中 4 瓶出现了霉点，这两种情况应如何处理？

【项目总结与评价】

1. 自我评价表（学生自评、组长评价，见表3-13）

表 3-13 自我评价表

项目名称：			小组名称：		
评价时间：			出勤情况：		
序号	评价项目	评价标准	分值	自评分	组长评分
1	预习情况	1. 完成 2. 部分完成 3. 全部未完成	5		
2	学习目标实现情况	1. 实现 2. 部分实现 3. 大部分未实现	10		
3	与老师同学沟通情况	1. 好 2. 较好 3. 一般 4. 存在较大问题	10		

表3-13（续）

序号	评价项目	评价标准	分值	自评分	组长评分
4	与同学协作情况	1. 好 2. 较好 3. 一般 4. 存在较大问题	10		
5	技术方法运用情况	1. 好 2. 较好 3. 一般 4. 存在较大问题	20		
6	资料收集水平	1. 高 2. 较高 3. 一般 4. 差	5		
7	做事态度	1. 很认真 2. 较认真 3. 应付 4. 差	10		
8	任务是否完成	1. 完成 2. 部分完成 3. 大部分未完成 4. 全部未完成	30		
9	创新情况（加分项）	任务完成有创新性，酌情加 1~10 分			
10	自我评价	1. 整体效果： 2. 主要不足： 3. 改进措施：	总分		

2. 任务评价表（教师评价，见表3-14）

表3-14　任务评价表

评议项目	考评内容	评分标准	标准分	实际得分
素养目标达成情况（此项为一票否决考核项目）	各任务素养目标达成	安全、积极参与、高效、团结完成工作任务，共10分	10	
入库准备计划书	制作入库准备计划书	入库准备计划书填写正确、详细 10 分；展示讲解清晰、准确 10 分	20	
接运工作及货位准备	完成入库货物接运工作，计算准备货位	接运流程正确，手续齐全 5 分；货位计算准确，分配合理 10 分	15	
入库验收	入库货物验收，填写相关单据	做好验收准备工作 5 分；完成商品数量、质量验收 10 分；正确处理异常问题 10 分；正确填写验收单 5 分	30	
入库手续办理	办理货物入库手续	单据信息完整、无缺少项 5 分；单号正确、内容无遗漏、签字确认核对无误 8 分；字迹清晰、数据准确、无涂改字迹 2 分	15	
知识问答	相关知识共 10 题	每题 1 分，共 10 分	10	
总计			100	

项目四 在库作业管理

任务一 堆码与苫垫

【任务目标】

1. 知识目标
☑在库堆码与苫垫的作用
☑仓储包装标识的含义
☑货物堆码的要求、方式、垛形设计
☑货物苫垫的要求、方式、注意事项
2. 技能目标
☑能够结合商品特点及包装标识完成商品堆码
☑结合商品保管要求进行苫垫作业
3. 素养目标
☑本着节约、省时省力的原则开展堆码苫垫工作
☑有责任心，认真作业，确保商品保管质量

【任务描述】

某配送中心订购了一批商品，商品的品名、规格、数量、重量、包装情况如表 4-1 所示，4 月 21 日到货。请分别将这批货物进行入库堆码及苫垫。

表 4-1　商品情况

序号	品名	规格	数量	单位	重量/千克
1	桶装油		20	桶	
2	长方体方木		30	根	
3	洗衣机		50	箱	
4	PVC 管材		30	根	

【任务实施】

步骤一：商品特点分析。

桶装油＿＿＿＿＿＿＿＿＿＿＿＿＿＿＿＿＿＿＿＿＿＿＿＿＿＿

长方体方木＿＿＿＿＿＿＿＿＿＿＿＿＿＿＿＿＿＿＿＿＿＿＿＿

洗衣机＿＿＿＿＿＿＿＿＿＿＿＿＿＿＿＿＿＿＿＿＿＿＿＿＿＿

PVC 管材＿＿＿＿＿＿＿＿＿＿＿＿＿＿＿＿＿＿＿＿＿＿＿＿

步骤二：商品堆码方法分析。

图 4-1　重叠式

重叠式（见图 4-1）的优点：

缺点：

图 4-2　正反交错式

正反交错式（见图 4-2）的优点：

缺点：

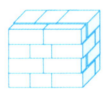

图 4-3　旋转交错式

旋转交错式（见图 4-3）的优点：

缺点：

图 4-4　通风式

通风式（见图 4-4）的优点：

缺点：

图 4-5　压缝式

压缝式（见图 4-5）的优点：

缺点：

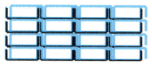

图 4-6　俯仰相间式

俯仰相间式（见图 4-6）的优点：

缺点：

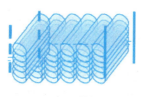

图 4-7　栽柱式

栽柱式（见图 4-7）的优点：

缺点：

　　步骤三：结合商品特点，确定商品堆码方法，完成堆码作业，并绘制出示意图。

步骤四：选择合适的苫垫材料，进行苫垫作业。

选择的材料：＿＿＿＿＿＿＿＿＿＿＿＿＿＿＿＿＿＿＿＿＿＿＿＿＿＿

选择的原因：＿＿＿＿＿＿＿＿＿＿＿＿＿＿＿＿＿＿＿＿＿＿＿＿＿＿

苫垫作业示意图绘制如下：

小贴士

　　操作人员必须严格遵守安全操作规程，防止建筑物超过安全负荷量。码垛必须不偏不斜、不歪不倒、牢固坚实，与屋顶、梁柱、墙壁保持一定的距离，确保堆垛的安全和牢固。

【任务资讯】

一、物品堆码

1. 堆码的定义

堆码是将物品整齐、规则地摆放成货垛的作业。它根据物品的性质、形状、轻重等因素，结合仓库存储条件，将物品堆码成一定的货垛。货物堆码又称为货物堆垛或货物堆桩，是仓储货物堆存的形式和方法。

2. 堆码的重要性与原则

（1）物品堆码的重要性。

①堆码对货物质量具有维护作用。

②堆码能够充分利用库房容积并提高装卸作业效率。

（2）物品堆码的原则。

①分类存放原则。

②面向通道原则。

③上轻下重原则。

④充分利用空间原则。

⑤先进先出原则。

3. 堆码的要求

仓库在进行物品堆码前要结合仓储条件做好准备工作，在分析物品的数量、包装、清洁程度、属性的基础上，遵循合理、牢固、定量、整齐、节约、方便等方面的基本要求，进行物品堆码。

（1）合理。堆码的分垛、垛形、重量、间距、顺序应合理，不同性质、品种、规格、型号、等级的物品和不同客户的物品，应分开堆放，采用不同的堆垛方式，坚持先进先出的原则。

（2）牢固。堆码应适当选择垛底面积、堆垛高度和垫衬材料，提高货垛的稳定性，保证堆码的牢固、安全。货垛必须不偏不斜、不歪不倒，不压坏底层物品或外包装，不超过库场地坪承载能力。

（3）定量。为了便于检查和盘点，能使保管人员过目成数，在物品堆码时，垛、行、层、包等数量力求整数，每垛应有固定数量，通常采用"五五堆码"。某些过磅称重物品不能成整数时，必须明确地标出重量，分层堆码，或者成捆堆码，定量存放。

（4）整齐。堆垛排列应整齐有序，同类物品垛形统一，形成良好的库容。货垛横成行、纵成列，物品包装上的标志一律朝外，便于查看与拣货。

（5）节约。仓库坚持一次堆码成功，减少重复作业，节约劳动消耗；合理使用苫盖材料，避免浪费；节约备用品用料，降低消耗；堆码科学，节约货位，提高仓容利用率。

（6）方便。堆码应便于装卸搬运，便于收发保管，便于日常维护保养，便于检查点数，便于灭火消防。

二、物品堆码的方式

仓库应根据货物的特性、包装方式和形状、保管的需要，确保货物质量、方便作业和充分利用仓容以及仓库的条件确定存放方式。仓库货物存放的方式主要有地面平放式、托盘平放式、直接码垛式、托盘堆码式、货架存放式。货物存储的码垛方法有以下几种：

1. 散堆法

散堆法适用于露天存放的大宗货物，如煤炭、矿石、黄沙等，也可适用于库内少量存放的谷物、碎料等散装货物。该类货物的特征是没有任何包装。散堆法直接用堆扬机或铲车在确定的货件后端起铲，直接将货物堆高；在达到预定的货垛高度时，逐步后退堆货，后端先形成立体梯形，最后成垛，整个垛形呈立体梯形状。由于散货具有流动性和散落性，堆货时不能堆到太靠近货位四边，以避免散落造成货物超出预定的货位。散堆法决不能采用先堆高后平垛的方法堆垛，以免货堆超高时使堆场地面受损。

2. 堆垛法

堆垛法主要适用于有包装（如箱、桶、袋、箩筐、油、扎等包装）的货物，包括裸装的计件货物。堆垛方法能充分利用仓容，做到仓库内整齐、方便作业和保管。堆垛法具体有以下几种方法：

（1）重叠式。重叠式又称为直堆法，即采用逐件、逐层向上重叠堆码，一件压一件的堆码方式。为了保证货垛稳定，在一定层数（如8~10层）后改变方向继续向上，或者长宽各减少一件继续向上堆放（俗称"四面收半件"）。该方法较方便作业、计数，但稳定性较差，适用于袋装、箱装、箩筐装货物以及平板、片式货物等。

（2）压缝式。该方法采用底层并排摆放，上层放在下层的两件货物之间的堆垛方式。在具体操作中，若每层货物都不改变方向，则形成梯形形状；若每层都改变方向，则类似于纵横交错式。压缝式方法具体按上下层件数的关系可以分为"2顶1""3顶2""4顶1""5顶3"。

（3）纵横交错式。该方法采用每层货物都改变方向向上堆放，适用于管材、捆装、长箱装货物等。该方法较为稳定，但操作不便。

（4）仰俯相间式。该方法是对上下两面有大小差别或凹凸的货物，如槽钢、钢轨、箩筐等，将货物仰放一层，再反一面俯放一层，仰俯相间相扣的方法。该方法堆垛极为稳定，但操作不便。

（5）通风式。该方法是货物在堆码时，每件相邻的货物之间都留有空隙，以便通风，并且层与层之间采用压缝式或纵横交叉式的方法。该方法适用于需要通风量较大的货物堆垛。

（6）衬垫式。衬垫式码垛时，隔一层或隔几层铺放衬垫物，衬垫物平整牢靠后，再往上码的方法。该方法适用于不规则且较重的货物，如无包装电机、水泵等。

（7）直立式。该方法是货物保持垂直方向码放的方法，适用于不能侧压的货物，如玻璃、油毡、油桶、塑料桶等。

（8）栽柱式。栽柱式是码放货物前在货垛两侧栽上木桩或钢棒，形如U形的货架，然后将货物平码在桩柱之间，几层后用铁丝将相对两边的柱拴连，再往上摆放货物，形如H形货架的方法。该方法适用于棒材、管材等长条状货物，操作较为方便。

3. 货架存放

货架存放适用于小件、品种规格复杂、数量较少、包装简易且脆弱、易被损害、不便于堆垛的货物，或者用托盘集合后的货物，特别是价值较高而需要经常查数的货物。货架存放需要使用专用的货架设备。常用的货架有托盘货架、彩层平面货架、多层立体货架、悬臂架、U形架、橱柜架、板材架、栅格架、钢瓶架等。

三、货垛的设计

为了达到上述要求，仓库必须根据保管场所的实际情况、货物本身的特点、装卸搬运条件和技术作业过程的要求，对物品堆垛进行总体设计。设计的内容应包括垛基、垛形、货垛堆码标准、堆码方式、货垛苫盖、货垛加固等。

1. 垛基要求

垛基是货垛的基础，其主要作用是随整个货垛的重量，将物品的垂直压力传递给地坪，将物品与地面隔离，起防水、防潮和通风作用。垛基空间为搬运作业提供方便条件。垛基的要求如下：

（1）将整垛物品的重量均匀地传递给地坪。垛基本身要有足够的抗压强度和刚度。为了防止地坪被压陷，垛基应扩大同地坪的接触面积，衬垫物要有足够的密度。

（2）保证良好的防潮和通风。垛基应为敞开式，要有利于空气流通。垛基（特别是露天货场的垛基）可以适当增加高度，其高度应为300~500毫米，必要时可增设防潮层。露天货场的垛基为了便于排水，还应保持一定的坡度。

（3）保证垛基存放的物品不发生变形。露天场地应平整夯实、衬垫物应放平摆正，所有衬垫物要同时受力，而且要受力均匀。大型设备的重心部位应增加衬垫物。

垛基可以分为固定式和移动式两种，移动式又可分为整体式和组合式。组合式垛基机动灵活，可以根据需要进行拼装。

仓库在进行堆码作业时必须考虑物品的仓容定额、地坪承载能力、允许堆积层数等因素。仓容定额是某种物品单位面积上的最高存储量，单位是吨/平方米。不同物品的仓容定额是不同的，同种物品在不同的存储条件下其仓容定额也不相同。仓容定额受物品本身的外形、包装状态、仓库地坪的承载能力和装卸作业手段等因素的影响。

2. 确定垛形

（1）垛形的概念。垛形是指货垛的外部轮廓形状。按垛底的平面形状不同，垛形可以分为矩形、正方形、三角形、圆形、环形等；按货垛立面的形状不同，垛形可以分为矩形、正方形、三角形、梯形、半圆形，另外还可以组成矩形-三角形、矩形-梯形、矩形-半圆形等复合形状。各种不同立面的货垛都有各自的特点。矩形货垛、正方形货垛易于堆码，便于盘点计数，库容整齐，但随着堆码高度的增加货垛稳定性就会下降。梯形货垛、三角形货垛和半圆形货垛的稳定性好，便于苫盖，但是又不便于盘点计数，也不利于仓库空间的利用；矩形-三角形货垛等复合型货垛恰好可以整合它们的优点，尤其是在露天存放的情况下更需加以考虑。垛形的确定要根据物品的特性、保管的需要，使实际作业方便、迅速和充分利用仓容。

（2）仓库常见的垛形。仓库常见的垛形如下：

①平台垛。平台垛是先在底层以同一个方向平铺摆放一层货物，然后垂直继续向上堆积，每层货物的件数、方向相同。在实际堆垛时，平台垛往往采用从一端开始逐步后移的方法。平台垛适用于包装规格单一的大批量、包装规则、能够垂直叠放的方形箱装货物、大袋货物、规则的软袋成组货物、托盘成组货物。平台垛只适用在仓库内和无需苫盖的堆场堆放的货物码垛。

标准平台垛的货物件数 $A=L×B×H$。式中，A 为总件数；L 为长度方向件数；B 为宽度方向件数；H 为层数。

例如，现仓库存储 5 000 箱商品，每箱尺寸为 50 厘米×50 厘米×20 厘米，限高 10 层，某货位长 10 米，宽和高分别为多少？

货物件数 $=10/0.5=20$（箱）

$A=L×B×H$

$5\ 000=20×B×10$

$B=25$（箱）

$25×0.5=12.5$ 米

$0.2×10=2$ 米

此货位长为 10 米，宽为 12.5 米，高为 2 米。

②井形垛。井形垛在以一个方向铺放一层货物后，然后再以垂直方向铺放第二层货物，货物横竖隔层交错逐层堆放，垛顶呈平面。井形垛用于长形的钢材、钢管以及木方的堆码。井形垛垛形稳固，但层边货物容易倒落，需要捆绑。井形垛的作业较为不便，需要不断改变作业方向。井形垛的货物件数 $A=(L+B)H/2$。式中，A 为总件数；L 为纵向方向件数；B 为横向方向件数；H 为层数。

③梅花形垛。对需要立直存放的大桶装货物，梅花形垛将第一排（列）货物排成单排（列），第二排（列）的每件靠在第一排（列）的两件之间卡缝，第三排（列）同第一排（列）一样，以后每排（列）依次卡缝排放，形成梅花形垛。梅花形垛货物摆放紧凑，充分利用了货件之间的空隙，节约了库场的面积。

对能多层堆码的桶装货物，梅花形垛在堆放第二层以上时，将每件货物压在下层的三件货物之间，四边各收半件，形成立体梅花形垛。单层梅花形垛货量的计算为 $A=(2B-1)L/2$。式中，A 为总件数；L 为长度方向件数；B 为宽度方向件数。

④起脊垛。起脊垛先按平台垛的方法码垛到一定的高度，以卡缝的方式逐层收小，将顶部收尖成屋脊形。起脊垛是用于堆场场地堆货的主要垛形，

货垛表面的防雨遮盖从中间起向下倾斜，便于雨水排泄。有些仓库由于陈旧或建筑简陋有漏水现象，仓内的怕水货物也应采用起脊垛堆垛并遮盖。起脊垛是平台垛为了遮盖、排水需要的变形，具有平台垛操作方便、占地面积小的优点，适用于平台垛的货物都可以采用起脊垛堆垛。

起脊垛的货物件数为 $A = L \times B \times H +$ 起脊件数。式中，A 为总件数；L 为长度方向件数；B 为宽度方向件数；H 为未起脊层数。

⑤立体梯形垛。立体梯形垛是在最底层以同一方向排放货物的基础上，向上逐层同方向减数压缝堆码，垛顶呈平面，整个货垛呈下大上小的立体梯形形状。立体梯形垛适用于包装松软的袋装货物和上层面非平面而无法垂直叠码的货物的堆码，如横放的桶装、卷形、捆包货物。立体梯形垛极为稳固，可以堆放得较高，仓容利用率较高。对在露天堆放的货物采用立体梯形垛，为了排水需要也可以在顶部起脊。

每层两侧面（长度方向）收半件（压缝）的立体梯形垛件数为 $A = (2L-H+1) HB/2$。式中，A 为总件数；L 为长度方向件数；B 为宽度方向件数；H 为层数。

⑥行列垛。行列垛是将每批货物按件进行行或列排放，每行或列一层或数层高，垛形呈长条形。

行列垛适用于存放批量较小的货物，如零单货物。为避免货物间的混杂，每批货物应独立开堆存放。长条形的货垛使每个货垛的端头都延伸到通道边，可以直接作业而不受其他货物阻挡。但行列垛每垛货量较少，垛与垛之间都需留有空隙，垛基小而不能堆高，使得行列垛占用库场面积大，库场利用率较低。

3. 货垛堆码标准

（1）货垛的垛高。货垛的垛高会直接影响仓库的容量、安全和货垛的稳定性，因此在确定垛高时要综合考虑仓库空间高度、仓库地坪设计载荷及货物自身特性、包装对垛高的要求三项指标。实际货垛高度具体是由以上三个指标共同确定的，即选用三者中的最小值，这样才能在保证库场地坪安全以及货物本身不会损坏前提下实现仓容利用的最大化。

（2）货垛的"五距"。货物的堆码要保证通常所说的货垛"五距"，即墙距、柱距、顶距、灯距和垛距。"五距"的主要作用是通风、防潮、散热、安全、方便。"五距"的确定应严格遵守《中华人民共和国消防法》《危险化学品安全管理条例》等的要求，不得随意修改。

①墙距。库内货垛与隔断墙的内墙距不得小于0.3米，外墙距不得小于0.5米。

②柱距。货垛或货架与库房内支撑柱子之间应留有不小于0.2米的距离。

③顶距。平房仓库顶距应不小于 0.3 米，多层库房顶距应不小于 0.5 米。人字形屋架库房，以屋架下檐（横梁）为货垛的可堆高度，即垛顶不可以触梁。

④灯距。货垛与照明灯之间的必要距离称为灯距，灯距必须严格遵守规定，不得小于 0.5 米。危险货物应按其性质，另行规定。

⑤垛距。垛距是指货垛与货垛或货架与货架之间的必要距离。库房的垛距应不小于 0.5 米，货架与货架的间距应不小于 0.7 米。

仓库通道的宽度应根据物品体积的大小和作业机械的要求进行设计。通道一般包括主干道和支干道以及副道。主干道的宽度一般为 2~3.5 米，不小于 1.5 米。通道转弯处的宽度，根据物品和作业机械要求可酌情考虑。叉车作业时，其通道宽度可以通过计算求得。当单元装载的宽度小于长度时，可利用公式计算通道宽度 W＝R＋D＋L＋C。式中，W 为通道宽度（主干道或支干道）；R 为叉车外侧转弯半径；D 为货物至叉车轴中心线的距离；L 为货物长度；C 为叉车操作余量。副道是供作业人员存取搬运货物的步行通道，其宽度取决于作业方式和货物的大小。一般情况下，副道的宽度为 0.5 米左右。

货垛堆码必须满足仓库消防规定，不能倚墙靠柱，不能与屋顶照明设备接触，应与墙、柱、顶、灯之间保留适当的距离，货垛相互之间也不能挤得太紧，并保证货垛堆码时避开排水沟。

（3）货垛牌。为了在保管中及时掌握货物的资料，仓库需要在货垛上张挂有关该垛物品的资料标签。该标签被称为货垛牌，又称为物品标签、料卡等。货物码垛完毕后，仓库管理人员需要根据入库物品资料、接收物品情况制作货垛牌，并放置或悬挂在货垛正面明显的位置。货架上的货垛牌要插挂在货架的立柱上。货垛牌的主要内容有货位号、物品名称、规格、批号、来源、进货日期、存货人、数量、接货人等，也可以垛牌据不同的特点增减相应的项目。

（4）垛形。垛形是指货垛的外部形状。一般从货垛立面形状划分，垛形可以分为矩形、正方形、三角形、梯形、半圆形等。不同立面的货垛都有其各自的特点，矩形货垛易于堆码，便于盘点计数，库容整齐，但随着堆码高度的增加货垛稳定性就会下降；三角形、梯形和半圆形货垛的稳定性好，便于苫盖，但是不便于盘点计数，空间的利用率低于矩形货垛。

五、物流的苫垫

1. 苫垫

苫垫是对货垛苫盖和垫垛的统称。"苫"是指在货垛上加上遮盖物，"垫"是指在货物垛底加衬垫物。许多货物在堆垛时都需要苫垫，即把货垛垫高。这是库场货物码垛和保管中防止货物损坏的重要措施。其主要目的是防止货物受潮和日晒受损。除矿石、原木等天然产品和部分密封桶装货物外，堆场堆放的货物都要采取相应的苫垫措施，防止货物受风雨和日晒以及地面积水或潮气的危害，防止货物受压不均造成损坏，确保货物质量。仓库根据需要采取相应的苫垫措施，防止货物受损。垫垛是指在货物码垛前，在预定的货位地面位置使用衬垫材料进行铺垫。常见的衬垫材料有枕木、废钢轨、货板架，木板帆布、芦席、钢板等。

2. 垫垛的目的

（1）垫垛使地面平整，实现堆垛货物与地面隔离，以防止地面潮气和积水损坏货物，并形成垛底通风层。

（2）垫垛有利于货垛通风排湿，实现地面杂物、尘土与货物隔离。

（3）垫垛使货物的滑漏物留存在衬垫之内，不会流动扩散，便于收集和处理。

（4）垫垛通过强度较大的衬垫物使重物的压力分散，避免地坪的损伤。

3. 垫垛的要求

（1）在露天货场垫垛时，操作人员先要把地面平整夯实，再摆放垫墩，垫墩之间可视具体情况留一定的间距。必要时操作人员可以在垫墩上铺一层防潮纸，然后放置存储物品。

（2）在库房和货棚内垫垛时，操作人员要根据地坪和物品防潮要求而定，一般水泥地坪只需垫一层垫墩；有的物品可以不垫，只需铺一层防潮纸；有的库房地坪做了防潮层，也可不垫垛。

4. 苫盖

苫盖是指采用专用苫盖材料对货垛进行遮盖，以减少自然环境中的阳光、雨、雪、风、露、霜、尘、潮气等对物品的侵蚀和损害，并使物品由于自身理化性质造成的自然损耗尽可能减少，保护物品在存储期间的质量。特别是露天存放的物品在码垛以后，一般都应进行妥善苫盖，以避免物品受损。需要苫盖的物品，在堆垛时应根据物品的特性、堆存期的时长、存放货场的条件，注意选择苫盖材料和堆码的垛形。

5. 苫盖的主要方法

（1）就垛苫盖法。该方法直接将大面积苫盖材料覆盖在货垛上进行遮盖，适用于起脊垛或大件包装货物，一般采用大面积的帆、油布、塑料膜等。就垛苫盖法操作简单，但货垛通风较差。

（2）鱼鳞式苫盖法。该方法将苫盖材料从货垛底部自下而上呈鱼鳞式逐层交叠围盖货垛，一般采用面积较小的席、瓦等材料进行苫盖。鱼鳞式苫盖法具有较好的通风条件，但每件苫盖材料都需要固定，操作比较复杂。

（3）活动棚苫盖法。该方法将苫盖物料制成一定形状的帽架，在货物堆垛完成后，移动帽架到货垛遮盖或采用即时安装活动棚架的方式苫盖。活动棚苫盖法较为快捷，具有良好的通风条件，但活动棚本身需要占用仓库的位置，也需要较高的购置成本。

（4）固定棚架苫盖法。该方法是用预制的苫盖骨架与苫叶合装而成的简易棚架，可以随时拆卸和人力移动。

（5）隔离苫盖法。该方法与简易苫盖的区别在于苫盖物不直接摆放在货垛上，而是采用隔高物使苫盖物与货垛间留有一定空隙。隔离物可以选用竹竿、木条、钢筋、钢管、隔离板等，有利于排水通风。

6. 苫盖的基本要求

（1）选择合适的苫盖材料。苫盖应选用符合防火、无害的安全苫盖材料。苫盖材料不会对货物产生不良影响，并且成本低廉，不易损坏，能重复使用，没有破损和霉烂。主要苫盖材料为塑料布、席子、铁皮、苫布等各种材料。

（2）苫盖要牢固。每张苫盖材料都需要牢固固定，必要时可以在苫盖物外用绳索、绳网绑扎，或者采用重物镇压，确保苫盖物不会被大风吹走。

（3）苫盖接口要紧密。苫盖的接口要有一定深度的苫盖材料相互叠盖，苫盖必须拉挺、平整，不得有折叠和凹陷，防止积水。

（4）苫盖的底部应与垫垛平齐。苫盖材料不应腾空或拖地，并牢固地绑扎在垫垛外侧或地面的绳桩上，以防雨水顺延渗入。

（5）要注意苫盖材质和季节。使用旧的苫盖物进行苫盖，在雨水丰沛的季节，垛顶或风口需要加层苫盖，确保雨淋不透。

7. 苫盖的材料

通常使用的苫盖材料有塑料薄膜、草席或芦席、油毡纸、铁皮铁瓦、纤维瓦、苫布（帆布、油布）等，也可以利用一些物品的旧包装材料改制成苫盖材料。苫盖材料的选择首先是依据发挥苫盖的功能，如起到遮挡雨水、遮挡日晒的目的；其次是方便操作。由于港口货物周转频繁，苫盖、揭盖次数极为频繁，方便操作的苫盖材料会大大降低工作量，因此大面积的帆布是库场苫盖的主要材料。苫盖材料的选择还应遵循经济原则，即成本低廉、能重复使用。

📖 【任务拓展】

某仓库内要存放一台自重 30 吨的设备，该设备底架为两条 2 米×0.2 米的钢架。该仓库库场单位面积技术定额为 3 吨/平方米。该设备是否可以直接放入仓库堆码？如果不可以，如何采用 2 米×1.5 米、自重 0.5 吨的钢板垫垛？

任务二　在库商品温湿度管理

 【任务目标】

1. 知识目标
☑温湿度、相对湿度的概念
☑仓库内温湿度的变化规律及测量方法
☑常见库内货物的温湿度管理要求
2. 技能目标
☑能够结合商品的温湿度储存要求进行温湿度的检测
☑选择适合的温湿度调整方法进行仓库温湿度管理
3. 素养目标
☑认真仔细、高度负责，定期检测仓库内温湿度的变化
☑团队协作，共同完成仓库温湿度管理
☑具备台账管理意识，建立仓库的温湿度台账，加强管理

 【任务描述】

人们熟悉的烟酒、糖茶、服装鞋帽、医药、化妆品、家用电器以及节日燃放的烟花爆竹，有的怕潮、怕冻、怕热，还有的易燃、易爆。油毡、复写纸、各种橡胶制品及蜡等，如果储存温度超过要求（30 ℃~50 ℃）就会发黏、融化或变质。有的商品怕冻，如医药针剂、口服液、墨水、乳胶、水果等，会因库存温度过低冻结、沉淀或失效。例如，苹果贮藏在 1 ℃条件下比贮藏在 4 ℃~5 ℃条件下寿命要延长一倍，但贮藏温度过低，会引起果实冻结或生理失调，又会缩短贮藏寿命。请结合上述商品，说说应如何开展仓库的温湿度管理工作？温湿度如何调控？

 【任务实施】

某仓库储存了轮胎、塑料制品、金属及其制品三类货物。仓库根据这三类物品的要求进行温湿度的管理与控制。

步骤一：首先了解货物的温湿度要求（见表4-2）。

表4-2　温湿度要求

种类	温度/℃	相对湿度/%
金属及其制品	5~30	≤75
轮胎	5~35	45~65
塑料制品	5~30	50~70

步骤二：用干湿球温度计对温湿度进行监测。将温湿度记录在表4-3中。

表4-3　温湿度记录

时间	温度/℃	相对湿度/%
8：00		
10：00		
12：00		
14：00		
16：00		
18：00		

步骤三：根据监测结果进行温湿度的调节与控制。

假设测量结果如下：

9点测得温度为20 ℃，相对湿度为85%。

温度符合三种商品的保管要求，但相对湿度过高。仓库应采取何种措施？

具体操作方法记录：

_____

_____

_____

14点测得库内温度为35 ℃，相对湿度为60%。

相对湿度符合三种商品的保管要求，但温度偏高。仓库应采取何种措施？

具体操作方法记录：

_____

_____

_____

步骤四：商品在储存期间由于受到温湿度的影响，可能发生各种质量变化现象，其中主要包括物理变化和化学变化。

商品的物理变化主要有：_____

商品的化学变化主要有：_____

步骤五：温湿度的调控是仓库的一项常规性工作。仓库内上下部位的湿度也有明显差别，尤其在夏季气温较高的时候更为明显。上部因空气的温度较高，相对湿度较小；下部因靠近地面气温较低，相对湿度较高。实验表明，仓库内上部相对湿度平均为 65%～80%，接近地面和垛底的相对湿度平均为 85%～100%。靠近门窗的物资容易受潮。水泥地面和沥青地面，在温湿度变化或通风不当时，常会在上面结露，产生水膜，增加库内底层的湿度。垛位顶部、四周与货垛内部，因通风情况不同，也会产生湿度上的很大差异。请思考仓库温湿度的调控方法主要有哪些？

 【任务资讯】

一、温湿度管理

要做好仓库温湿度管理工作，首先要学习和掌握空气温湿度的基本概念以及有关的基本知识。

1. 空气温度

空气温度是指空气的冷热程度。一般而言，距地面越近气温越高，距地面越远气温越低。在仓库日常温度管理中，温度多用摄氏度表示，凡 0 摄氏度以下的度数，在度数前加一个"-"，即表示零下多少摄氏度。

2. 空气湿度

空气湿度是指空气中水汽的含量或空气的干湿程度。表示空气湿度主要有以下几种方法：

（1）绝对湿度。绝对湿度是指单位容积的空气里实际所含的水汽量，一般以克为单位。温度对绝对湿度有着直接影响。在一般情况下，温度越高，水汽蒸发越多，绝对湿度越大；相反，绝对湿度越小。

（2）饱和湿度。饱和湿度是指在一定温度下，单位容积空气中所能容纳的水汽量的最大限度。如果超过这个限度，多余的水蒸气就会凝结，变成水滴。这时的空气湿度便称为饱和湿度。空气的饱和湿度不是固定不变的，它随着温度的变化而变化。温度越高，单位容积空气中能容纳的水蒸气就越多，饱和湿度就越大。

（3）相对湿度。相对湿度是指空气中实际含有的水蒸气量（绝对湿度）距离饱和状态（饱和湿度）程度的百分比，即在一定温度下，绝对湿度占饱和湿度的百分比。相对湿度用百分率来表示。

相对湿度＝绝对湿度/饱和湿度×100%

绝对湿度＝饱和湿度×相对湿度

相对湿度越大，表示空气越潮湿；相对湿度越小，表示空气越干燥。空气的绝对湿度、饱和湿度、相对湿度与温度之间有着相应的关系。温度如发生了变化，则各种湿度也随之发生变化。

（4）露点。露点是指含有一定量水蒸气（绝对湿度）的空气在温度下降到一定程度时所含的水蒸气就会达到饱和状态（饱和湿度）并开始液化成水，这种现象称为结露。水蒸气开始液化成水时的温度称为露点温度，简称露点。如果温度继续下降到露点以下，空气中超饱和的水蒸气就会在商品或其他物料的表面上凝结成水滴，此现象称为"水池"，俗称商品"出汗"。此外，风与空气中的温湿度有密切关系，也是影响空气温湿度变化的重要因素之一。

二、温湿度测量仪器的介绍

1. 干湿球温度计

（1）干湿球温度计的构造与特点

干湿球温度计（见图4-8）由两支相同的温度计组成。一支的球部直接与空气接触，称为干球。另一支的球部裹着纱布，纱布末端浸在装有蒸馏水的容器里，称湿球。水浸湿了纱布，并从纱布表面蒸发，从而带走了一部分热量，使湿球温度计的读数低于干球湿度计的读数。

空气中的相对湿度越低，则纱布上的水分蒸发越快，而干湿球温度计的温差也越大。根据干湿球温度表上的读数，利用

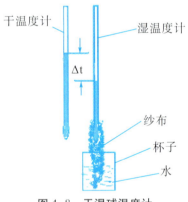

图4-8　干湿球温度计

库内外温湿度查对表便可直接查出相对湿度和绝对湿度。就可利用对照查出相对湿度。

干湿球温度计是最普通的测定湿度的仪器，纱布表面水分蒸发的多少，直接取决于空气中水蒸气的饱和程度（相对湿度）。

（2）干湿球温度计的设置和使用

仓库在库外设置干湿表，为避免阳光、雨水、灰尘的侵袭，应将干湿表放在百叶箱内。百叶箱中温度表的球部离地面高度为2米，百叶箱的门应朝北安放，以防观察时受阳光直接照射。箱内保持清洁，不放杂物，以免妨碍空气流通。在库内，干湿表应安置在空气流通、不受阳光照射的地方，挂置高度应与人眼持平，距地面约1.5米。相关人员每日必须定时对库内外的温湿度进行观测记录，一般在上午8~10时，下午2~4时各观测一次。记录资

料要妥善保存，定期分析，找出规律，以便掌握商品保管的主动权。

2. 指针式温湿度计

指针式温湿度计（见图4-9）使用高科技特殊感温、感湿元件制造，寿命长、精度高、稳定性好、不耗能、不加水、不查表计算、指针直接显示当前的时间、温度、湿度。其远距离观察非常方便，精度比较高。

图4-9 指针式温湿度计

三、仓库温湿度的控制和调节

仓库应经常进行湿度监测，包括空气湿度监测和仓内湿度监测。一般仓库相关人员每天早、晚各监测一次，并做好记录。

空气湿度太低时货物会发生干裂、挥发、容易燃烧等危害，因此为了提高湿度应减少仓内空气流通，仓库应采取洒水、喷水雾等方式，或者对货物采取加湿处理，直接在货物表面洒水。

空气湿度太高时，货物容易发生霉变、锈蚀、溶解、发热甚至化学反应。因此，仓库应封闭仓库或密封货垛，避免空气流入仓库或货垛。有条件的仓库可以采用干燥通风、制冷除湿；在仓库或货垛内摆放吸湿材料，如生石灰、氯化钙、木炭、硅胶等；及时擦干、排除出现的"汗水"。特殊货仓可采取升温措施等。实践证明，密封、通风与吸潮相结合的办法，是控制和调节库内温湿度行之有效的办法。

1. 密封

密封就是把商品尽可能严密地封闭起来，减少外界不良气候条件的影响，以达到安全保管的目的。密封方法要和通风、吸潮方法结合运用，如运用得当，可以起到防潮、防霉、防热、防溶化、防干裂、防冻、防锈蚀、防虫等多方面的效果。

密封保管的注意事项如下：

（1）密封前要检查商品质量、温度和含水量是否正常，如发现生霉、生虫、发热、水淤等现象就不能进行密封。

（2）商品含水量超过安全范围或包装材料过潮，也不宜密封。

（3）密封的时间要根据商品的性能和气候情况来决定。

（4）怕潮、怕溶化、怕发霉的商品，应选择在相对湿度较低的时节进行密封。

（5）常用的密封材料有塑料薄膜、防潮纸、油毡纸、芦席等。密封材料必须干燥清洁、无异味。

（6）密封常用的方法有整库密封、小室密封、按垛密封以及按货架或按件密封等。

2. 通风

空气是从压力大的地方向压力小的地方流动。气压差越大，空气流动就越快。通风就是利用库内外空气温度不同而形成的气压差使库内外空气形成对流，来达到调节库内温湿度的目的。当库内外温度差距越大时，空气流动就越快。如果库外有风，借风的压力更能加速库内外空气的对流。但风力不能过大（风力超过 5 级灰尘较多）。正确地进行通风，不仅可以调节与改善库内的温湿度，还能及时地散发商品及包装物的多余水分。按目的不同，通风可以分为利用通风降温（或增温）和利用通风散潮两种。

3. 吸潮

在梅雨季节或阴雨天，库内湿度过高，不适宜商品保管，而库外湿度过大，也不适宜进行通风散潮。这时，仓库可以在密封库内用吸潮的办法降低库内湿度。仓库中通常使用的吸潮剂有氯化钙、硅胶等。近年来，仓库普遍使用机械吸潮方法。吸湿机是把库内的湿空气通过抽风机吸入吸湿机冷却器内，使它凝结为水而排出。吸湿机一般适宜储存棉布、针棉织品、贵重百货、医药仪器、电工器材和烟糖类的仓库吸湿。

📖 【任务拓展】

（1）请结合如表 4-4 所示的商品的储存温湿度要求，分别说说如何开展温湿度管理工作？

表 4-4　商品的储存温湿度要求

种类	温度/℃	相对湿度/%
金属及其制品	5~30	≤75
轮胎	5~35	45~65
塑料制品	5~30	50~70
竹木制品	30 以下	60~75
人造革	−10~20	75 以下
纸制品	35 以下	75 以下

（2）2018 年 10 月 24 日，深圳慧通仓储公司仓储中心盘点员在盘点时发现客户沃尔电子贸易公司在 2024 年 8 月 6 日储存在 9 号库的 T1002-T1006 货位的 5 个托盘中的 10 件空调机的外包装有污损霉变，并有 10 件空调机丢失。请根据情况完成在库商品保养工作。

任务三　在库商品防霉腐养护

【任务目标】

1. 知识目标
☑商品霉腐变质的原因和影响因素
☑库内容易霉腐的商品类型
☑库内货物防霉腐的主要措施
2. 技能目标
☑结合商品特点进行防霉养护作业
☑能够制订在库商品的防霉养护计划
3. 素养目标
☑养成避免霉腐变质，防止浪费的意识
☑PDCA 循环法进行防霉腐计划制订与优化

【任务描述】

深圳长风仓储中心在每月例行库存盘点时，发现有部分物品虽然保质期还未过，但已经出现了霉变。仓库主管王鑫得知此事后安排仓管员李宁对仓库进行检查和防护，以防影响其他物品。请思考：针对仓库出现的问题，李宁该怎么做呢？

【任务实施】

步骤一：检查在库货物。

由于仓库中出现了霉变的问题，因此仓管员李宁立即对仓库中的物品进行检查。为了了解和掌握物品在保管过程中的质量变化情况，李宁重点对以下物品进行了检查：

（1）入库时已发现问题的物品。

（2）性能不稳定或不够熟悉的物品。

（3）已有轻微异状尚未处理的物品。

（4）储存时间较长的物品。

检查完毕后，李宁填写"仓库日常检查记录表"（见表 4-5）。

当发现物品有异状情况时，仓管员要认真填写"物品异状情况表"（见表 4-6），并及时向仓库主管汇报，进行正确处理，以使物品损失降到最低。

表 4-5　仓库日常检查记录表

序号	检查项目	××月××日 星期一	××月××日 星期二	××月××日 星期三	××月××日 星期四	××月××日 星期五	××月××日 星期六	××月××日 星期日
1	库房清洁							
2	作业通道							
3	物品状态							
4	库房温度							
5	相对湿度							
6	库房照明							
7	用具管理							
8	托盘维护							
9	消防通道							
10	消防设备							
11	库房门窗							
12	防盗措施							
13	标志标识							
14	员工出勤							
15	安全防护							
检查人签字								

表 4-6　物品异状情况表

时间：　　年　月　日

序号	物品编码	物品名称	异状情况	处理结果
1				
2				
3				
4				
5				
6				

步骤二：测量并控制仓库的温湿度。

首先，由于有一些物品已经出现了霉腐，因此仓管员李宁需要测量并控制仓库的温湿度。测定空气温湿度通常使用干湿球温度计。

李宁根据温度的变化情况开启仓库内的空调来调节温度。对存放液体容易泄漏的地方，李宁多放了一些干燥剂。仓库温湿度记录表如表4-7所示。

表 4-7　仓库温湿度记录表

库号：　　　　　　　　　　　储存物品：

时间	天气	上午					下午					备注
		温度/℃		湿度/℃		调节措施	温度/℃		湿度/℃		调节措施	
		库内	库外	库内	库外		库内	库外	库内	库外		

之后，李宁采用科学的方法控制与调节仓库的温湿度，如通风、密封、吸潮。通风、密封、吸潮相结合的办法是控制和调节库内温湿度行之有效的办法，可以达到防潮、防霉、防热、防溶化、防干裂、防冻、防锈蚀、防虫等多方面的效果。在对物品进行保管时，仓管员要了解物品的存放温湿度要求。物品的安全温度和安全相对湿度表如表 4-8 所示。

表 4-8　物品的安全温度和安全相对湿度表

商品名称	安全温度/℃	安全相对湿度/%	商品名称	安全温度/℃	安全相对湿度/%
金属制品	5~30	75 以下	仪表电器	10~30	70
玻璃制品	35 以下	80 以下	汽油煤油	30 以下	75 以下
橡胶制品	25 以下	80 以下	树脂油漆	0~30	75 以下
皮革制品	5~15	60~75	卷烟	25 以下	55~70
塑料制品	5~30	50~70	食糖	30 以下	70 以下
棉制品	20~25	55~65	干电池	−5~25	80 以下
纸制品	35 以下	75 以下			

步骤三：防治物品的霉腐。

由于一些物品已经出现霉变，并且检查发现还有一些物品可能会出现霉变现象，因此仓管员李宁积极开展仓库防水工作，防止物品受潮或受水浸泡。李宁需要检查的内容，即仓库防水检查内容如表 4-9 所示。

表4-9　仓库防水检查内容

序号	防水检查项目	具体检查内容
1	地面	地面是否存在积水情况、供水管道是否存在漏水情况、下水管道是否存在堵塞情况等
2	墙壁	墙壁防水材料是否脱落、墙壁是否有水珠出现等
3	顶棚	顶棚防水漆是否脱落、防雨布是否破损、顶棚是否有漏洞等

防止物品霉腐的措施一般包括低温防霉腐、干燥防霉腐、气调防霉腐、化学药剂防霉腐等。救治物品霉腐的措施一般包括晾晒、高温烘烤、药剂熏蒸、紫外线照射等。仓管员李宁重点统计了仓库内容易发生霉变的物品，如食品、药品、皮革品等，将这些物品放在通风透气的货位上。常见易霉腐物品如表4-10所示。

表4-10　常见易霉腐物品

物品类别	具体物品
食品	饼干、糕点、食糖、罐头、酱醋、鲜蛋、肉类、鱼类等
药品	各种糖浆、蜜丸，以葡萄糖等溶液为主的针剂，以动物胶为主的膏药，以淀粉为主的片剂和粉剂等
纺织品	棉、毛、麻、丝等天然纤维及其各种制品
工艺品	竹、木、麻、草制品，绢画、绢花，绒绣和核雕等
皮革品	各种皮鞋、皮靴、皮包、皮衣、皮箱、皮带等
日用品	各种化妆品等

小贴士

控制霉腐微生物危害，可以按各种物资或器材的存在形式、组成特点、加工工艺以及使用方式等区别对待。仓库应改善物体的结构，使之尽可能减少易发生霉腐的部分；暴露部分使用耐微生物损害的物质加以保护；在现有的材料中添加杀菌剂以提高抗霉腐微生物的能力；选择适宜的物理能（如各种高能辐射）破坏或杀死霉腐微生物的细胞；经常保持清洁、干燥或低温和缺氧来抑制霉腐微生物的生长，等等。

【任务资讯】

一、商品霉腐

商品霉腐防治是根据商品霉腐原因采取适宜措施所进行的防霉防腐及其救治工作。商品的成分结构和环境因素是微生物生长繁殖的营养源和生活的环境条件。商品霉腐防治必须根据微生物的生理特点，遵循"以防为主，防治结合"的方针，从改善商品组成、结构和储存的环境条件等方面采取有效措施，形成不利于微生物的生理活动的环境，从而达到抑制或杀灭微生物的目的。

二、商品霉腐变质的影响因素

霉腐微生物不断从物品中吸取营养和排除废物，在其大量繁殖的同时，物品也就逐渐遭到分解破坏。因此，霉腐微生物在物品上进行物质代谢的过程也就是物品霉腐发生的过程。物品霉腐一般经过以下四个环节：受潮、发热、霉变和腐烂。物品的霉腐与物品的生产、包装、运输、储存过程中的许多环境因素影响有关，如环境湿度、环境温度、空气、辐射、压力等。

1. 物品的组成成分对物品霉腐的影响

物品的霉腐是由于霉腐微生物在物品上进行生长繁殖的结果，不同的霉腐微生物生长繁殖所需的营养结构不同，但都必须有一定比例的碳、氮、水、能量的来源，以构成一定的培养基础。

不同的物品含有不同比例的有机物和无机物，能够提供给霉腐微生物的碳、氮、水分、能量不同。有的霉腐微生物能够正常生长繁殖，而有的霉腐微生物则会生长受到抑制，因此物品受到霉腐的形式、程度都不同。不同的组成成分对物品的霉腐的影响是起决定性作用的。

2. 物品霉腐的外界因素

霉腐微生物从物品中获得一定的营养物质，但要繁殖生长还需要适宜的外界条件。

（1）环境湿度。物品的含水量是霉腐微生物生长繁殖的关键。霉腐微生物是通过一系列的生物化学反应来完成其物质代谢的，这一过程也必须有水的参与。

当物品含水量超过其安全水分时就容易霉腐，相对湿度越大，则越易霉腐。通常，防止商品霉腐要求物品安全水分控制在12%之内，环境相对湿度控制在75%以下。

（2）环境温度。霉腐微生物因种类不同，对温度的要求也不同，但温度对微生物的生长繁殖有着重要的作用。霉菌生长的温度范围较大，为10℃~45℃，属于嗜温微生物。温度对霉菌最主要的影响是对菌体内各种酶的作用，温度的高低，影响酶的活性。

（3）空气的影响。霉腐微生物的生长繁殖还需要有足够的氧气，在霉腐微生物的分解代谢过程中（呼吸作用），霉腐微生物都需要利用分子状态的氧或体内的氧来分解有机物并使之变成二氧化碳、水和能量。

（4）化学因素。化学物质对微生物有三种作用：一是作为营养物质，二是抑制代谢活动，三是破坏菌体结构或破坏代谢机制。不同的化学物质对菌体的影响不同，这些化学物质主要有酸类化合物、碱类化合物、盐类化合物、氧化物、有机化合物以及糖类化合物等。

（5）其他因素。除以上几种主要的影响因素外，物品在贮存、流通过程中还会受到紫外线、辐射、微波、电磁振荡以及压力等因素的作用。这些因素都将影响霉腐微生物的生命活动，影响物品的霉变和腐败。

三、商品防腐方法

1. 干燥防腐

储藏大宗货物的仓库尤其要注意干燥防腐，除了需要对商品做密封防潮处理外，还需要时常检测仓库的温度和湿度，尽量保持良好的通风状态。储藏时间长的货物尽量不要堆砌在死角的位置。

2. 冷冻防腐

这种方法是通过降低温度来破坏霉菌的生存环境以抑制其生长，就像用冰箱储藏食物。

3. 加防腐剂

我们日常喝的饮料、吃的罐头标注的成分里有一种物质——苯甲酸钠。这种物质就是起防腐作用的。苯甲酸钠能穿透微生物的细胞膜进入细胞中抑制其对营养源的吸收从而达到防腐作用。

4. 真空防腐

我们在超市购买的很多商品往往都采用真空包装的方法，营造无水无氧的环境来抑制霉腐。

5. 紫外灯法

我们在医院和食堂经常能看到用紫外灯照射杀菌防腐，也有家用紫外灯。但是，人不能长期暴露在紫外灯下，那对皮肤的伤害很大。

除此之外，仓库防霉腐还要做到以下几点：

（1）检查仓库状况。仓库要检查墙壁、顶部是否有霉变迹象，如果有此情况，须进行处理。处理方法如下：仓库将墙壁、顶部、角落已经发霉的地方，用仓库防霉抗菌剂进行杀菌清洁，待自然晾干后再喷洒一次仓库防霉抗菌剂，防止霉菌再次长出来和扩大生长范围。

（2）检查墙壁是否存在漏雨、浸水现象。如果有漏雨或浸水的地方，应使用一些防水涂料或防水水泥进行修补，防止再次漏雨或浸水。

（3）安装温湿度测试仪，监控仓库内外温湿度变化。仓库管理人员应观察仓库内外温湿度变化情况，当仓库外面的湿度大于仓库内部的湿度时，务必关上门窗；当仓库内部的湿度大于仓库外面的湿度时，则打开窗户或排气扇，将仓库内湿气散发出去。

仓库所有货物必须放在栈板上面，如使用木制栈板，需在栈板上铺一层塑料薄膜后再使用。每个摆放单位中间应相隔10厘米以上，靠墙壁或柱子的栈板需要离开墙壁或柱子30~50厘米。

需要放置一段时间的货物应使用塑料薄膜进行遮盖，减少空气中的霉菌接触货物，降低发霉风险。

仓库是一个密闭空间，会形成一个高温高湿且不透气的环境，这种环境非常适合霉菌的生长。因此，每个仓库需要安装4~6个排气扇用于换气。

【任务拓展】

防霉腐的主要方法可以概括如下：

（1）化学防霉腐。化学防霉腐的主要方法是使用防霉腐剂。其基本原理是使微生物菌体蛋白凝固、沉淀、变性，或者破坏酶系统使酶失去活性从而影响细胞的呼吸和代谢，或者改变细胞膜的通透性从而使细胞破裂。

（2）气相防霉腐。气相防霉腐的主要方法是使用具有挥发性的防霉防腐剂，利用其挥发生成的气体直接与霉腐微生物接触，杀死或抑制霉腐微生物的生长，以达到防霉腐的目的。

（3）气调防霉腐。气调防霉腐的主要方法是在密封条件下，通过改变空气组成成分来降低氧的浓度，造成低氧环境，抑制霉腐微生物的生命活动与生物性商品的呼吸强度，从而达到防霉腐的效果。

（4）低温防霉腐。低温防霉腐所需的温度与时间应视具体商品而定，一般温度越低、持续时间越长，霉腐微生物的死亡率越高。

（5）干燥防霉腐。干燥防霉腐是通过减少仓库环境中的水分和商品本身的水分，使霉腐微生物得不到生长繁殖所需水分从而达到防霉腐目的的一种方法。

（6）辐射防霉腐。仓储管理人员可以采用钴60同位素射线照射杀菌，以达到防霉腐的效果。用钴60同位素射线能够灭菌、防霉、防虫蛀，并且具有不破坏营养成分、不污染环境、不影响商品质量的优点。不过，该方法由于费用高昂，目前还不普及。

结合以上防霉腐的方法的利弊及适用情况，谈谈你会如何进行选择。

任务四　在库商品防锈蚀养护

 【任务目标】

1. 知识目标
☑在库货物生锈的反应原理
☑导致货物生锈的主要因素
☑在库货物防锈的有效措施
2. 技能目标
☑能够结合商品特点选择适合的防锈、除锈措施
☑能够完成商品防锈操作
☑能够进行商品除锈处理
3. 素养目标
☑具备预防为主，防治结合的防锈养护理念
☑具备成本意识，选择成本效益相契合的防锈、除锈方法
☑有较强的责任意识和客户服务意识，能够站在客户的角度落实商品防锈保管措施

 【任务描述】

仓管员小李在日常商品维护检查时，发现储存的一批钢制零配件生锈了。如果你是小李，接下来你将开展哪些工作？如何做好防锈和除锈工作？

 【任务实施】

步骤一：学生小组讨论，列举日常生活中容易生锈的商品有哪些。
步骤二：学生试分析商品生锈的原因。
步骤三：根据相关知识，学生讨论下列商品（见表4-11）的防锈方法。

表4-11　商品与防锈方法

商品	防锈方法
运动器械、公共建设的桥梁、护栏、铁架等	
螺丝帽、刀、锯、剪刀等	

表4-11(续)

商品	防锈方法
缝衣针、铁钉	
较高级的用具及精密的机器	

步骤四：商品除锈操作训练。

（1）准备好实训器具。各小组所需器具包括：防锈油1罐；油纸、锡纸各1卷；密封袋、金属制品和生锈后的金属制品各5~7个；砂纸、软毛刷、钢丝刷各5~7个，手套每人一双。

（2）进行涂油防锈法的训练。学生戴上手套，用软毛刷清洁金属制品的表面；将防锈油均匀地涂在金属制品的表面；防锈油干透后，学生将金属制品放回到指定位置储存。

（3）进行特殊纸制品包装防锈法的训练。学生用油纸、锡纸分别包裹金属制品，然后将金属制品放在密封袋内包装储存。

（4）进行手工除锈方法的训练。学生戴上手套，用砂纸或钢丝刷将金属表面的锈蚀用力擦去，然后在金属制品表面涂上防锈油。防锈油干透后，学生将金属制品放回到指定位置储存。

步骤五：学生填写实训报告和总结（见表4-12）。

表4-12　实训报告和总结

实训项目	实训操作方法	实施情况	改进措施
涂油防锈法的训练	1. 戴上手套，用软毛刷清洁金属制品的表面		
	2. 将防锈油均匀地涂在金属制品的表面		
	3. 防锈油干透后放回到指定位置储存		
特殊纸制品、包装防锈法的训练	1. 用油纸、锡纸分别包裹金属制品		
	2. 放在密封袋内包装储存		
手工除锈方法训练	1. 戴上手套		
	2. 用砂纸或钢丝刷将金属表面的锈蚀用力擦去		
	3. 在金属制品表面涂上防锈油		
	4. 晾干后，储存		

> 小贴士
>
> 　　手汗会引起金属锈蚀，所以要注意避免。人的汗液是一种无色透明或淡黄色带有咸味呈弱酸性的液体，它的 pH 值为 5 ~ 6 。除含有钠、钾、钙、镁外，汗液还含有少量尿素、乳酸、柠檬酸等有机酸。当汗液与金属接触时，会在金属表面形成一层汗液膜，汗液膜会对金属引起电化学作用，腐蚀金属。人出汗是不可避免的，要防止手汗引起锈蚀，生产人员应戴上手套、指套，或者用专用工具拿取零件，不得随便用手接触产品。

 【任务资讯】

一、金属生锈的过程

　　钢铁制品的腐蚀过程，是一个复杂的化学反应过程。铁锈通常为红棕色，不同情况下会生成不同形式的铁锈，铁锈主要由氧化铁的水合物和氢氧化铁组成。钢铁表面的铁锈结构疏松，不能阻碍内部的铁与氧气、水蒸气等接触，最终导致铁全部生锈。

二、影响金属腐蚀的主要因素

　　金属腐蚀是由各种内在的和外在的因素所引起的。归纳起来，影响金属腐蚀的主要因素如下：

（1）金属材料本身的化学成分和结构。

（2）金属表面光洁度。

（3）与金属表面接触的溶液成分及其 pH 值。

（4）环境温度和湿度。

（5）与金属表面相接触的各种环境介质。

三、金属的防锈

　　了解了钢铁生锈的条件，我们只需要将钢铁制品与水和氧气隔绝，就可以阻止钢铁锈蚀。因此，防止钢铁生锈最简单的方法是保持钢铁制品表面光洁干燥。防止钢铁生锈还可以在其表面形成保护层，如涂油、喷漆、烧制搪瓷、喷塑等。在日常生活中，人们经常会对车厢、水桶等采取涂油漆的措施，而机器需要涂矿物性油。除此之外，人们可以在钢铁表面采用电镀、热镀等方法镀上一层不易生锈的金属，如锌、锡、铬、镍等。这些金属表面能够形成一层致密的氧化物薄膜，从而防止钢铁制品和水、空气等物质接触而生锈。另外，人们还可以将钢铁组成合金，以改变其内部的组织结构，比如把铬、镍等金属加入普通钢中制成不锈钢，有效地增强了钢铁制品的抗生锈能力。

金属的防锈主要是防止铁构件或设备形成氧化铁的表面保护，可以采用涂敷、表面处理、电镀、化学药品、阴极防锈处理或其他方法。具体的防锈方法如下：

1. 涂油防锈

涂油防锈就是在五金制品表面喷涂一层或多层防锈油脂薄膜，薄膜在一定程度上使大气中的氧、水汽及其他有害气体与金属表面隔离开来，起到防止或减缓金属商品锈蚀的作用。学校的运动器械、公共建设的桥梁、护栏、铁架等涂上油漆，或者螺丝帽、刀、锯、剪刀等，使用后擦干涂油。

2. 气相防锈

气相防锈就是在密封条件下，利用挥发性缓蚀剂，在常温下通过挥发的气体吸附在五金制品表面，与金属表面上的水汽相互作用形成一层保护性薄膜，防止或减缓五金制品的锈蚀。

3. 可剥性塑料封存

可剥性塑料是由树脂为基础原料，加入矿物油、增塑剂、缓蚀剂、稳定剂以及防霉剂等，加热溶解后制成。这种塑料液喷涂于五金制品表面，成膜后，在塑料薄膜与金属之间，可以析出一层油膜，使塑料薄膜易于剥落，故称可剥性塑料。它可阻隔腐蚀介质对金属商品的作用，以达到防锈的目的。

4. 特殊纸制品封存

例如用涂有油质的纸包住，就不易生锈；缝衣针用锡纸包裹，也不易生锈；铁钉用纸包好，放在罐子里，也不易生锈。

5. 干燥空气封存法

干燥空气封存是常用的长期封存方法之一。其基本依据是在相对湿度不超过35%的洁净空气中金属不生锈，非金属不会生霉。要做到这一点，就必须在密封性良好的包装内充以干燥空气或用干燥剂降低包装内的湿度。

6. 电镀

电镀可以防锈，比如较高级的用具及精密的机件多用化学方法进行电镀，以防生锈。

四、金属的除锈方法

1. 铝制品

人们把生黑斑的铝制品泡在食用醋稀释液中，大约十分钟后取出，用清水冲洗，即可除锈。

2. 铜制品

人们用布蘸取食用醋，再加入细盐粒磨洗擦拭，最后用清水冲洗干净，即可除锈。

3. 金银饰品

人们直接将饰品置于稀酸液中浸泡数分钟，取出后用清水处理，饰品光洁如新。

金属除锈十分不易，因此最好平时要注意预防金属生锈。

铁质金属生锈的处理方法如下：

（1）物理方法。人们可以用钢丝球来刷铁质金属或用砂纸打磨铁质金属至光亮，总之尽量将锈迹除净。

（2）化学方法。人们可以用已稀释至较低浓度的酸性溶液来清洗铁质金属，如用白醋清洗，清洗后用布擦干。

（3）使用除锈粉。

 【任务拓展】

结合所学知识，确定下列物品的防锈措施。

（1）机械配件——各种精制的螺栓、螺母和螺钉等紧固件，应涂防锈油和盛放在衬有防潮纸的纸盒内；堆放在货架上，必须保持纸盒包装完整，以免防锈油干涸和受空气侵蚀。粗制螺栓、螺母和垫圈等，一般应涂防锈油后用中性、干燥麻袋装好，堆放时下垫枕木。

（2）轴承表面质量要求高，切不可受潮生锈，否则会影响使用精度，必须涂好防锈油，并用防潮纸封包，不得任意启封开拆，以免生锈。轴承应存放在清洁和干燥的库房内，堆放在货架上。

（3）橡胶制品，如平行胶带、橡胶平板和橡胶管等，应注意防止阳光曝晒和受热，亦不可与汽油等溶解性油料接触。胶带与胶管可重叠堆放，成卷的橡胶平板应竖放。

（4）电焊条最忌潮湿，应用防潮纸或塑料袋封包，堆放在货架上，以免受潮后表面药剂变质。

（5）工具——测量工具，特别是游标卡尺、千分尺等比较精密的量具，如果生锈，会影响使用和测量精度，应涂好防锈油和用防潮纸或塑料袋、盒子包好，还应注意不要受压和碰撞，两测量面应保持一定的间隙。存放精密量具的仓库温度应保持在 18 ℃~25 ℃。其他量具，如皮卷尺、木水平尺等也不宜受潮或存放在高温处，否则会变质损坏。

（6）切削工具如保管不善，刃口生锈，会影响使用，因此应涂好防锈油和用防潮纸或塑料袋封包，特别是刃口部分应注意保护。金属切削刀具硬度高，不可叠放、碰撞和跌落。

（7）锉刀齿尖生锈会影响使用和加工件质量，严重生锈就失去了使用价值，要注意保管。锉纹上不可直接涂黏性防锈油，否则锉削时因锉齿内淤塞铁屑而失去锉削能力，只能涂一层挥发性防锈剂，使表面形成一层保护膜。

（8）砂轮及油石应存放在干燥清洁处，砂轮应平放，并按规格由大到小叠放，不可堆放过高，以免压碎底层砂轮。砂轮较脆，搬运时要注意轻搬轻放，以防损坏。

（9）建筑金属——门窗附件（如插销、拉手等）应注意保护镀层，防止剥落。没有镀层的（如合页等）都应涂防锈剂。保管员要注意纸盒包装完整，并堆放在货架上。零件不论是否经过镀锌处理，都应存放于干燥处的木架上，螺纹部分应涂防锈油，搬运时要轻放，以免损坏螺纹。

（10）装潢金属——对有镀层的日用小金属商品，如箱零件、泡钉、对锁等，要注意保护表面镀层，防止因包装破损而擦伤、划伤表面和受潮致锈。化纤地毯、塑料地板、塑料墙纸等室内装潢商品，贮存仓库应干燥、通风、清洁，不能受潮，不能受日晒和受热。化纤地毯、塑料地板（卷状）通常可以采用井字形交叉平放，但堆放高度不宜超过五层，堆存时间也不宜过长。塑料墙纸一般应竖立堆放，平放时不应超过二层，并要注意防止损坏包装。

任务五　在库商品防虫鼠养护

 【任务目标】

1. 知识目标
☑仓库中虫鼠害的来源
☑虫鼠害防治的基本原则和方法
☑不同种类害虫的防治方法

2. 技能目标
☑能够完成仓库害虫预防工作
☑能够进行仓库虫鼠有效治理
☑制定仓库防虫防鼠制度

3. 素养目标
☑具有责任意识
☑具备学习能力，能够小组团队协作、讨论，依靠集体力量完成任务
☑具备信息搜集整理能力，能够收集资料并进行有效提炼汇总

 【任务描述】

仓储物流企业货流量大，出入库频繁，老鼠、蟑螂、蚂蚁等有害生物随着货物进行传播和扩散，导致仓库商品遭受损失。作为仓库管理员，你将如何做好防虫防鼠工作，确保商品的保管质量？

【任务实施】

步骤一：前期调查。

学生进行仓库内部设施诊断，外部环境状态诊断，了解害虫入侵途径、入侵风险点、栖息地；调查主要害虫，如滋生频率、栖息程度、不同害虫的习性；进行风险等级评估，提出防治方法及措施，填写表4-13。

表4-13　防虫害措施表

常见害虫及其特征	防治方法与措施

步骤二：以安全的药剂及工作方法实施虫鼠防治。

（1）老鼠——依据各区域环境特点，采取不同的防鼠系统及药剂消除。

（2）蟑螂、蚂蚁——根据不同害虫的特点，选择合适的药剂消除。

（3）苍蝇、蚊子——使用药剂及装备进行综合治理。

（4）脆弱区域——随着季节变化不断变更消除方法，进行重点管理，安装灭蚊蝇灯、捕鼠器等。

（5）建立多道防线——阻止害虫从外到内入侵，将以上措施制定为整套仓库虫鼠防治计划书。

步骤三：定期检测和勘察。

（1）定期检测——了解害虫是否复发。

（2）定期勘查——预防外部害虫入侵。

（3）填写仓库防虫害检查记录表（见表4-14）。

表4-14　仓库防虫害检查记录表

序号	检查内容	执行情况记录	备注
1	储存区域、车间出入口以及与外界相连的排水通风口、厂区卫生间设置窗纱、塑料门帘、地漏网等防鼠、防蚊蝇设施		
2	储存区域、车间门窗是否封闭良好，下水道盖板严密，排水口加筛网		
3	厂区内的垃圾应用带盖密闭容器，每天由专人进行清理，避免蚊蝇滋生		

表4-14（续）

序号	检查内容	执行情况记录	备注
4	生产车间入口处有防蚊门帘、灭蚊灯，专人及时清理		
5	储存区域、车间门窗密闭良好，窗纱破损及时修复		

检查时间：　　　　　　　检查人员签字：

 【任务资讯】

一、仓库害虫的种类

仓库害虫的种类很多，世界上已经定名的有 500 多种。我国发现有近 200 种，在仓储部门危害商品的有 60 多种，严重危害商品的有 30 多种。仓库里的主要害虫如下：

1. 蟑螂

蟑螂善于爬行，会游泳，危机时也可以飞行。蟑螂扁平的身体使其善于在细小缝隙中生活，几乎有水和食物的地方都可以生存。蟑螂喜暗怕光，喜欢昼伏夜出，白天偶尔可见，一般在黄昏后开始爬出活动、觅食，清晨回窝。温度在 24 ℃~32 ℃时，蟑螂最为活跃。温度在 4 ℃时，蟑螂完全不能活动。在热带地区，蟑螂可以四季繁殖、活动。蟑螂繁殖快、生存能力强，若有水，即使不吃任何食物也能存活 40 天。蟑螂现已成为入侵室内最多、危害人类最大、涉及范围最广的仓库害虫。

2. 老鼠

老鼠的食性很杂，适应性强，分布广，种类多。据统计，全世界有鼠类大约 480 种，我国有 34 种。小鼠成熟早，繁殖力强，寿命 1~3 年。比较常见的老鼠有褐家鼠，它栖息地非常广泛，记忆力较好，警惕性高，在活动期间遇到惊扰，立即隐避；对环境的变更很敏感，遇新出现物体（即使是食物）常回避一段时间；繁殖力特强，分布很广，属于世界性分布的鼠类，凡是有人类居住的场所几乎都有它的踪迹，它往往可以随各种交通工具而扩散。褐家鼠在我国各省、自治区、直辖市均有分布，是危害最大的一种家鼠。黄胸鼠也比较常见。它栖息于建筑物的上层，如屋顶、天花板、屋山尖、椽瓦间隙、门框和窗框上端等，夹墙、墙缝、地面杂物堆中和地板下也有，上通天花板，下达地板，前后左右相连贯。黄胸鼠多在夜间活动，能攀高、跳远，警惕性高，稍有异常即逃窜。黄胸鼠一年四季均可繁殖，寿命 1~2 年。黄胸鼠主要分布在我国华南各省及沿海地区。

3. 粉啮虫

粉啮虫别名书虱，体长 1~1.5 毫米，扁平、柔软，为灰白色至草黄色，略具光泽。粉啮虫头大，唇基突出，复眼小，前胸狭窄如颈状，中、后胸愈合，其间无缝，腹部宽肥，后足腿节扁平膨大。粉啮虫腹末有一个不明显的小黑斑，触角16节，通常无翅；若有翅，则翅脉不分叉。每年生产3~4代，多至6代，在高温季节完成一代需28~35天，以卵越冬。成虫常与螨类和尘虱同时产生，喜在高温环境中生活，夏天常栖于粮堆表层30厘米以上或群集在窗框、梁柱、仓门、粮堆边角等处。

4 玉米象

玉米象是重要的第一食性仓库害虫，可以在稻谷、麦类、高粱、玉米以及油料、薯干、中药材、粮食制品等储藏物上发现，是我国头号仓库害虫。玉米象主要分布在我国南方各省，北方较少。

5. 烟草甲

烟草甲是一种世界性的储藏物害虫，食性复杂。烟草甲在粮食仓库里危害谷物、豆类、油料等粮食；在烟叶仓库里危害储藏的烟叶、香烟和雪茄等烟草制品。烟草甲能够危害烟草、茶叶、禾谷类、豆类、干枣、油料、动植物标本、可可豆、皮革和藤竹制品等，尤其是烟草商品受害严重。烟草甲特别喜欢吃正在醇化的烟叶，可以随加工的烟丝进入卷烟内部，蛀食烟丝，蛀穿卷烟纸。该虫的虫尸、虫粪污染烟叶和烟草制品，严重影响烟叶的可用性和卷烟质量。

6. 黑皮蠹

黑皮蠹是属于鞘翅目皮蠹科的一种动物，又名黑鲣节虫、日本鲣节虫、毛毡黑皮蠹。成虫为椭圆形，背面密生暗褐色毛，鞘翅基部、前胸背板两侧及后缘着生黄褐色毛。黑皮蠹的幼虫经常可以从各种谷类、面粉、豆类以及年数很久的陈旧纸糊板壁上发现，对这些物品造成危害，而且对呢绒衣服、地毯、毛线以及许多含有丝毛、猪鬃、羽毛、兽皮的物品造成很大危害。

7. 锯谷盗

锯谷盗大多数生活在树皮下，有的吃谷物（如苏里南锯谷盗），为危害粮食储存的重要害虫。锯谷盗寄主于稻谷、小麦、面粉、干果、禾谷类、豆类、粉类、干果类、药材、烟草、各种肉干、淀粉等，喜欢吃破碎玉米等粮食的碎粒或粉屑。

8. 袋衣蛾

成蛾体长6毫米，前翅暗黄色，各有3个很弱的斑点。幼虫长达10毫米，生活在茧丝织成的管中，一般与其吃的纺织物颜色相同。袋衣蛾危害纺织物，造成规则的孔洞。动物制品或兽皮类的进口物品需要格外注意。

二、仓库害虫的特点

总结起来，仓库害虫大多源于农作物，由于长期生活在仓库中，其生活习性逐渐改变，能适应仓库的环境而继续繁殖，并具有以下特点：

1. 适应性强

仓库害虫一般能耐热、耐寒、耐干、耐饥，并具有一定的抗药性。适宜仓库害虫的生长繁殖的温度范围一般为 18 ℃~35 ℃，仓库害虫在 5~8 月生长繁殖最为旺盛，一般能耐 38 ℃~45 ℃的高温。在 10 ℃以下，大多数仓库害虫停止发育，0 ℃左右处于休眠状态，但不易冻死。大多数仓库害虫能生活于含水量很少的物品中。

2. 食性广杂

仓库害虫的口器发达，便于咬食质地坚硬的食物，大多数仓库害虫具有多食或杂食的特点。

3. 繁殖能力强

由于仓库环境气候变化小、天敌少、食物丰富、活动范围有限，仓库害虫繁殖能力极强。

4. 活动隐蔽

大多数仓库害虫体型很小、体色较深，隐藏于阴暗角落或在商品中隐藏危害商品，并且难以被发现，寒冬季节又常躲在板墙缝隙中潜伏过冬。

仓库内害虫的防治，是做好商品保管的重要工作之一。仓库害虫的防治方法主要有以下几种：

（1）杜绝仓库害虫的来源和传播。要杜绝仓库害虫的来源和传播，仓库必须做好以下几点：

①商品原材料的杀虫、防虫处理。

②入库商品的虫害检查和处理。

③仓库的环境卫生及备品用具的卫生消毒。

（2）高温曝晒法。对一些不需避光保存的原料、辅料和包装材料，可以用太阳曝晒的方法防虫。在空气温度低的情况下，利用太阳光的高热和紫外线，不但可以使物品干燥，而且能将害虫晒死。有些害虫虽然不能被晒死，但会因难耐高温而逃走。高温曝晒法简单易行，便于操作，节约成本。此外，仓库还可以利用烘箱、烘房或烘干机，将已生虫的物料放入其中，使温度升高到 50 ℃~60 ℃，经过 1~2 小时，即可将害虫杀死。

（3）低温冷冻法。对一些量少的贵重药品，仓库可以利用低温将害虫或虫卵杀死，温度越低，所需时间越短。在冬季，如果库房的通风设备良好，不必将药品搬出库外，选干燥天气，将仓库的所有门窗打开，使空气对流，可以达到冷冻的目的。

（4）药物防治。使用各种化学杀虫剂，通过胃毒、触杀或熏蒸等作用杀灭害虫是当前防治仓库害虫的主要措施。常用的防虫、杀虫药剂有以下几种：

①驱避剂。驱避剂的驱虫作用是利用易挥发并具有特殊气味和毒性的固体药物，使挥发出来的气体在商品周围保持一定的浓度，从而起到驱避、毒

杀仓库害虫的作用。常用的驱避剂药物有精萘丸、对位三氯化苯、樟脑精等。

②杀虫剂。杀虫剂主要通过触杀、胃毒作用杀灭害虫。触杀剂和胃毒剂有很多，常用于仓库及环境消毒的有敌敌畏、敌百虫等。

③熏蒸剂。杀虫剂的蒸气通过害虫的气门及气管进入其体内，引起其中毒死亡叫熏蒸作用。具有熏蒸作用的杀虫剂称为熏蒸剂。常用的熏蒸剂有氯化苦、环氧乙烷等。熏蒸方法可以根据商品数量多少，结合仓库建筑条件，酌情采用整库密封熏蒸、帐幕密封熏蒸、小室密封熏蒸、密封箱或密封缸熏蒸等形式。必须注意的是，上述几种熏蒸剂均系剧毒气体，使用时必须严格落实安全措施。

（5）生物防治。采用化学药剂防治害虫，有的药剂会带来残毒，因此在某些情况下，采用生物防治较为理想。例如，将农田以虫治虫的技术应用到仓储害虫防治中。

常见害虫防治措施如表4-15所示。

表4-15　常见害虫防治措施

感染途径	途径说明	预防措施
物品内潜伏	物品在入库前已有害虫潜伏其中，如农产品一般均含有害虫或虫卵，在加工的过程中，如果没有进行彻底的杀虫处理，成品中就会出现害虫	做好物品入库前的检疫工作，确保入库物品不携带害虫及虫卵
包装内隐藏	仓库包装物内藏有害虫，入库物品放入包装后，害虫即可以危害物品	对可重复利用的包装物进行定期消毒，杀死其中隐藏的害虫
运输工具感染	运输工具如果装运过带有害虫的物品，害虫就可能潜伏在运输工具中，进而感染其他物品	注意运输工具的消毒，运输时严格区分已感染物品与未感染物品
仓库内隐藏	害虫还有可能潜藏在仓库建筑的缝隙以及仓库内的各种备用器具中，或者在仓库周围生长，并最终进入仓库	做好库房内外环境的清洁工作，对库房内用具进行定期消毒，防止害虫滋生

小贴士

仓库应定期组织员工参加防虫防鼠培训，增强员工防虫防鼠的防范意识，提高仓库整体防虫防鼠的管理水平。

【任务拓展】

请各小组通过网络查询学习，并组织讨论制定粮仓的防虫防鼠管理制度。

任务六　危险化学品在库养护

 【任务目标】

1. 知识目标

☑危险品的分类

☑危险品安全警示标志

☑不同种类型危险品的特性

☑不同类型危险品的储存、搬运、出入库操作要点

2. 技能目标

☑能够结合危险品的特点选择适合的储存养护措施

☑能够制定危险品的储存养护制度

☑

3. 素养目标

☑具备安全意识，对危险品提高警惕性

☑对危险品的特性有详细了解，认识到其危险性，提高责任意识

☑熟悉《危险化学品安全管理条例》，具备法律意识

 【任务描述】

临近春节，某企业仓库储存了大量烟花爆竹。作为仓库主管，你将从哪些方面开展商品的在库养护呢？烟花爆竹的养护与普通商品的养护会有哪些不同呢？请制订一套详细的养护计划。

 【任务实施】

步骤一：学生识别烟花爆竹属于哪一类危险品，其特点是什么。

步骤二：小组成员共同阅读《危险化学品安全管理条例》，提炼要点。

步骤三：小组讨论分析该类商品在库养护方面需要注意哪些事项，并分别列出。

步骤四：学生从出入库管理、分区分类储存、堆码苫垫、安全管理、消防工作等方面制订详细的养护作业计划。

 【任务资讯】

《危险化学品安全管理条例》于 2002 年 1 月 26 日公布，于 2011 年 2 月

16 日国务院第 144 次常务会议修订通过，根据 2013 年 12 月 7 日国务院令第 645 号发布的《国务院关于修改部分行政法规的决定》修订。在我国，所有危险化学品的管理必须严格按照《危险化学品安全管理条例》的要求执行。

一、危险化学品的分类

《危险化学品安全管理条例》第三条规定："本条例所称危险化学品，是指具有毒害、腐蚀、爆炸、燃烧、助燃等性质，对人体、设施、环境具有危害的剧毒化学品和其他化学品。"我国于 1987 年 7 月 1 日发布实施的国家标准《危险货物分类和品名编号》（GB6944-86）将危险化学品分为九类。

1. 爆炸品

本类货物系指在外界作用下（如受热、撞击等），能发生剧烈的化学反应，瞬时产生大量的气体和热量，使周围压力急剧上升，发生爆炸，对周围环境造成破坏的物品，也包括无整体爆炸危险，但具有燃烧、抛射及较小爆炸危险，或仅产生热、光、音响或烟雾等一种或几种作用的烟火物品。

2. 压缩气体和液化气体

本类货物是指压缩、液化或加压溶解的气体，并应符合下述两种情况之一者：

第一，临界温度低于 50 ℃时，或者在 50 ℃时，其蒸气压力大于 291 kPa 的压缩或液化气体。

第二，温度在 21.1 ℃时，气体的绝对压力大于 275 kPa，或者在 51.4 ℃时气体的绝对压力大于 715 kPa 的压缩气体；或者在 37.8 ℃时，雷德蒸气压（Reid vapor pressure）大于 274 kPa 的液化气体或加压溶解的气体。

3. 易燃液体

本类货物是指易燃的液体、液体混合物或含有固体物质的液体，但不包括由于其危险特性列入其他类别的液体。其闭环试验闪点等于或低于 61 ℃，但不同运输方式可确定本运输方式适用的闪点，而不低于 45 ℃。

4. 易燃固体、自燃物品和遇湿易燃物品

易燃固体是指燃点低，对热、撞击、摩擦敏感，易被外部火源点燃，燃烧迅速，并可能散发出有毒烟雾或有毒气体的固体，但不包括已列入爆炸品的物质。自燃物品是指自燃点低，在空气中易于发生氧化反应，放出热量，而自行燃烧的物品。遇湿易燃物品是指遇水或受潮时，发生剧烈化学反应，放出大量的易燃气体和热量的物品。有些遇湿易燃物品不需明火，即能燃烧或爆炸。

5. 氧化剂和有机过氧化物

氧化剂是指处于高氧化态，具有强氧化性，易分解并放出氧和热量的物质。氧化剂包括含有过氧基的有机物，其本身不一定可燃，但能导致可燃物的燃烧，与松软的粉末状可燃物能组成爆炸性混合物，对热、震动或摩擦较敏感。有机过氧化物是指分子组成中含有过氧基的有机物，其本身易燃易爆，极易分解，对热、震动或摩擦极为敏感。

6. 毒害品和感染性物品

毒害品是指进入肌体后，累积达一定的量，能与体液和组织发生生物化学作用或生物物理学变化，扰乱或破坏肌体的正常生理功能，引起暂时性或持久性的病理状态，甚至危及生命的物品。感染性物品是指含有致病的微生物，能引起病态，甚至死亡的物质。

7. 放射性物质

放射性物品是指放射性比活度大于 7.4×104 Bq/kg 的物品。

8. 腐蚀品

腐蚀品是指能灼伤人体组织并对金属等物品造成损坏的固体或液体。与皮肤接触在 4 小时内出现可见坏死现象，或者温度在 55 ℃时，对 20 号钢的表面均匀年腐蚀率超过 6.25 mm/a 的固体或液体。

9. 其他危险品（杂类）

本类货物是指在运输过程中呈现的危险性质不包括在上述八类危险性中的物品。

危险化学品标识如图 4-10 所示。

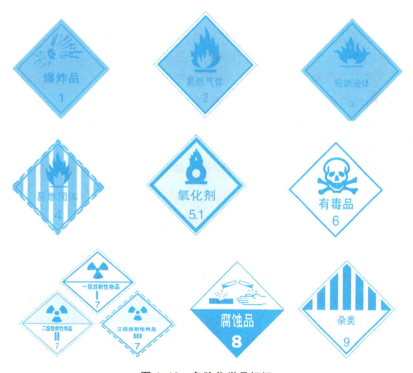

图 4-10　危险化学品标识

由于储存危险品的仓库都是重大危险源，一旦发生事故往往造成重大损失和危害，因此对危险品储存仓库应当有更加严格的要求。

（1）危险品应当储存在专用仓库、专用场地或专用储存室（以下统称"专用仓库"）内，并且由专人负责管理；剧毒危险品以及储存数量构成重大危险源的其他危险品，应当在专用仓库内单独存放，并且实行双人收发、双人保管制度。危险品的储存方式、方法以及储存数量应当符合国家标准或国家有关规定。

（2）储存危险品的单位应当建立危险品出入库核查、登记制度。对剧毒危险品以及储存数量构成重大危险源的其他危险品，储存单位应当将其储存数量、储存地点以及管理人员的情况，上报所在地（县）级人民政府安全生产监督管理部门（在港区内储存的，报港口行政管理部门）和公安机关备案。

（3）危险品专用仓库应当符合国家标准、行业标准的要求，并且设置明显的标志。储存剧毒危险品、易制爆危险品的专用仓库，应当按照国家有关规定设置相应的技术防范设施。

（4）储存危险品的单位应当对其危险品专用仓库的安全设施、设备定期进行检测、检验。

二、危险品储藏养护技术

（1）仓储人员要有一定的专业知识，并经过特种作业人员上岗培训，能掌握各种危险化学品的危险特性和安全储藏养护措施。

（2）危险化学品库房应阴凉干燥，易于通风、密封和避光，远离火源、热源，库内温度不超过30 ℃，湿度控制在80%以下。

（3）危险品仓库内须设有醒目的安全警示标志，禁止在库区内吸烟，严禁使用明火。

（4）入库时，仓储人员要严格检验产品的质量、数量、包装情况。

（5）原材料、产品应分库、分类存放，仓库内各种原料应采用隔离储藏，并按类别编号贴好标签。桶装易燃液体一般单层直立堆放。

（6）危险化学品必须做到专库储放，不得随意堆放危险品，更不能堆放于车间和厂区的消防通道内。互为禁忌的商品严禁同库混放、混储。

（7）仓库禁止使用铁制工具开启易燃易爆液体油桶。进入易燃易爆危险品使用车间、库房的车辆必须配备阻火器。危险品作业人员不得穿戴化纤服饰和带钉子的鞋。

（8）易燃易爆危险品使用车间、库房内禁止临时乱拉乱接电线。

（9）车辆进入危险品仓储场时应在排气管上装上阻火器，车辆停稳熄火关闭电源后方可开始卸货，严禁在车辆发动时卸货。桶装易燃液体要轻装轻卸，严禁摔、碰、撞击、拖拉、倾倒和滚动。柴油、煤油储存仓库、使用车间建筑物的防雷、防静电装置每年定期委托检测合格。

三、危险化学品装卸搬运的注意事项

（1）在装卸搬运化学危险物品前，仓储人员要预先做好准备工作，了解物品性质，检查装卸搬运的工具是否牢固，不牢固的应予更换或修理。如果工具上曾被易燃物、有机物、酸、碱等污染的，必须清洗后方可使用。

（2）操作人员应根据不同物资的危险特性，分别穿戴相应合适的防护用具，工作涉及毒害、腐蚀、放射性等物品更应加强注意。防护用具包括工作服、橡皮围裙、橡皮袖罩、橡皮手套、长筒胶靴、防毒面具、滤毒口罩、纱口罩、纱手套和护目镜等。操作前，专人检查用具是否妥善、穿戴是否合适。操作后，用具应进行清洗或消毒，放在专用的箱柜中保管。

（3）操作人员在操作中对化学危险物品应轻拿轻放，防止撞击、摩擦、碰摔、震动。液体铁桶包装下垛时，不可用跳板快速溜放，应在地上、垛旁垫旧轮胎或其他松软物，缓慢下垛。标有不可倒置标志的物品切勿倒放。操作人员发现包装破漏，必须将其移至安全地点整修，或者更换包装。操作人员在整修时不应使用可能产生火花的工具。化学危险物品洒落在地面、车上时，操作人员应及时扫除，对易燃易爆物品应用松软物经水浸湿后扫除。

（4）在装卸搬运化学危险物品时，操作人员不得饮酒、吸烟。操作人员工作完毕后根据工作情况和危险品的性质，及时清洗手、脸、漱口或淋浴。装卸搬运毒害品时，操作人员必须保持现场空气流通，如果发现恶心、头晕等中毒现象，应立即到新鲜空气处休息，脱去工作服和防护用具，清洗皮肤沾染部分，重者送医院诊治。

（5）装卸搬运爆炸品、一级易燃品、一级氧化剂时，操作人员不得使用铁轮车、电瓶车（没有装置控制火星设备的电瓶车）以及其他无防爆装置的运输工具。参加作业的人员不得穿带有铁钉的鞋子。操作人员禁止滚动铁桶，不得踩踏化学危险物品及其包装（爆炸品）。装车时，操作人员必须力求稳固，不得堆装过高，装卸搬运一般宜在白天进行，并避免日晒。在炎热的季节，操作人员应在早晚作业，晚间作业应用防爆式或封闭式的安全照明。雨、雪、冰封时作业，操作人员应有防滑措施。

（6）装卸搬运强腐蚀性物品，操作人员在操作前应检查箱底是否已被腐蚀，以防脱底发生危险。操作人员在搬运时禁止肩扛、背负或用双手揽抱，只能挑、抬或用车搬运。搬运堆码时，操作人员不可倒置、倾斜、震荡，以免液体溅出发生危险。现场须备有清水、苏打水等，以备急救时应用。

（7）装卸搬运放射性物品时，操作人员不得肩扛、背负或揽抱，并应尽量减少人体与物品包装的接触，应轻拿轻放，防止摔破包装。工作完毕后，操作人员以肥皂和水清洗手、脸和淋浴后才可进食饮水。对防护用具和

使用工具，操作人员须经仔细洗刷，除去射线感染。沾染放射性的污水不得随便流散，应引入深沟或进行处理。废物应挖深坑埋掉。

（8）两种性能互相抵触的物品不得同地装卸、同车（船）并运。对怕热、怕潮物品，操作人员应采取隔热、防潮措施。

四、危险化学品的运输要求

（1）从事运输危险品的驾驶员必须具有高度的责任感和事业心，牢固树立对国家、人民、企业负责的意识。

（2）从事危险品运输的驾驶员必须持有公安消防部门核发的、在有效期内的危险运输证。

（3）驾驶员运输化学、危险物品要事先掌握了解货物的性能和消防、消毒等措施，对包装容器、工具和防护设备要认真检查，严禁危险品漏、散和车辆带病运行。

（4）驾驶员在运输、停靠危险区域时，不准吸烟和使用明火。

（5）凡危险品的盛装容器，发现有渗漏、破损等现象，在未经改装和采取其他安全措施之前，易引起氧化分解、自燃或爆炸现象，驾驶员应立即采取措施自救，向领导、厂方、当地消防部门报告，尽快妥善处理解决。

（6）易燃危险品在炎热的季节应在上午 10 时前、下午 3 时后运输。

（7）有抵触性能的危险物品严禁混装在一起运输，各种机动车进入危险品库区、场地时，应在消声器上装卸阻火器后，方能进入。

（8）装运危险物品的车辆不准停在人员稠密、集镇、交通要道、居住区等地，不准将载有危险品的车辆停放在本单位车间、场内。如果确因装卸不及、停车或过夜修理等停放，驾驶员应向领导或负责值班人员报告，采取必要的防护措施。

（9）危险物品运输的车辆，应及时进行清洗、消毒处理，在清洗、消毒时，应注意危险物品的性质，掌握清洗、消毒的方法和知识，防止污染、交叉反应或引起中毒等事故。

（10）凡装运危险物品的车辆需过渡口时，驾驶员应自觉报告渡口管理部门，遵守渡口管理规定。装运危险物品的车辆应严格在公安消防部门指定的路线行驶。

（11）装运危险物品的车辆，应配备一定的消防器材、急救药品、黄色三角旗或危险品运输车辆标志等。

任务七　在库盘点作业

【任务目标】

1. 知识目标
☑仓库盘点作业流程
☑仓库盘点作业准备的主要内容
☑常见盘点作业异常处理的方法
2. 技能目标
☑能够结合盘点作业要求做好盘点准备工作
☑能够进行盘点作业任务分配及人员分工
☑能够制作盘点作业计划书
☑能够对盘点结果进行分析与处理
3. 素养目标
☑团队分工合作能力
☑沟通协调能力
☑认真负责，原则性强

【任务描述】

　　武汉日顺仓储有限公司是一家大型的仓储配送型第三方物流公司，其主要为客户提供定制化的仓储与配送服务。宏达电子商务有限公司是一家大型的电子商务有限公司，其经营的品类包括图书音像、家用电器、3C 数码、食品饮料、家居厨卫、服饰箱包等。宏达电子商务有限公司是武汉日顺仓储有限公司的主要客户之一，其商品全部存放于武汉日顺仓储有限公司的长风一号库。最近两个月，宏达电子商务有限公司的家电采购经理王强在分析销售报表时发现家用电器的销量特别大，仓库的出货频率较高，为了能准确掌握在库家用电器的数量，宏达电子商务有限公司采购经理王强致电武汉日顺仓储有限公司，要求对长风一号库托盘货架区的电器进行盘点。盘点内容如表 4-16 所示。

表 4-16　盘点内容

盘点商品	盘点仓库	客户	盘点区域	盘点时间	盘点方式
洗衣机	长风一号	宏达电子商务有限公司	托盘货架区	2016.4.1	按区域盘点

　　仓管员刘立新需要完成此次盘点作业，具体该如何操作呢？

【任务实施】

步骤一：做好盘点准备，制订盘点计划。

（1）清理仓库。在进行实地盘点之前，为了更容易进行盘点，仓管员要对仓库中放置物品的场地进行清洁整理，并做到以下两点：

第一，仓库内物品摆放整齐，便于计数。

第二，库存账、物品保管卡以及物品档案整理就绪，未登账、销账的单据均应处理完毕。

（2）明确盘点对象。仓管员要对仓库中的物品进行明确划分，确定物品盘点时的对象。

第一，对没完成验收、验收不合格但仍未退回的物品，仓管员必须将其与库存物品区分开，以免在盘点时混淆。

第二，对经过管理部门批示，明确作为呆滞料并等待处理的物品，仓管员应做明显的标志，并从库存物品中扣除。

（3）制订盘点计划。

盘点计划
1. 盘点时间：
2. 盘点方法：
3. 盘点人员安排：
4. 工具准备：
5. 单据准备：
6. 盘点程序：
7. 盘点结果处理：

步骤二：确定盘点人员。盘点人员主要包括初盘人员、复盘人员和抽查（监控）人员（完成表 4-17 盘点人员编组表的填写）。

表 4-17　盘点人员编组表

盘点区域	
部门	
盘点项目	
盘点日期	
盘点人	
记账人	
复盘人	
备注	

步骤三：盘点及差异处理。

步骤四：仓管员对仓库进行实际盘点操作后，填写盘点表（见表 4-18）。

表 4-18　盘点表

序号	商品名称	规格	盘点数量	账面数量	差异	原因备注

步骤五：仓管员对盘点过程中出现的差异进行处理，并写下处理记录：

_____

_____

步骤六：仓管员根据盘点的实际情况，完成盘存单的填写（见表4-19）。

表4-19　盘存单

商品编号	商品名称	存放位置	盘点数量	复查数量	盘点人	复查人

步骤七：仓管员结合操作过程，绘制出完整的盘点作业流程图。

小贴士

　　通常对在库的"一般"物品采用账物盘点的方法进行盘点。相对"重要"物品在每天或每周至少对实物清点一次，而相对"次要"物品则采用账面盘点，一般一个月或一个季度进行一次实物盘点。

【任务资讯】

一、商品盘点

　　商品盘点是对库存商品进行账（商品保管账）、卡（货卡）、货（库存商品）三方面的数量核对工作。通过核对，仓库可以及时发现库存商品数量上的溢余、短缺、品种互串等问题，以便分析原因，采取措施，挽回或减少保管损失。同时，商品盘点还可以检查库存商品有无残损、呆滞、质量变化等情况。

二、商品盘点的方法

　　商品盘点的方法有日常盘点、临时盘点、定期盘点三种。这三种商品盘点的方法，在整个商品盘点工作中缺一不可。

1. 日常盘点

日常盘点通常称为"动碰复核"，就是保管员在发货时，对出动货垛立即轧点余数，并与货卡的结存数"碰平"，这样就能经常保持卡、实相符并及时发现数量上的问题。因此，坚持日常盘点是提高账货相符率的基本措施。

2. 临时盘点

临时盘点一般都根据特殊需要而进行。

3. 定期盘点

定期盘点是指仓库全面性的商品大盘点，一般是每季度进行一次，由货主派人会同仓库保管员、商品会计一起盘点对账。因为定期盘点涉及面广、时间短，所以要事前充分准备、明确要求、统一步骤，从而保证定期盘点工作的顺利进行和如期完成。

三、盘点作业流程图

1. 盘点前的准备

仓库盘点作业的事先准备工作是否充分完全决定了仓库盘点作业进行得顺利与否。

2. 盘点时间的确定

一般来说，为保证账物相符，货物盘点次数越多越好，但盘点需投入人力、物力、财力，因此合理确定盘点时间非常必要。

3. 盘点的方法

因为不同现场对盘点的要求不同，盘点的方法也会有差异。为尽可能快速准确地完成仓库盘点作业，操作人员必须根据实际需要确定盘点方法。

盘点方法主要分为账面盘点、实物盘点和账物盘点。

4. 盘点人员的培训

盘点人员通常应进行培训，熟悉盘点现场、盘点物品以及正确填制表格和单证。

5. 盘点现场的清理

盘点现场即仓库的作业区域，仓库盘点作业开始之前必须对其进行整理，以提高仓库盘点作业的效率和盘点结果的准确性。

6. 仓库盘点作业

仓库盘点作业的关键是点数，由于手工点数工作强度极大，差错率较高，因此通常可以采用条形码进行盘点，以提高盘点的速度和精确性。常见的盘点记录表如表4-20所示。

表 4-20　盘点记录表

部门				盘点日期						
盘点卡号	型号	单位	实盘数量	账面数量	差异数量	单价	差异金额	差异原因	储放位置	
合计										
说明				会计		复盘		盘点人		

7. 查找盘点差异的原因

仓库通过盘点，发现账物不符，而且差异超过允许误差时，应立即追查产生差异的主要原因，填写盘点差异分析表（见表4-21）、盘点异动报告表（见表4-22）。

表 4-21　盘点差异分析表

物品编号	仓位号码	单位	原存数量	实盘数量	差异数量	差异	单价	金额	差异原因	累计盘盈(亏)数量	累积盈亏金额	建议对策

表 4-22　盘点异动报告表

盘点日期	物品编号	物品名称	盘盈数量	盘亏数量	盘盈(亏)金额	原存数量	实盘数量	累计盘盈(亏)数量	单价	累计盘盈(亏)金额

8. 盘点盘盈、盘亏的处理

差异原因查明后，仓库应针对主要原因进行适当的调整与处理，呆滞品、废品、不良品减价的部分需与盘亏一并处理。

9. 盘点结果的评估

通过对盘点结果的评估，仓库可以查出作业和管理中存在问题并通过解决问题提高仓储管理水平，以减少仓储损失。

四、盘点的注意事项

盘点的注意事项如下：

（1）避免重复盘点和漏盘点。

（2）盘点尽可能要不影响正常的出入库作业。

（3）实务账与盘点情况一致。

（4）盘点完成后一定要双方签字确认。

（5）商品盘点的目的是清查库存商品的实际数量，修正账物不符产生的误差，做到账、物、卡一致。

（6）检查库存商品的溢余、短少、缺损情况及其原因，以利于改进库存管理。

（7）查明库存商品的质量、保存期等情况。

（8）日常盘点："动碰复核"。

（9）临时盘点：根据需要安排。

（10）定期盘点：按周、月、季度或年盘点，根据产品的情况安排。

【任务拓展】

根据表 4-23 中的盘点情况分析应采取何种盘点方法。

表 4-23　盘点情况和应采取的盘点方法

盘点情况	应采取的盘点方法	原因
仓管员因调离要与接替人员进行交接		
经常保持卡、实相符并及时发现数量上的问题		
在日常收发业务中，因数量交接不清，堆垛排列混乱而引起数量疑问		
仓库与货主认为有必要盘点对账		
仓库全面性的商品大盘点，一般是每季度进行一次，由货主派人会同仓库保管员、商品会计一起盘点对账		

综合技能实训

【实训目标】

本实训通过在库保管业务处理实训锻炼学生，使学生掌握在库业务操作的方法，并能将在库业务相关知识灵活应用到企业实际问题的解决中。

【实训内容】

A、B、C 三家公司准备将如表 4-24 至表 4-26 所示的货物存储在深圳慧康仓储有限公司，存期分别为 2024 年 7 月 10 日至 2024 年 8 月 30 日、2024 年 7 月 12 日至 2024 年 8 月 12 日、2024 年 7 月 20 日至 2024 年 9 月 20 日。请为这 3 个客户的货物分别制定保管养护措施和检查管理办法（要求措施和办法要具体、详细，符合货物的特性，并且遵循环保和成本节约原则）。

表 4-24　A 公司储存货物一览表

序号	品名	包装及承重	数量	重量/吨
1	过氧化氢（双氧水）	500 克/玻璃瓶，12 瓶/纸箱 纸箱尺寸：68 厘米×54 厘米×46 厘米 承重：150 千克	50 箱	0.345
2	黄磷	50 千克/铁桶 铁桶尺寸：高 85 厘米，直径 50 厘米 承重：650 千克	120 箱	6.0
3	碳化钙	50 千克/铁桶 铁桶尺寸：高 85 厘米，直径 50 厘米 承重：650 千克	200 箱	10
4	重铬酸钾	50 千克/铁桶 铁桶尺寸：高 85 厘米，直径 50 厘米 承重：650 千克	250 箱	12.5
5	重铬酸钠	50 千克/铁桶 铁桶尺寸：高 85 厘米，直径 50 厘米 承重：650 千克	150 桶	7.5
6	氢氟酸	50 千克/木箱 木箱尺寸：92 厘米×65 厘米×75 厘米 承重：500 千克	60 桶	3.0
7	磷化锌	50 千克/木箱 木箱尺寸：92 厘米×65 厘米×75 厘米 承重：500 千克	100 箱	5.0
8	甲酸	50 千克/铁桶 铁桶尺寸：高 85 厘米，直径 50 厘米 承重：650 千克	80 桶	4.0

表 4-25　B 公司储存货物一览表

序号	品名	包装	数量	重量/吨
1	差频电疗机	1 台/箱，5 千克/箱	100 台	0.5
2	血糖分析仪	1 台/箱，6 千克/箱	250 台	1.5
3	肝脏冷冻治疗仪	1 台/箱，7 千克/箱	200 台	1.4
4	益母草膏	250 克/瓶，30 瓶/箱	300 箱	2.25
5	板蓝根	10 克/袋，100 袋/箱	500 箱	0.5
6	硫酸亚铁片	100 克/瓶，30 瓶/箱	100 箱	0.6
7	口服补液盐	150 克/盒，20 盒/箱	200 箱	0.7
8	清凉油	150 克/大盒，20 大盒/箱	300 箱	1.2

表 4-26　C 公司储存货物一览表

序号	品名	包装及承重	数量	重量/吨
1	冻猪肉	1 片/袋，35 千克/袋 120 厘米×65 厘米×20 厘米 承重：850 千克	500 袋	17.5
2	冻牛肉	50 千克/袋 100 厘米×55 厘米×40 厘米 承重：850 千克	1 000 袋	50
3	冻羊肉	1 片/袋，4 千克/袋 75 厘米×45 厘米×15 厘米 承重：850 千克	300 袋	1.2
4	对虾	20 千克/泡沫箱 65 厘米×55 厘米×40 厘米 承重：200 千克	100 箱	2.0
5	鱼	25 千克/泡沫箱 70 厘米×65 厘米×45 厘米 承重：200 千克	60 箱	1.5
6	鸡蛋	30 千克/筐 68 厘米×52 厘米×45 厘米 承重：180 千克	8 筐	2.4
7	苹果	25 千克/箱 75 厘米×65 厘米×545 厘米 承重：220 千克	200 箱	5.0
8	梨	25 千克/箱 75 厘米×65 厘米×545 厘米 承重：210 千克	100 箱	2.5

【项目总结与评价】

1. 自我评价表（学生自评、组长评价，见表4-27）

表4-27　自我评价表

项目名称：					
评价时间：		出勤情况：			
序号	评价项目	评价标准	分值	自评分	组长评分
1	预习情况	1. 完成 2. 部分完成 3. 全部未完成	5		
2	学习目标实现情况	1. 实现 2. 部分实现 3. 大部分未实现	10		
3	与老师同学沟通情况	1. 好 2. 较好 3. 一般 4. 存在较大问题	10		
4	与同学协作情况	1. 好 2. 较好 3. 一般 4. 存在较大问题	10		
5	技术方法运用情况	1. 好 2. 较好 3. 一般 4. 存在较大问题	20		
6	资料收集水平	1. 高 2. 较高 3. 一般 4. 差	5		
7	做事态度	1. 很认真 2. 较认真 3. 应付 4. 差	10		
8	任务是否完成	1. 完成 2. 部分完成 3. 大部分未完成 4. 全部未完成	30		
9	创新情况（加分项）	任务完成有创新性，酌情加1~10分			
10	自我评价	1. 整体效果： 2. 主要不足： 3. 改进措施：	总分		

2. 任务评价表（教师评价，见表4-28）

表4-28　任务评价表

评议项目	考评内容	评分标准	标准分	实际得分
素养目标达成情况（此项为一票否决考核项目）	各任务素养目标达成	安全、积极参与、高效、团结完成工作任务	10	
堆码与苫垫操作	能够完成商品堆码、苫垫作业，计算精确	堆码方法准确10分；苫盖操作正确5分，垫底计算正确5分	20	
温湿度管理	实时监测仓库温湿度变化，选择适合的温湿度管理措施	温湿度检测准确5分；温湿度管理措施正确有效5分	10	
防霉腐养护作业	制作防霉养护计划	防霉腐养护计划全面、准确10分	10	
防锈养护作业	能够完成防锈、除锈作业	防锈措施准确5分；除锈操作正确5分	10	
防虫鼠养护作业	制订防虫鼠计划；	防虫鼠方法选择准确5分；虫鼠治理方法正确5分；	10	
危险品的在库养护作业	了解危险品种类，并能够掌握基本的养护方法	危险品种类分析正确5分；养护方法得当5分；	10	
在库商品盘点作业	完成仓库盘点作业，并进行异常处理	盘点表单填写正确5分；盘点异常处理得当5分	10	
知识问答	相关知识共10题	每题1分，共10分	10	
总计			100	

项目五　出库作业管理

任务一　出库作业流程

【任务目标】

1. 知识目标
☑出库作业的基本要求和形式
☑出库作业的完整流程
2. 技能目标
☑能够根据订单要求制订出库计划
☑具备货物出库业务的操作能力
3. 素养目标
☑具备良好的学习能力、信息处理能力、表达能力
☑具备团队合作意识，与人交流沟通的能力
☑能分工协作、有效沟通，并运用适当的方式方法展示学习成果

【任务描述】

2024 年 8 月 1 日下午，武汉振兴仓储物流中心收到客户武汉市日顺超市业务部经理的电话，称武汉市日顺超市汉阳区分店需要一批洗衣机，并于 2024 年 8 月 2 日下午自提此批物品。出库通知单如表 5-1 所示，仓管员刘军该如何处理呢？

表 5-1 出库通知单

编号：20240802003

客户名称：武汉市日顺超市汉阳区分店　　　出库时间：2024 年 8 月 2 日

编号	货号	货品名称	型号	单位	数量	包装	备注
1	981001495	洗衣机	1×1	箱	28	纸箱	

审核：　　　　　记账：　　　　　提货人：　　　　　制单：

 【任务实施】

步骤一：接受出库订单。

（1）学生进行接收并确认客户订单（见表 5-2、表 5-3、表 5-4）。

表 5- 2 客户方订货单

订货日期：　　　　　　　　　　　订单编号：D2024062601

客户名称：		联系人：		联系电话：	
送货地址：		送货时间：			
商品	商品名称及规格		单位	数量	备注
编号					

表 5-3 仓库方订货单

订货日期：　　　　　　　　　　　订单编号：D2024062602

存货分配表							
商品名称	库存总量	客户名称	货物分配量（单位：　）	本次提取后库存结余（单位：　）	存货地点	存货时间	

客户名称：　　　　　　　　　　　联系人：　　　　　　　　　　　联系电话：

送货地址：　　　　　　　　　　　送货时间：

商品编号	商品名称及规格	单位	数量	备注

表 5-4　商品存货表

商品名称	库存量	存货地点	存货时间

（2）学生进行存货查询与分配。

（3）学生制作并打印出库单、拣货单。

（4）学生送交指导老师审核。

步骤二：存货查询与分配。

（1）学生查询商品库存，记录下相关货物的库存数及相应储存位置。

（2）学生根据客户管理办法，完成存货分配表。

（3）学生详细描述此次存货分配遵循了哪些原则？除此以外，存货分配原则还有哪些？

（4）如果你是仓储与配送中心的业务员，发现某矿泉水目前的库存数只有 18 箱，这时候你会怎么做？

（5）仓管员如何对出库订单进行审核？出库订单的审核包括哪些内容？

步骤三：学生按照客户的要求或货物流向的不同，选择货物的出库方式，对出库作业的人员配备、设备配备等进行设计与准备。

步骤四：学生对出库作业程序进行梳理，为后续备货出库做准备。

— 小贴士 —

随着信息技术和网络的蓬勃发展，作为电子商务关键载体的物流配送变得越来越重要，物流正在成为电商发展的核心要素。电子商务活动面对数量庞大且零散的客户群体，其订单也呈现分散、量小等特点，这使得物流很难达到客户理想的配送时间要求。而电商物流配送中心发展趋势中首当其冲的就是配送反应速度快，即监控系统对配送业务流程实时监控，当其中一个神经末端收到需求信息时，系统在短时间内迅速做出反应并制订计划，立即展开工作。面对每小时出库峰值超数万单的压力，如何提高出库的作业效率成为各类仓库研究的重点，既要保证出库的准确性，又要保证出库的时间，是一项非常复杂的系统工程。

 【任务资讯】

一、出库的概念

出库过程管理是指仓库按照货主的调拨出库凭证或发货凭证（如提货单、调拨单）所注明的货物名称、型号、规格、数量、收货单位、接货方式等条件，进行的核对凭证、备料、复核、点查、发放等一系列作业和业务管理活动。出库业务是保管工作的结束，既涉及仓库同货主或收货企业以及承运部门的经济联系，又涉及仓库各有关业务部门的作业活动。为了以合理的物流成本保证出库物品按质、按量、及时、安全地发给用户，满足其生产经营的需要，仓库应主动与货主联系，由货主提供出库计划，这是仓库出库作业的依据。特别是供应异地的和大批量出库的物品更应提前发出通知，以便仓库及时制订流量和流向的运输计划，完成出库任务。

二、出库作业的基本要求

出库作业是仓储作业中的一个重要环节，也是仓库作业的最后一个环节。出库作业是仓储经营人根据存货人或仓单持有人所持有的仓单，按其所列物品编号、名称、规格、型号、数量等项目，组织物品出库的一系列工作作业的总称。

物品出库要做到"三不、三核、五检查"。"三不"，即未接单据不翻账，未经审单不备货，未经复核不出库；"三核"，即在发货时，要核对凭证、核对账卡、核对实物；"五检查"，即对单据和实物要进行品名检查、规格检查、包装检查、数量检查、重量检查。具体来说，物品出库要求严格执行各项规章制度，杜绝差错事故，提高服务质量，让用户满意。

1. 按程序作业，手续必须完备

物品出库必须按规定程序进行，领料单、仓单等提货凭证必须符合要求。物品出库时，必须有正式凭证，保管人员根据凭证所列品种和数量发货。

2. 遵循先进先出原则

在保证库存物品的价值和使用价值不变的前提下，仓库应坚持先进先出的原则，同时要做到有保管期限的先出，保管条件差的先出，容易变质的先出，近失效期的先出，包装简易的先出，回收复用的先出。其目的在于避免物品因库存时间过长而发生变质或影响其价值和使用价值。

3. 做好发放准备

为使物品及时流通，合理使用，仓库必须快速、及时、准确地发放物品。为此，仓库必须做好发放的各项准备工作，比如"化整为零"、集装单元化、备好包装、复印资料、组织搬运人力、准备好出库的各种设施设备及工具。

4. 发货和记账要及时

保管员接到发货凭证后，应及时发货，不压票；物品发出后，应立即在物品保管账上核销，并保存好发料凭证，同时调整垛牌或料卡。

5. 保证安全

物品出库作业要注意安全操作，防止损坏包装和震坏、压坏、摔坏物品；同时，还要保证运输安全，做到物品包装完整，捆扎牢固，标志清楚、正确，性能不相互抵触和影响，保障物品质量安全。仓库作业人员必须经常注意物品的安全保管期限等，对已变质、已过期失效、已失去原使用价值的物品不允许出库。

6. 无差错

仓库保管人员发货时，应按照发货凭证上列明的物品品名、产地、规格、型号、价格、数量、质量准确发货，当面点清数量和检验质量，确保出库物品数量准确、质量完好、包装牢固、标识正确、发运及时和安全，避免发生运输差错和损坏物品的事故。

三、出库作业的基本形式

1. 送货

送货是仓储单位派自己的车辆和人员，根据用户的要求，把出库凭证所列的物品直接运送到客户指定地点的一种出库方式，这种出库方式就是通常所称的送货制。它具有预付货款、按车排货、发货等车的特点。

2. 收货人自提

收货人自提是指收货人自派车辆和人员，持提货单（领料单）到仓库直接提货的一种出库方式。这种出库方式是仓库通常所称的提货制。它具有提单到库、随到随发、自提自运的特点。为划清交接责任，仓库发货人与提货人在仓库现场对出库商品当面交接清楚并办理签收手续。这种方式适用于运输距离近、提货数量少的客户。

3. 过户

过户是一种就地划拨的形式。物品虽未出库，但是所有权已从原有的货主转移到新的货主。仓库必须根据原有货主开出的正式过户凭证予以办理过户手续。

4. 取样

取样是货主因对物品质量检验、样品陈列等需要，到仓库取货样，仓库必须根据正式取样凭证才发给样品，并做好财务记录。

5. 转仓

货主单位为了业务方便或改变物品储存条件，需要将某批库存物品从甲库转移到乙库，这就是转仓的出库方式。仓库必须根据货主单位开出的正式转仓票，才予以办理转仓手续。

四、出库作业准备

1. 制订出库计划

物品出库前，仓储部门应制订出库任务分配计划和进度计划。

2. 联系客户

概括物品出库计划，仓储部门应主动与客户联系、沟通，通知客户做好接货或提货准备。

3. 整理包装

仓储部门应对物品包装进行整理、加固或更换，使其符合物品运输的要求。

4. 准备场地和设备

仓储部门应为物品出货腾出必要的理货场地，并准备相应的装卸搬运设备、计量器具等。

5. 准备用品

仓储部门应准备物品出货时所需的包装材料、衬垫物、标签、唛头、包装工具等。

6. 安排作业人员

仓储部门应根据物品出库作业量、作业流程，合理安排作业人员，以备调用。

7. 出库前货物的包装

包装的种类可以从功能、形态、作用等不同的角度来划分。按功能不同，包装可以划分为销售包装（又称为商业包装）和运输包装（又称为工业包装），这也是最常用的分类方式。我们这里主要研究的是运输包装。运输包装是为了使物品在运输途中不受损坏。运输包装一般需要符合以下要求：

（1）根据物品的外形特点，选择适宜的包装材料、包装尺寸，要便于物品的装卸和搬运。

（2）物品运输的要求如下：

①包装应牢固，怕潮的物品应垫一层防潮纸，易碎的物品应垫上软质衬垫物。

②包装的外部要有明显标志，如识别标志、运输标志等，标明对装卸搬运的要求及操作标志。危险品必须严格按规定进行包装，并在包装外部标明危险品的有关标志。

③不同运输等级费率的物品应尽量不包装在一起（实行混装货物费率的除外），以免影响运输效益，增加运输成本。

（3）严禁性质互相抵触、互相影响的物品混合包装。

（4）包装的容器应与被包装物品体积相适应。

（5）节约使用包装材料，注意节约代用、修旧利废。

运输包装作业既包括包装前的技术处理、包装过程，还包括包装的辅助工作。

五、出库凭证的审核

仓库接到出库凭证或仓单（出库单，见表5-5）后，必须对出库凭证进行审核。

表 5-5　出库单

客户单位：		提货单号：		出货出库：		出货日期：	
品名	货号	单位	单价	数量	金额	是否包装	备注
总计金额（人民币大写）				总计金额（人民币小写）			

仓库主管：　　　　　　仓库保管员：　　　　　　提货人：

（1）审核出库凭证的真实性和合法性。仓库要审核出库凭证的真实性和合法性，审核领料单上是否有其部门主管或指定的专人签章，对手续不全的不予出库，如遇特殊情况则需经有关部门负责人同意后方可出库，出库后需补办手续。

（2）仓库要核对出库凭证上物品的名称、规格、型号、数量、单价、金额。

（3）仓库要审核收货单位或提货单位、物品到站的名称等内容是否齐全、准确。如果是收货人自提，仓库要核查提货单有无财务部门准许发货的签章。提货单必须是符合财务制度要求的具有法律效力的凭证。

六、出库货物的验收

1. 物品验收的标准

物品要达到客户满意程度才允许出库，因此验收要符合预定的标准。在验收物品时，仓库基本上可以根据下列几项标准进行检验：

（1）采购合约或订单规定的条件。

（2）采购合约中的规格或图解。

（3）比价或议价时的合格样品。

（4）各种物品的国家标准。

2. 出库验收的标准

出库验收工作是一项细致复杂的工作，仓储人员一定要仔细核对，才能做到准确无误，验收合格的物品就可以准备交付了。

七、出库中的问题处理

1. 提货数与实存数不符

（1）原因：入库时错账。

处理方式：采用报出报入的方法进行调整，即先按库存账面数开具物品出库单销账，然后按实际库存数量重新入库登账，并在入库单上写明错账的原因。

（2）原因：仓库保管员串发、错发。

处理方式：由仓库方面负责解决库存数与提单数之间的差数。

（3）原因：货主漏记账而多开的出库数。

处理方式：货主出具新的提货单，重新组织提货和发货。

（4）原因：仓储过程中的损耗。

处理方式：考虑该损耗数量是否在合理范围内，并与货主协商解决。属于合理范围内的损耗，应由货主自行承担；超过合理范围之外的损耗，应由仓储部门负责赔偿。

2. 串发货和错发货

原因：发货人员因不熟悉或疏漏将物品错发出库。

处理方式：如果物品尚未离库，保管人员应立即组织人力，重新发货；如果物品已经提出仓库，保管人员要根据实际库存情况，如实向仓库主管部门和货主单位讲明串发、错发物品的品名、规格、数量、提货单、承运人等情况，会同货主和承运人共同协商解决。

3. 包装破漏

原因：物品外包装破散、沙眼等现象引起的物品渗漏、裸露等问题。

处理方式：仓库发货时应经过整理或更换包装，方可出库，否则造成的损失应由仓储部门承担。

4. 漏记账或错记账

漏记账原因：在物品出库作业中，由于没有及时核销物品明细账而造成账面数量大于或小于实存数量。

错记账原因：在物品出库后核销明细账时没有按实际发货出库的物品名称、数量等登记，从而造成账实不符。

处理方式：除及时向有关领导如实汇报情况外，仓库还应根据原出库凭证查明原因调整保管账，使之与实际库存保持一致。如果由于漏记和错记账给货主、承运人和仓储部门造成了损失，仓库应给予赔偿，同时应追究相关人员的责任。

【任务拓展】

阅读案例，分析该案例中仓库出库作业流程存在哪些问题？

2024 年 4 月，深圳某冷冻货仓工作人员在出库时发现，一名送货司机的车内多了两份牛肉，不在其送货清单中，便向司机询问牛肉来历。该司机当场表示自己拿错了肉，并将牛肉归还至仓库。但工作人员对该司机支支吾吾地回答心生怀疑，随即将相关情况告知冷冻货仓负责人。冷冻货仓负责人认为事有蹊跷，怀疑仓库被盗，便向派出所报警求助。派出所接警后，立即组织警力展开调查。与此同时，该冷冻仓库管理人员也调取了仓库内的公共视频进行查看，发现该司机在一个月内共计 8 次将仓库货架上的牛肉藏在鸭肉筐内盗走。民警获得这一线索后，立即锁定了嫌疑人，并掌握其生活轨迹。民警立即开展抓捕行动，经摸排蹲守，最终将该司机成功抓获。

任务二　出库分拣作业

 【任务目标】

1. 知识目标
☑出库分拣作业的方法
☑不同分拣方法的适用情况
2. 技能目标
☑能够结合出库作业的要求及时、准确、高效地完成出库分拣作业
☑能够认真仔细检查与复合，做到不出错
☑熟练完成订单别拣取、批量拣取、复合拣取法的分拣作业
3. 素养目标
☑具备学习能力和分析问题的能力
☑具备良好的表达能力、团队合作意识
☑能分工协作、有效沟通，并运用适当的方式方法展示学习成果

 【任务描述】

2024 年 9 月 4 日，仓库收到三张客户订单（见表 5-6 至表 5-8），分拣员需要完成分拣作业。请尝试用订单别拣取和批量拣取两种方法完成分拣作业，并说说哪种方法更适合，为什么？

（1）订单信息。

订单形态：一般交易、现销式交易、间接交易、合约交易、寄库交易、其他。

加工包装：无

配送方式：送货、自提、其他。

用户信用：一级、二级、三级、四级、五级。

付款方式：现金付款。

特许要求：不允许缺货。

制单：张程。

审核：朱美美。

A、B、C 客户的订单分别见表 5-6、表 5-7、表 5-8。

表 5-6　A 客户订单

NO：00001

订货单位：老百姓大药房				电话：8201456				
地址：深圳市福田区				订货日期：2024 年 9 月 5 日				
序号	药品名称	药品规格	数量	重量/kg	体积/cm³	单价/元	总价/元	备注
1	银翘解毒丸	9 克×10 粒	20 盒	6.75	8×4×5	5.5	275	有货
2	逍遥丸	200 粒浓缩丸	30 瓶	1.6	2×3×4	5	500	有货
3	云南白药胶囊	0.25 克×32 粒	10 瓶	0.4	3×5×6	17	2 550	有货
4	三维鱼肝油乳（成人）	500 克	30 瓶	10	5×4×5	15	300	有货
5	阿莫西林胶囊	0.25 克×10 粒	50 盒	0.75	4×3×5	3.6	540	有货

交货日期：2024 年 9 月 5 日下午 5 点。

交货地点：深圳市福田区老百姓大药房。

表 5-7　B 客户订单

NO：00002

订货单位：宁康大药房				电话：8201201				
地址：长沙市南山区				订货日期：2024 年 9 月 5 日				
序号	药品名称	药品规格	数量	重量/kg	体积/cm³	单价/元	总价/元	备注
1	加味逍遥丸	6 克×10 袋	50 盒	0.4	4×3×8	5	250	有货
2	小儿消食片	0.3 克×100 粒	60 瓶	1.6	3×2×4	6	360	有货
3	阿莫西林胶囊	0.25 克×10s×5 板	20 盒	1.5	6×4×2	14.5	1 160	有货
4	云南白药胶囊	0.25 克×32 粒	50 瓶	0.4	3×5×6	17	2 550	有货
5	银翘解毒丸	9 克×10 粒	10 盒	6.75	8×4×5	5.5	275	有货

交货日期：2024 年 9 月 5 日下午五点。

交货地点：深圳市南山宁康大药房。

表 5-8　C 客户订单

NO：00003

订货单位：金莎大药房	电话：8201723
地址：深圳市福田区	订货日期：2024 年 9 月 5 日

序号	药品名称	药品规格	数量	重量/kg	体积/cm³	单价/元	总价/元	备注
1	云南白药胶囊	0.25 克×32 粒	20 瓶	0.4	4×3×8	17	1 700	有货
2	逍遥丸	200 粒浓缩丸	20 瓶	1.6	3×2×4	5	500	有货
3	小儿消食片	0.3 克×100 粒	30 瓶	1.6	3×2×4	6	360	有货
4	三维鱼肝油乳（成）	500 克	10 瓶	10	5×4×5	15	300	有货
5	银翘解毒丸	9 克×10 粒	60 盒	6.75	8×4×5	5.5	275	有货

交货日期：2024 年 9 月 5 日下午 5 点。

交货地点：深圳市福田区金莎大药房。

2. 拣选区药品储位及余量明细如表 5-9 所示。

表 5-9　拣选区药品储位及余量明细

储位	商品名称	存储单品数量/盒或瓶	储位	商品名称	储存单品数量/盒或瓶
2001	复方锌铁钙颗粒	10	3001	六味地黄软胶囊	90
2002	银翘解毒丸	100	3002	牛黄清肺散	100
2003	云南白药胶囊	100	3003	安喘片	90
2004	阿胶三宝膏	10	3004	阿佐塞米片	80
2011	阿米卡星滴眼液	50	3011	消栓再造丸	70
2012	五味子糖浆	80	3012	逍遥丸	60
2013	安神爽脑口服液	80	3013	加味逍遥丸	50
2014	阿法骨化醇胶囊	60	3014	保和丸	30
2021	金青感冒颗粒	70	3021	金青解毒丸	30
2022	藿香祛暑水	90	3022	益肾十七味丸	50
2023	六合定中丸	80	3023	葡萄糖注射液	40
2024	消栓通络颗粒	100	3024	阿莫西林胶囊	80
2031	三维鱼肝油乳（成人）	80	3031	多维锌冲剂	10
2032	小儿清热止咳口服液	80	3032	山楂茯苓颗粒	20
2033	小儿消食片	90	3033	九制大黄丸	50
2034	小儿氨酚黄那敏	100	3034	复方甘草麻黄碱片	50

【任务实施】

步骤一：学生按照订单别拣取方式制作分拣单，并完成分拣作业。

步骤二：学生按照批量拣取方式制作分拣单，并完成分拣作业。

步骤三：学生分析这两种方式的优劣情况，试说明应选择哪种拣取方式更为合理，并说出理由。

小贴士

拣取的过程可以由人工或机械辅助作业或自动化设备完成。

手工方式拣取：小体积、少批量、搬运重量在人力范围内、出货频率不是特别高的物品可以采取手工方式拣取。

机械辅助作业：体积大、重量大的货物可以利用升降叉车等搬运机械辅助作业。

自动拣货系统：出货频率很高的物品可以采用自动拣货系统。

 【任务资讯】

一、出库分拣的概念

分拣是将物品按品种、出入库先后顺序进行分门别类地堆放的作业。分拣是完善送货、支持送货的准备性工作，是不同配送企业在送货时竞争和提高自身经济效益的必然业务延伸。也可以说，分拣是送货向高级形式发展的必然要求。

二、拣货的单位

拣货的单位分为托盘、箱以及单品三种。拣货的单位是根据订单分析结果而决定的。如果订货的最小单位是箱，拣货的单位最小是箱。对大体积、形状特殊的无法按托盘和箱来归类的特殊品，则用特殊的拣货方法。为了能做出明确的判断，拣货的单位进一步做以下划分：

（1）单品。单品是拣货的最小单位，单品可以由箱中取出，由人工单手进行拣货。

（2）箱。箱由单品组成，可以由托盘上取出，通常需要双手拣货。

（3）托盘。托盘由箱叠放而成，无法由人工直接搬运，需要借助堆垛机、叉车或搬运车等机械设备。

（4）特殊品。特殊品是指体积大、形状特殊，无法按托盘、箱归类，或者必须在特殊条件下作业的物品。例如，大型家具、冷冻干货等。拣货系统的设计将严格受到特殊品的限制。

三、分拣作业的类型

根据分拣的组织方式不同，分拣的方式通常有订单别拣取、批量拣取以及复合拣取三种方式，具体如下：

1. 订单别拣取

（1）定义。订单别拣取是指针对每一份订单，分拣人员按照订单所列商品及数量，将商品从储存区域或分拣区域拣取出来，然后集中在一起的拣货方式。

（2）特点。订单别拣取作业方法简单，接到订单可立即拣货，作业前置时间短，作业人员责任明确。但是，商品品类较多时，订单别拣取的拣货行走路径加长，拣取效率较低。

（3）适用场合。订单别拣取适合订单大小差异较大、订单数量变化频繁、商品差异较大的情况，如化妆品、家具、电器、百货、高级服饰等。

2. 批量拣取

（1）定义。批量拣取是将多张订单集合成一批，按照商品品种类别加总后再进行拣货，然后依据不同客户或不同订单分类集中的拣货方式。

（2）特点。批量拣取可以缩短拣取商品时的行走时间，增加单位时间的拣货量。同时，由于需要订单累积到一定数量时才做一次性的处理，因此，批量拣取会有停滞时间产生。

（3）适用场合。批量拣取适合订单变化较小、订单数量稳定的配送中心和外形较规则、固定的商品出货需要进行流通加工的商品也适合批量拣取，再批量进行加工，然后分类配送，有利于提高拣货及加工效率。

3. 复合拣取

（1）定义。为克服订单别拣取和批量拣取方式的缺点，配送中心也可以采取将订单别拣取和批量拣取组合起来的复合拣取方式。

（2）适用场合。复合拣取根据订单的品种、数量以及出库频率，确定哪些订单适合订单别拣取，哪些订单适合批量拣取，分别采取不同的拣货方式。

四、分拣作业的流程

1. 形成拣货资料

拣货作业必须在拣货信息的指导下才能完成。订单或送货单为人工拣货指示，即拣货作业人员直接凭订单或送货单拣取货物。这种信息传递方式无法准确标示所拣货物的储位，使拣货人员延长寻找货物时间和拣货行走途径。在发达国家，大多数仓储企业一般先将订单等原始拣货信息经过处理后，转换成拣货单或电子拣货信号，指导拣货人员或自动拣取设备开展拣货工作，以提高作业效率和作业准确性。

2. 行走与搬运

拣货时，拣货作业人员或机器必须直接接触并拿取物品，因此造成拣货过程中的行走与货物的搬运，缩短行走和物品搬运距离是提高作业效率的关键。

3. 拣取

当物品出现在拣取者面前时，拣取者一般采取的两个动作为拣取与确认。拣取是抓取物品的动作，确认则是确定所拣取的物品、数量是否与指示拣货的信息相同。在实际的作业中，配送中心多采用读取品名与拣货单据做对比的确认方式。较先进的做法是利用无线传输终端机读取条形码后，再由计算机进行确认。通常，小体积、小批量、搬运重量在人力范围内且出货率不是特别高的物品采取手工方式拣取；体积大、重量大的物品利用升降叉车等搬运机械辅助作业；出货频率很高的物品则采用自动分拣系统进行拣货。

4. 分类与集中

仓库收到多个客户的订单时，可以形成批量拣取，然后根据不同的客户或送货路线分类集中。有些需要进行流通加工的物品还需要根据加工方法进行分类，加工完毕再按一定方式分类出货。多品种分类的过程比较复杂，难度也大，容易发生错误，必须在统筹安排形成规模效应的基础上，提高作业的精确性。在物品体积小、重量轻的情况下，仓库可以采取人力分货，也可以采取机械辅助作业，或者利用自动分货机将拣取出来的物品进行分类与集中。分类完成后，物品经过查对、包装便可以出货、装运、发货了。分拣作业流程如图5-1所示。

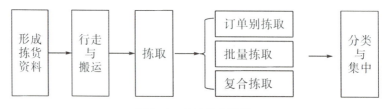

图 5-1 分拣作业流程

5. 复核查对

为了防止差错，仓库在备货后应立即进行复核。出库的复核形式主要有专职复核、交叉复核和环环复核三种。复核的内容包括物品的品种、规格、牌号、单位、数量与凭证是否相符，物品质量是否完好，物品的包装和外观质量是否完好，配套是否齐全，技术证件是否齐全。经复核不符合要求的物品应停止发货，并及时查明原因。复核后，仓库保管人员应该根据实际情况做好复核记录，并填写出库复核记录。

6. 点交物品

出库物品经复核后，要向提货人员点交。同时，仓库保管人员应将出库物品及随行证件逐笔向提货人员当面核对。物品点交清楚后，提货人员应在出库凭证上签名。物品点交后，仓库保管人员应在出库凭证上填写"实发数""发货日期""提货单位"等内容并签名，然后将出库凭证有关联次同有关证件及时送交货主，以便办理有关款项结算。

7. 现场清理

物品出库后，有的货垛拆开，有的货位被打乱，有的现场还留有垃圾、杂物。仓库保管人员应根据储存规划要求，对物品进行并垛、挪位，腾出新货位，以备新来货物存放；及时整理、清扫发货现场，保持清洁整齐；清查发货设备和工具有无丢失、损坏。现场物品清理完毕，仓库保管人员还要收集整理该批物品的出入库情况、保管保养及盈亏等数据情况，并将这些数据存入物品档案，妥善保管，以备查用。

五、分拣作业的方法

1. 人工拣选

分拣作业由人来进行，人、货架、集货设备（货箱、托盘等）配合完成配货作业。分拣作业实施时，由人一次巡回或分段巡回于各货架之间，按需求拣货，直至配齐。

2. 人工+手推作业车拣选

分拣作业人员推着手推车一次巡回或分段巡回于货架之间，按需求进行拣货，直到配齐。人工+手推作业车拣选与人工拣选基本相同，区别在于借助半机械化的手推车作业。

3. 机动作业车拣选

分拣作业员乘车辆进行拣选。

4. 传动运输带拣选

分拣作业人员只在附近几个货位进行拣选作业，传动运输带不停运转，或者分拣作业人员按指令将货物取出放在传动运输带上，或者放入传动运输带上的容器内。传动运输带运转到末端时操作人员把货物卸下来，放在已划好的货位上待装车发货。

5. 拣选机械拣选

自动分拣机或由人操作的叉车、分拣台车巡回于一般高层货架间进行拣选，或者在高层重力式货架一端进行拣选。

6. 全自动化拣选

这是指设计者巧妙、合理、实用地设计的全数字化电脑程序执行的拣选，是高效、理想的拣选方式。

【任务拓展】

试着分析唯品会准时制生产方式（just in time，JIT）仓库的出库分拣作业，作为一个出入库非常频繁的仓库，分拣作业的效率对整个仓库的运营效率有何影响？

一个电商仓库，地面跑机器人，空中跑悬挂袋子，把空间利用到了极致！你以为这是国外的仓库吗？不！这是国内的电商物流仓库。这个仓库是国内同期建设面积、技术含量领先的悬挂链仓库。其位于湖北武汉，是唯品会华中运营中心的 JIT 仓库，由物流科技企业普罗格负责技术和运营。

首先，唯品会的供应商将货物存放在这个 JIT 仓库附近的第三方仓库。当消费者通过唯品会电商平台下单之后，供应商根据订单把货物送到唯品会 JIT 仓库，在很短的时间内完成入库、分拣、打包出库流程，从而实现"零库存"。其实，从功能上看，这样的仓库根本不是存货仓库，而是一个订单处理的流水线工厂。这个工厂占地近 10 000 平方米，融合了输送系统、自动引导小车（AGV）系统和悬挂链系统等。普罗格仓储智能化（EIS）系统统一调度，最大限度地提升了全流程的自动化水平。当电商平台产生订单的时候，供应商将商品成箱批量送到仓库，完成入库工作，然后进入拆零分拣环节。在整个分拣过程，地面的 AGV 机器人实现"货到人"，而不是传统仓库的"人找货"。货到人的过程，是根据订单的批次和组合来实现的。AGV 小车有 100 多辆，货架有上千组。拣选完的货物被装入悬挂流水线袋子，悬挂系统通过算法，实现了多商品、同一订单的组合。整个悬挂系统是通过算法驱动的。当悬挂滑到末端的时候，就进入打包发货环节。这种悬挂流水线+AGV 机器人的组合模式，将空间和地面有机结合，整个现场作业流畅高效，大大节省了人力。

这个案例不仅是技术上的创新，也是电商平台供应链模式的创新，电商平台降低了库存风险。当有订单的时候，电商平台快速实现商品的生产出库；当没订单的时候，货物不会压在电商平台。

任务三　出库手续办理

 【任务目标】

1. 知识目标
☑出库手续办理的要点
☑出库凭证、手续必须符合的要求
☑仓库有关出库的各项规章制度
2. 技能目标
☑能够根据出库要求制订出库计划

☑根据出库信息制作出库单据

☑提高服务质量，满足用户要求，保证商品安全出库

3．素养目标

☑具备学习能力、分析问题的能力

☑具备良好的表达能力

☑具备团队合作意识

☑能分工协作、有效沟通，并运用适当的方式方法展示学习成果

 【任务描述】

温州盛威电子有限公司专业从事各种小家电的研发、生产和销售，销售部程军专门负责南京润泰小家电市场的业务。2024年4月15日，温州盛威电子有限公司收到该客户的三张订单，程军需协助仓库完成该批订单的出库任务。

 【任务实施】

步骤一：出库单填制。

2024年4月15日，温州盛威电子有限公司销售部程军收到南京润泰小家电市场采购部李成军的订货单，要求订购一批产品并于2024年4月20日8时送到南京润泰小家电市场仓库。南京润泰小家电市场订货信息及仓库货物堆放信息如表5-10所示。

表5-10　订货信息及仓库货物堆放信息

序号	产品名称	产品编号	规格	生产批次	订货量/箱	存放地址
01	台灯 NA	CPBH001A	8 个/箱	20240321	50	CK02 仓库，一区
02	台灯 MR	CPBH001A	8 个/箱	20240319	50	CK02 仓库，二区
03	宠物灯 CA	CPBH002A	12 个/箱	20240308	20	CK02 仓库，三区
04	宠物灯 CK	CPBH002B	12 个/箱	20240201	20	CK02 仓库，四区
05	宠物灯 CF	CPBH002C	12 个/箱	20240121	20	CK02 仓库，五区

2024年4月15日，仓储管理员周淑芬根据客户订单要求编制编号为JHD001的拣货单和编号为ZYDH021的作业单。当日15时，程军根据拣货单JHD001和南京润泰小家电市场的发货通知单FHTZD001的要求和资源情况，编制作业计划单号为CKD001的出库单。所有货物集成后存放在空闲的仓库CKL001D暂存一区，待4月16日装运发单。仓库CKL001D的保管人是程俊俊，拣货工作由仓库CKL001D的拣货人张宇负责，并负责回单。

4月16日，南京润泰小家电市场负责人周贤来将货物提走。如果你是程军，请完成出库单（见表5-11）的填制。

表5-11 出库单

库房			正常货物		退换货		
客户名称：			发货通知单号：		出库时间：		
收货单位名称：			应发总数：		实发总数：		
产品名称	产品编号	规格	计量单位	应发数量	实发数量	货位号	批号
保管员：		提货人：			制单人：		

如果你是周淑芬，请按要求完成拣货单（见表5-12）的缮制。

表5-12 拣货单

操作编号：

作业单号：				库房：	
制单人：				日期：	
货 品 明 细					
序号	位置	货品名称	规格	批次	应放	实放	单位	备注

步骤二：完成出库作业手续。

（1）仓库保管员根据出库单清单核对货物。

（2）提货人（或者送货人）接收出库单及对应的货物。

（3）仓库保管员与提货人核对货物信息无误后进行签字确认。

步骤三：仓库保管员凭提货人签字的相关凭证及时将物品从仓库保管账上核销。

步骤四：学生绘制出库作业完整流程图。

─ 小贴士 ─

　　仓库保管员按照"动碰复核"要求，一边发货，一边复核，既要复核单货是否相符，又要复核货位结存量，以保证出库量的准确性。仓库在保管员自查后，尚须由专职或兼职复核员进行复验，防止发货差错。

 【任务资讯】

一、出库点交与销账

　　出库物品经凭证审核、出库验收后，要向提货人员点交，同时应将出库物品及随行证件逐笔向提货人员当面点交。在点交过程中，对有些重要物品的技术要求、使用方法、注意事项，仓库保管员应主动向提货人员交代清楚，做好技术咨询服务工作。物品移交清楚后，提货人员应在出库凭证上签名。物品点交后，仓库保管员应在出库凭证上填写"实发数""发货日期""提货单位"等内容并签名，然后将出库凭证有关联次同有关证件及时送交货主，以便办理有关款项结算。当物品出库完毕后，仓库保管员应及时将物品从仓库保管账上核销，取下垛牌，以保证仓库账账相符、账卡相符、账实相符，并将留存的仓单（提货凭证）、其他单证、文件等存档。

二、装载上车

　　装载上车是指车辆的配载。根据不同的配送要求，仓库在选择合适车辆的基础上对车辆进行配载以达到提高车辆利用率的目的。由于物品品种、特性各异，为了提高配送效率、确保物品质量，仓库首先必须对特性差异大的物品进行分类，并分别确定不同的运送方式和运输工具。

　　由于配送物品有轻重缓急之分，因此仓库必须预先确定哪些物品可配于同一辆车，哪些物品不能配于同一辆车，以做好车辆的初步配载工作。在具体装车时，装车顺序或运送批次的先后，一般按用户的要求时间先后进行，但对同一车辆共送的物品装车则要将物品依"后送先装"的顺序。但有时仓库在考虑有效利用车辆空间的同时，还要根据物品的一些特性（如怕震、怕压、怕撞、怕湿）、形状、体积以及重量等做出弹性调整。

三、物品发运与货位清理

1. 物品发运

　　物品发运是指根据配送计划确定的最优路线，在规定的时间及时准确地将物品运送到客户手中，在运送过程中注意加强运输车辆的考核与管理。配送作业在物流中心的物流成本中占有重要地位，因此配送规划科学与否将直接影响运输成本与效率的高低。配送规划可以从以下几个方面考虑：

（1）配送区域划分。

（2）车辆安排。

（3）每辆车负责的客户。

（4）配送路径选择。

（5）配送顺序确定。

（6）车辆装载方式。

2. 货位清理

物品出库后，有的货垛被拆开，有的货位被打乱，有的现场还留有垃圾、杂物，仓库保管员应根据存储规划要求，该并垛的并垛，该挪位的挪位，并及时清扫发货现场，保持清洁整齐，空出的货位应在仓库货位图上标注，以备新的入库物品之用并清查发货的设备和工具有无丢失、损坏等。现场物清理完毕之后，仓库保管员还要收集整理该批物品的出入库情况、保管保养及盈亏等数据情况，并将这些数据存入物品档案，妥善保管，以备查用。

【任务拓展】

深圳市某配送中心以市域配送为主，配送产品为城市快速消费品，典型的特点是配送的产品品种多、数量少，最终配送客户为各零售企业。该配送中心在实际运作过程中遇到了很大的麻烦——亏损。虽然该配送中心业务繁忙、员工工作认真，但连续几年下来仍然没有改变亏损的命运。该配送中心的货主是深圳的经销商、代理商、生产企业的销售处，配送的产品是快速消费品，配送要求多批次、少批量，理货、分拣作业的复杂程度高，主要采取人工作业的方式，易出错。配送目标群体主要是各大中型零售企业，交货时间限制比较多，如非 24 小时营业、准时、车辆通行时段限制等，另外交货时手续复杂，排队交货的现象比较明显。该配送中心仓库出库环节作业效率低下，导致配送车辆利用率低。据统计，每天发出的配送车辆只能送一两次货，车辆离开配送中心时已近中午，出库的复核工作程序繁琐。试从出库的角度思考，该配送中心应如何提高配送效率？

综合技能实训

【实训目标】

学生通过对出库业务的认知与学习，能够对仓储出库实际运作流程有比较深入的了解，将所学的专业知识与模拟实践有机结合，提高动手解决实际问题的能力，为将来进入企业工作提供宝贵的实践经验。

【实训内容】

烟台美达机械设备进出口有限公司有一批汽车零配件（WF0331），共有 500 箱，每箱 30 个，每个单价为 25 元，每箱尺寸为 1.5 米×0.8 米×1.4 米，每箱重 60 千克，其中有三箱包装有轻微破损，存入仓库 B。存入时间 30 天后，该产品需要出库，请设计出库流程。学生分组讨论出库流程及注意事项，在仓储实训室情景模拟商品出库。

【项目总结与评价】

1. 自我评价表（学生自评、组长评价，见表 5-13）

表 5-13　自我评价表

项目名称：					
评价时间：		出勤情况：			
序号	评价项目	评价标准	分值	自评分	组长评分
1	预习情况	1. 完成 2. 部分完成 3. 全部未完成	5		
2	学习目标实现情况	1. 实现 2. 部分实现 3. 大部分未实现	10		
3	与老师同学沟通情况	1. 好 2. 较好 3. 一般 4. 存在较大问题	10		
4	与同学协作情况	1. 好 2. 较好 3. 一般 4. 存在较大问题	10		
5	技术方法运用情况	1. 好 2. 较好 3. 一般 4. 存在较大问题	20		
6	资料收集水平	1. 高 2. 较高 3. 一般 4. 差	5		
7	做事态度	1. 很认真 2. 较认真 3. 应付 4. 差	10		
8	任务是否完成	1. 完成 2. 部分完成 3. 大部分未完成 4. 全部未完成	30		
9	创新情况（加分项）	任务完成有创新性，酌情加 1~10 分			
10	自我评价	1. 整体效果： 2. 主要不足： 3. 改进措施：	总分		

2. 任务评价表（教师评价，见表 5-14）

表 5-14　任务评价表

评议项目	考评内容	评分标准	标准分	实际得分
素养目标达成情况（此项为一票否决考核项目）	各任务素养目标达成	安全、积极参与、高效、团结完成工作任务	10	
出库准备	出库准备充分、内容完整	准备计划完整 15 分；出库准备工作完成具体有效 10 分	25	
分拣作业	高效完成分拣作业	订单别拣取法完成分拣 10 分；批量拣取法完成分拣 10 分；复合拣取法完成分拣 10 分	30	
出库	出库作业正确、手续完备	出库作业正确 10 分；单证正确 10 分；手续全面 5 分	25	
知识问答	相关知识共 10 题	每题 1 分，共 10 分	10	
总计			100	

项目六　仓储规划与设计

任务一　仓库选址要领

 【任务目标】

1. 知识目标
☑不同类型仓库的特点及功能
☑仓库选址的影响因素和技术方法
2. 技能目标
☑能够使用正确的方法完成仓库选址问题的定量计算
☑能够采用科学的维度完成仓库选址合理性的定性评估
3. 素养目标
☑具备较好的仓储规划意识
☑具有较强的规划合理性分析能力
☑具备团队合作意识
☑能分工协作、有效沟通，并运用适当的方式方法展示学习成果

 【任务描述】

　　李明是深圳 A 公司的一名新任仓库主管。A 公司是我国著名的洁具产品制造企业，主要生产水龙头、花洒、阀门和感应洁具等水暖产品。A 公司现拥有 7 家下属子公司，具有从模具、铸造、压铸、机加工、抛光、电镀、装配到实验检测和污水处理等一系列先进制造流程的生产体系。A 公司在国内各大中城市设有 2 000 多个营销网点，营销网络遍布国内外，产品远销北美、欧洲、东南亚等地的十几个国家和地区。随着市场需求的不断增大，A 公司原材料和零部件的采购量、产品的品种和生产量以及销售量都急剧增加。原先的产成品仓库已不能满足迅速增长的物流仓储需要。为了实现对企业物流更加高效、快捷、安全和低成本的管理，满足企业发展对物流的迫切需求，A 公司需要对企业物流和新厂房的物流中心进行科学合理的规划。李

明刚上任就承担了这项新的工作，思考公司新建的产成品仓库该如何规划布局？接到工作任务后，李明开始思考几个问题：如何做好仓库的布局与规划呢？需要了解哪些有效信息才能完成工作呢？如何才能建立有效的物料管理系统才能保障仓库物资的科学管理呢？

 【任务实施】

步骤一：全班学生自由分为 7~8 组，各组选出一名组长负责组内成员具体工作安排，小组成员合作完成任务。

步骤二：学生试分析新任仓库主管怎样才能做好仓库布局与规划。

步骤三：学生使用思维导图总结分析仓库的主要类型与特点。

步骤四：学生试总结分析仓库位置选择考虑的因素有哪些。

步骤五：学生学习仓库选址的重要方法，并完成重心选址法的相关计算。

步骤六：学生采用图表的形式总结出仓库规划的要点。

训练一：某物流公司拟建一个仓库，该仓库负责四个工厂的物料供应配送，各工厂的具体位置与年物料配送量如表 6-1 所示。假设拟建设物流公司仓库地址与各工厂的单位运输成本相等，请根据表 6-1 的数据，使用重心法确定仓库位置。

表 6-1　各工厂的具体位置与年物料配送量

工厂及其地理位置坐标/千米	P1		P2		P3		P4	
	X1	Y1	X2	Y2	X3	Y3	X4	Y4
	20	70	60	60	20	20	50	20
年配送量	2 000		1 200		1 000		2 500	

训练二：某汽车公司每年需要从 A1 地运来橡胶，从 A2 地运来玻璃，从 A3 地运来发动机，从 A4 地运来零配件，各地与某城市中心的距离和每年的材料运量如表 6-2 所示。假设城市的中心为原点，各种材料的运输费率相同，使用重心法确定该公司的合理位置。

表 6-2　各地与某城市中心的距离和每年的材料运量

产品供应地	A1		A2		A3		A4	
坐标	X1	Y1	X2	Y2	X3	Y3	X4	Y4
距离市中心坐标距离/千米	45	60	100	70	40	10	50	80
年运输量	3 000		1 500		1 300		2 900	

【任务资讯】

一、仓储规划的原则

仓储规划的原则如图 6-1 所示。

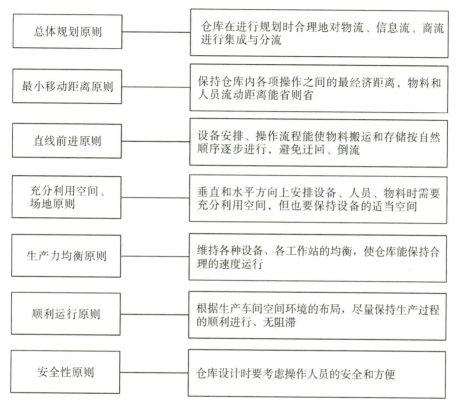

总体规划原则	仓库在进行规划时合理地对物流、信息流、商流进行集成与分流
最小移动距离原则	保持仓库内各项操作之间的最经济距离，物料和人员流动距离能省则省
直线前进原则	设备安排、操作流程能使物料搬运和存储按自然顺序逐步进行，避免迂回、倒流
充分利用空间、场地原则	垂直和水平方向上安排设备、人员、物料时需要充分利用空间，但也要保持设备的适当空间
生产力均衡原则	维持各种设备、各工作站的均衡，使仓库能保持合理的速度运行
顺利运行原则	根据生产车间空间环境的布局，尽量保持生产过程的顺利进行、无阻滞
安全性原则	仓库设计时要考虑操作人员的安全和方便

图 6-1 仓储规划的原则

二、仓库规划的要求

仓库规划的要求如表 6-3 所示。

表 6-3 仓库规划的要求

序号	总体要求	具体要求
1	工艺要求	仓库在地理位置上须满足产品加工工序的要求； 相关仓区应尽可能地与加工现场相连，减少物料和产品的迂回搬运； 各仓区最好有相应的规范作业程序说明
2	进出顺利要求	仓库在规划时要考虑物料的运输问题； 仓库要尽可能地将进出仓门与电梯相连，并规划出相应的运输通道

表6-3（续）

序号	总体要求	具体要求
3	安全要求	仓库要有充足的光、气、水、电、风、消防器材等； 仓库需要防火通道、安全门、应急装置和一批经过培训的合格消防人员
4	分类存放要求	常用物资仓库可以分为原料仓库、半成品仓库和成品仓库； 工具仓库主要用于存放各种工具； 办公用品仓库主要用于为仓库的日常管理提供各种常用办公用品； 特殊物料仓库主要针对有毒、易燃易爆品等进行专门存放处理

三、仓库的主要类型

仓库的主要类型如图6-2所示。

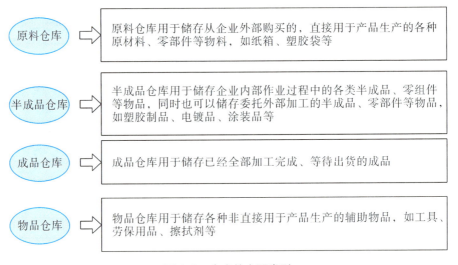

图6-2　仓库的主要类型

四、仓库选址问题分析

1. 仓库选址的影响因素

在仓库的实际选址中，应该综合考虑的因素如下：

（1）客户条件，即客户需求情况及未来发生变化的可能情况。

（2）自然条件，即该地区有无特殊的阻碍仓库建设的自然条件。

（3）运输条件，即现有的交通设施及对各种运输方式是否支持。

（4）用地条件，即地价或地租是否高昂及是否有可以利用的旧库房。

（5）法律政策条件，即仓库的建设是否符合当地法律规定及当地的税收政策规定。

2. 仓库选址的标准

仓库选址的标准如下：

（1）有利于降低运输费用。

（2）有利于提高服务水平。

（3）与仓库数量相匹配。

3. 仓库位置的确定

仓库位置的确定通常需要考虑以下内容：

（1）是否方便物料验收。

（2）是否方便物料进仓。

（3）是否方便物料储存。

（4）是否适合仓储且安全。

（5）是否容易发料。

（6）是否方便搬运。

（7）是否方便盘点。

（8）是否有货仓扩充的弹性和潜能。

4. 仓库选址的程序

仓库选址的程序如图6-3所示。

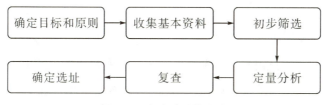

图 6-3　仓库选址的程序

5. 仓库选址的定量分析方法

（1）量本利分析法。任何选址方案都需要投入一定的固定成本和变动成本，并且成本和收入都随着仓库储量而变化。量本利分析法就是对成本和储量进行量化分析，计算出各方案的盈亏平衡点的储量及各方案总成本相等时的储量，进而进行比较，选择在同一储量上利润最大的方案。

（2）加权评分法。仓库选址需要考虑多种因素，因此企业可以根据自身需求对各因素进行选择并给予相应权重，从而对各选址方案进行加权评分，最终根据得分选择方案。加权平均法仓库选址步骤如图6-4所示。

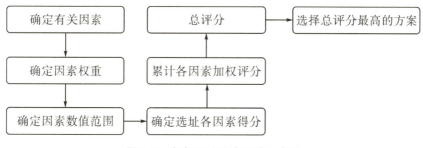

图 6-4　加权平均法仓库选址步骤

（3）重心法。重心法是一种通过选择中心位置降低成本的方法。重心法将成本看成运输距离和运输数量的线性函数，即距离越长或数量越多，成本越高。因此，企业可以先在地图上确定各点的位置，再设定各点位置的坐标，计算出重心位置，即选址所在地。

> ── 小贴士 ──
>
> 特殊储存品种的仓库选址应注意的事项如下：
>
> 果蔬食品仓库在选址时应选择入城干道处，以免运输距离过长，商品损耗过大。
>
> 冷藏品仓库应选择在屠宰场、加工厂附近，由于设备噪声较大，因此应选择在城郊。
>
> 建筑材料仓库因流通量大、占地面积大、防火要求严格，有些还有污染，因此应选择在城市周边的交通干线附近。
>
> 燃料及易燃材料仓库应选择在城郊独立的地段，在气候干燥、风大的城镇，应选择在下风位，并应远离居民区，最好在地势低洼处。

【任务拓展】

慧通仓储有限公司有一个大客户，该客户拥有两个工厂 P_1 和 P_2，工厂 P_1 生产甲种产品，工厂 P_2 生产乙种产品。该客户刚刚开辟了3个新需求地 M_1、M_2 和 M_3，为了及时、低成本地满足这3个需求地的需要，该客户要求慧通仓储有限公司在客户和3个需求地之间建立一个新仓库，用来集中储存两个工厂生产的产品。工厂和市场的空间分布坐标如图6-5所示。工厂 P_1 的总运输量为2 500吨/小时，平均运费率为0.055；工厂 P_2 的总运输量为3 000吨/小时，平均运费率为0.055；市场 M_1 同时需要甲、乙两种产品，总运输量为3 000吨/小时，平均运费率为0.080；市场 M_2 同时需要甲、乙两种产品，总运输量为1 500吨/小时，平均运费率为0.080；市场 M_3 同时需要甲、乙两种产品，总运输量为2 000吨/小时，平均运费率为0.080。试为该公司寻找一个使运输费用最小的单一仓库的大概位置。

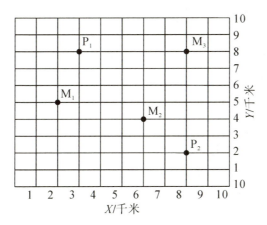

图6-5　工厂和市场的空间分布坐标

任务二　仓库相关参数设计

 【任务目标】

1. 知识目标
☑确定仓库规模的方法
☑确定仓库储存区面积合理性的方法
☑确定仓库建筑物主要参数的方法

2. 技能目标
☑能够根据实际货物的相关信息来完成仓库规模的计算与评估
☑能够采用正确的方法完成仓库储存区域面积的测算

3. 素养目标
☑具备较好的仓储规划意识
☑具有较强的成本控制意识
☑具备团队合作意识，能分工协作、有效沟通，并运用适当的方式方法展示学习成果

 【任务描述】

中慧仓储有限公司是2024年7月刚刚成立的新公司，主要提供食品、粮油、服装、牙膏、肥皂、洗发液、洗衣粉、洗洁精、酒类、饮料等日用百货的仓储服务。该公司预测，年业务量大约能达到325万吨，每笔业务平均库存期为30天。该公司占地面积为6 460平方米（95米×68米），办公面积为600平方米，主要的作业设备是货架1.5吨的前移式电动叉车、小推车、

1. 140 米×1. 140 米托盘等。

（1）假设仓库单位有效面积平均承载能力为 2. 5 吨，储存面积利用系数为 0. 4，年有效工作日为 300 天，该公司需要建多大的仓库？其中储存区域面积应占多少平方米？仓库的主要技术参数应如何设计？

（2）假设该公司采用托盘平布置堆码，平均每托盘堆码货物量为 0. 125 6 吨，作业通道占仓库储存区域面积的 35%，该公司需要建多大的仓库？其中储存区域面积应占多少平方米？仓库的主要技术参数应如何设计？

（3）假设该公司采用托盘多层堆码，每托盘平均可以码放 16 箱货物，托盘在仓库内可堆码 4 层，该公司需要建多大的仓库？其中储存区域面积应占多少平方米？仓库的主要技术参数应如何设计？

（4）假设该公司采用托盘货架储存，货架为 6 层，每个托盘占用一个货格，每个货格放入货物后的左右间隙和前后间隙分别为 4 厘米，每个托盘可以码放 16 箱货物，该公司需要建多大的仓库？其中储存区域面积应占多少平方米？仓库的主要技术参数应如何设计？

 【任务实施】

步骤一：全班学生自由分为 7~8 组，各组选出一名组长负责组内成员具体工作安排，小组成员合作完成任务。

步骤二：学生试使用思维导图分析仓库规划的影响因素。

步骤三：学生列出仓库储存区域面积确定的方法。

步骤四：学生理解在通常情况下，仓库的主要技术参数是什么。

步骤五：学生绘制表格分析出仓库应购置哪些仓储设备才能满足日常的业务需求。

【任务资讯】

一、仓库布局

在选定仓库地址之后，仓储企业需要进一步确定仓库内的布局方案。

1. 总体构成

大型仓库一般包含生产作业区、辅助生产区、行政生活区三个部分，仓库总体构成如图 6-6 所示。

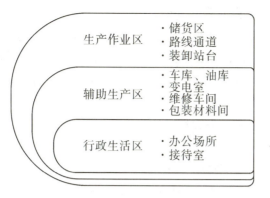

图 6-6 仓库总体构成

2. 布局形式

根据仓储需求的不同，仓库布局一般按照物料流动路线分为 U 形流动（见图 6-7）、直线形流动（见图 6-8）、T 形流动（见图 6-9）三种形式。

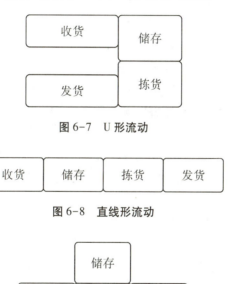

图 6-7 U 形流动

| 收货 | 储存 | 拣货 | 发货 |

图 6-8 直线形流动

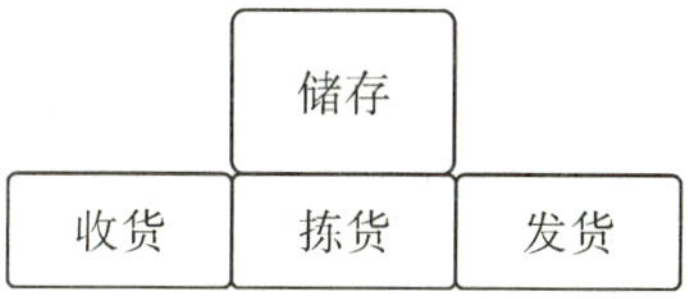

| 储存 |
| 收货 | 拣货 | 发货 |

图 6-9 T 形流动

二、仓库规模的确定

1. 基本含义

仓库规模是指仓库能够容纳的货物的最大数量或总体积。在通常情况下，仓库规模以面积、容积和吞吐能力来表示。在现实中，很多企业都面临着仓库数量和选址规划的问题。如果没有合理的规划和分析而匆忙做出决定，其结果一定会造成非常多的隐患，严重的可能还会拖累企业本身的经营业务。

2. 影响仓库规模的主要因素

影响仓库规模的主要因素包括客户服务水平、所服务市场的产品数目、投入市场的产业数目、产品多少、所用的物料搬运系统、吞吐率、生产提前期、库存布置、通道要求、仓库中的办公区域、使用的支架和货架类型以及需求的水平和方式等。企业在确定仓库规模时，一般根据其存货速度（用周转率来衡量）以及在最大程度上"直接送货"给客户（通过一个地区性仓库或批发商的仓库）的特征来计算工厂或批发商的仓库所需的面积，再在每种主要产品的基本储存空间基础上增加通道、站台以及垂直和水平存储提供的场地的面积。通过处理计划销售量、存货周转以及直接运输给客户的流经存货，仓库可以较为精确地计算出所需的仓库空间。

三、仓库面积的计算

1. 仓库总面积

仓库总面积是指从仓库外墙线算起，整个围墙内所占的全部面积。若在墙外还有仓库的生活区、行政区或库外专用线，则应包括在总面积之内。确定仓库总面积主要依据以下几个因素：

（1）物资储备量。物资储备量决定了所需仓库规模。

（2）平均库存量。平均库存量决定了所需仓库面积。

（3）仓库吞吐量。仓库吞吐量反映了仓库实物作业量，与仓库面积呈正比例关系。

（4）货物品种数。在货物总量一定的情况下，货物品种越多，所占货位越多，收发区面积越大，所需仓库面积也越大。

2. 仓库建筑面积

仓库建筑面积是指仓库内所有建筑物所占平面面积之和。若有多层建筑，仓库建筑面积还应加上多层面积的累计数。仓库建筑面积包括生产性建筑面积（包括库房、货场、货棚所占建筑面积之和）、辅助生产性建筑面积（包括机修车间、车库、变电所等所占建筑面积之和）、行政生活建筑面积（包括办公室、食堂、宿舍等所占面积之和）。

3. 仓库使用面积

仓库使用面积是指仓库内可以用来存放货品的面积之和，即库房、货棚、货场的使用面积之和。其中，库房的使用面积为库房建筑面积减去外墙、内柱、间隔墙以及固定仓库等所占的面积。

4. 仓库有效面积

仓库有效面积是指仓库内实际存储的物品所占的面积，包括货垛、货架等所占面积的总和。仓库有效面积的计算方法主要有以下三种：

（1）计重物品就地堆码。

仓库有效面积按仓容定额计算：$S_实 = Q/N_定$

式中：$S_实$ 为有效面积（单位为平方米），Q 为该种物品的最高储备量（单位为吨），$N_定$ 为该种物品的仓容定额（单位为吨/平方米）。

（2）计件物品就地堆码。

仓库有效面积按可堆层数计算：$S_实$ = 单件面积×（总件数/可堆积层数）

（3）上架存放物品。

上架存放物品要计算货架占用面积，公式如下：

$$S = \frac{Q}{(lbh)\,kr} \cdot lb = \frac{Q}{hky}$$

式中：S 为货架占用面积（单位为平方米），Q 为上架存放物品的最高储备量（单位为吨），l、b、h 分别为货架的长、宽、高（单位为米），k 为货架的容积充满系数，r 为上架存放物品的容重（单位为吨/立方米）。

5. 仓库实用面积

仓库实用面积是指在仓库使用面积中，实际用来堆放货品所占的面积，即库房使用面积减去必需的通道、垛距、墙距以及进行收发、验收、备料等作业区后剩余的面积。

库房（或货棚、货场）实用面积的计算公式如下：

$S = Q/q$

式中：S 为库房（或货棚、货场）实用面积，Q 为库房的最高储存量，q 为单位面积货品储存量。

6. 仓库储存区域面积的确定

仓库储存区域面积是指货架、料垛实际占用面积。其计算方法有以下几种：

（1）荷重计算法。荷重计算法是一种常用的计算方法，是根据仓库有效面积上的单位面积承重能力来确定仓库面积的方法。

储存区域面积 = ［全年储存货物量/单位有效面积平均承重能力］×［货物平均储存天数/年有效工作日］×［1/储存区域面积利用率］

（2）托盘尺寸计算法。若货物储存量较大，并以托盘为单位进行储存，则可以先计算出存货实际占用面积，再考虑叉车存取作业所需通道面积，从而计算出储存区域的面积需求。

①托盘平置堆码。若货物以托盘为单位置于地面上以平置堆码的方式储存，则计算储存区域面积所需考虑到的因素有货物数量、托盘尺寸、通道等。假设托盘尺寸为 $P×P$（平方米），由货品尺寸及托盘尺寸算出每托盘平均可码放 N 箱货品，若仓库平均存货量为 Q，则存货面积 D 的计算公式如下：

D = （平均存货量/平均每托盘堆码货物量）×托盘尺寸

   = （Q/N）× （$P×P$）

储存区域面积还需考虑叉车存取作业所需通道的面积，若通道占全部面积的 30%～35%，则储存区域面积 $A = D/(1-35\%)$。

②托盘多层叠堆。若货物以托盘多层叠堆于地面上，则计算储存区域面积需要考虑货物尺寸、数量、托盘尺寸、堆码层数和高度以及通道等因素。假设托盘尺寸为 $P×P$（平方米），由货物尺寸及托盘尺寸算出每托盘平均可码放 N 箱货物，托盘在仓库内可堆码 L 层，若仓库平均存货量为 Q，则存货面积 D＝［平均存货量/（平均每托盘堆码货物箱数×堆码层数）］×托盘尺寸。

储存区域面积还需考虑叉车存取作业所需通道面积。

（3）托盘货架储存计算法。若使用托盘货架来储存货物，则存货占地面积与空间的计算除考虑货物尺寸、数量、托盘尺寸、货架形式、货格尺寸以及货架层数外，还需考虑所需的巷道空间面积。假设货架为 L 层，每托盘占用一个货格，每货格放入货物后的左右间隙尺寸为 P，前后间隙尺寸为 P'，每托盘可码放 N 箱，若公司平均存货量为 Q，则存货面积 D 的计算公式如下：

每层所需托盘货位数＝平均存货量/（平均每托盘堆码货物箱数×货架层数）

$$= Q/(L×N)$$

D＝每层所需托盘货位数×托盘货位尺寸

$$= \frac{Q}{L×N}×[(P+P')×(P+P')]$$

三、仓库主体结构的确定

1. 基础桩

建筑物的基础部分根据建筑物重量、地面的耐压强度及土质条件，采用预制混凝土桩或现浇混凝土桩进行建造。基础桩的数量根据建筑物重量和桩的耐压强度确定。

2. 骨架构成

临时性棚子用梁和主椽来支撑屋顶的骨架，用柱、中间柱或墙壁构成骨架。此外，地板的构造是支撑地板及地板龙骨的骨架。仓库建筑物由上述骨架形成主结构，其中柱间隔、柱的位置对仓库的使用十分重要。

3. 柱

仓库内如有柱子，就会减小仓库容量并影响装卸，因此能减少的柱应尽量减少。但是，平房仓库梁的长度超过 25 米时，建无柱仓库有困难，因此设了梁间柱，仓库就成为有柱结构。

4. 出入库口

出入库口的位置和数量由建筑物主体结构、进深长度、出入库次数、库内货物堆码形式以及通路设置等因素决定。例如，面积为 1 500 平方米的一般仓库可以设 4 个出入库口。出入口的开启方式多使用拉门式、开启式以及卷帘式三种。

5. 墙壁

仓库在设计内墙时，要特别注意防火墙的问题。根据规定，仓库如果不具备自动喷水灭火装置等必要防火设备的面积，或者是扣除具备灭火装置设备条件的那一部分的面积后，总面积还超过 1 500 平方米时必须设防火墙。在这种情况下，防火墙的中间部分要设通路，必须通过防火门在各区域间来往，使这个区域成为独立的保管场所。外墙包括地板、楼板和门。外墙必须是防火结构或是简易耐火结构。

6. 屋顶

屋顶的构造主要是屋顶的倾斜度即斜坡。当屋顶为人字形木屋架时，一般坡度为 1/10～3/10，有积雪的地方坡度可以大一些，根据需要还可以设防雪板。关于屋顶材料，平房仓库可以采用镀锌板、大波石棉瓦。

7. 地面

地面的构造主要是地面的耐压强度，一般平房仓库为 2.5～3 吨/平方米，多层仓库随层数增加，地板承受载荷能力减小。地面的负荷能力是由保管货物的重量、所使用装卸机械的总重量、楼板骨架的跨度所决定的，但平均每平方米荷重 3 吨是大致的标准。另外，地面要采取防止磨损、龟裂以及剥离的施工方法。除特殊情况外，地面最好喷射混凝土并用抹板加工。

8. 窗子

仓库窗子的主要作用是采光。窗子的种类有高窗、地窗、天窗等。为了防盗、防漏雨和排水，仓库一般只采用高窗。不同建筑物窗子的尺寸不同，但多为 0.6 米×1.3 米、0.6 米×2 米、1 米×2 米等，且大多设在较高的位置。

四、仓库建筑物主要参数的确定

仓库建筑物主要参数是指仓库建筑物的长宽比、层数高度、占地面积、梁间距、容积、库容量、站台、库房门窗尺寸等。以下主要介绍几个参数：

1. 仓库长度和宽度的确定

在库房面积一定的条件下，只要确定长度或宽度中一个变量，另一个变量随即确定。仓库库房的宽度一般用跨度表示，通常由储存货物的堆码形式、库内道路、装卸方法、理货方法以及是否需要中间柱等决定。

2. 仓库层数的确定

从建筑费用、装卸效率、地面利用率等方面考虑，建设平房仓库最好。但是，如果仓库面积有限，则应采用二层或多层仓库。

3. 仓库高度（或层高、梁下高度）的确定

仓库高度取决于库房的类型、储存货物的品种和作业方式等因素。层高或梁下高度由托盘堆码高度、托盘货架高度、叉车及运输设备等决定。

五、如何规划仓库的高度

1. 采用地面层叠堆码时，梁下有效高度的计算

例如，货高 $H = 1.3$ 米，堆码层数 $N = 3$ 层，货叉的抬货高度 $F = 0.3$ 米，梁下间隙尺寸 $a = 0.5$ 米，求最大举升货高与梁下有效高度。

最大举升货高 $H = N \times H + F = 3 \times 1.3 + 0.3 = 4.2$（米）

梁下有效高度 $H = N \times H + F + a = 3 \times 1.3 + 0.3 + 0.5 = 4.7$（米）

2. 采用货架储存时，梁下有效高度的计算

例如，货架高度 $H = 3.2$ 米，货物高度 $H_a = 1.3$ 米，货叉的抬货高度 $F_a = 0.3$ 米，梁下间隙尺寸 $a = 0.5$ 米，求最大举升货高与梁下有效高度。

最大举升货高 $= H + H_a + F_a = 3.2 + 1.3 + 0.3 = 4.8$（米）

梁下有效高度 $= H + H_a + F_a + a = 3.2 + 1.3 + 0.3 + 0.5 = 5.3$（米）

小贴士

立体仓库总体尺寸的确定

确定立体仓库总体尺寸的关键是确定货架的总体尺寸，也就是货架的长、宽、高尺寸，当货格尺寸确定后，只要知道货架的排数、列数、层数和巷道宽度，即可计算出其总体尺寸。

长度 $L =$ 货格长度×列数。

宽度 $B =$（货格宽度×2+巷道宽度）×排数/2；

高度 $H = H_o + H_i$。其中，H_o 为底层高度，H_i（$i = 1, 2, \cdots, n$）为各层高度，共 n 层。

巷道宽度 = 堆垛机最大外形宽度 +（150~200 毫米）

【任务拓展】

货架是仓库中最常见的存储设备，由于货架储存系统具有分区特性，每区由两排货架及有效通道组成，因此由基本托盘占地面积再加上存取通道空间，才是实际储存区域面积。其中，存取通道空间需视叉车是否做直角存取或仅是通行而定。各储存货架货位内的空间计算，应以一个货格为计算基准。一般的货格通常可以存放两个托盘（见图 6-10），请思考双货位货格仓库空间的计算如何实现。

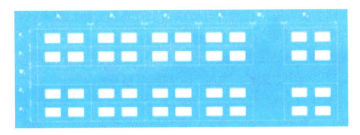

图 6-10　货格

任务三 仓库布局规划

 【任务目标】

1. 知识目标
☑仓库总平面布置的要求
☑仓库总体布置应遵循的原则
☑货区平面布置的主要形式及优缺点
☑布置货区非保管场所的方法

2. 技能目标
☑能够为仓储进行货区保管场所和非保管场所布置
☑能根据情况和条件确定装卸平台的位置，选择装卸平台的类型，设计装卸平台的外围区域和高度

3. 素养目标
☑培养科学严谨的仓储规划意识
☑具备团队合作意识，能分工协作、有效沟通，并运用适当的方式方法展示学习成果

 【任务描述】

　　某仓储有限公司占地面积为 24.8 万平方米（620 米×400 米），该公司主要提供建材、装饰装潢材料、服装、鞋帽、食品、药品、生活日用品、家用电器等货物的储存服务。该公司打算建设一栋 9 000 平方米（150 米×60 米）的 6 层办公大楼，5 个 1.12 万平方米（140 米×80 米）的平房仓库，3 个 6 600 平方米（110 米×60 米）的 3 层楼房仓库，6 个 5 400 平方米（90 米×60 米）的露天货场。此外，该公司还要建设 600 平方米的验货区和 500 平方米的机具设备房（平房，含维修区）以及设置一个地磅。建材、装饰装潢材料主要堆存在露天货场，服装、鞋帽、食品、药品、生活日用品存放在楼房仓库和平房仓库，家用电器存放在平房仓库。楼房仓库里配置货架，主要作业设备是 15 吨的电动叉车（前移式叉车和侧面叉车）、2 吨和 5 吨的柴油叉车（前移式叉车）、小推车、悬臂起重机、1.140 米×1 140 米托盘。请为该公司进行仓库总体布置、货区布置、仓库内非保管场所布置以及设计装卸平台。

 【任务实施】

　　步骤一：学生根据任务中给定的信息绘制并设计仓库总体布置图。

步骤二：学生试着分析仓库主管在进行仓区设计时应注意的具体要求有哪些？

步骤三：学生试着分析仓库主管在指导下属设计仓区时应注意哪些事项？

步骤四：学生选择一种货区布置的方式，进行货区平面布置和空间布置。

步骤五：学生试着分析说明仓库库区主要由哪些区域构成。

步骤六：学生根据任务中给定的产品和作业设备信息，确定仓库通道宽度、墙距、收发货区、办公地点以及设计非保管场所。

步骤七：学生根据任务中的信息选择装卸平台的位置和类型并进行设计。

 【任务资讯】

一、仓库平面布局的要求

1. 定义

仓库平面布局是指根据仓库总体设计要求，科学地解决仓库区域的布局问题，包括具体安排主要业务场所、辅助业务场所、行政办公室场所、生活场所及其他附属设施的位置。仓库平面布局遵循布局整齐、紧凑适用、节省用地、方便生产、便于管理的原则。

2. 仓库总平面布局应该考虑的因素

仓库总平面布局应该考虑的因素如下：

（1）适应仓储生产的作业流程。

（2）有利于提高仓库的经济效益。

（3）符合安全、卫生方面的要求。

（4）具有开阔的大门。

3. 仓库布局的模式

（1）辐射型仓库布局（见图6-11）。

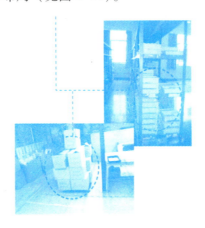

图6-11　辐射型仓库布局

（2）扇形仓库布局（见图 6-12）。

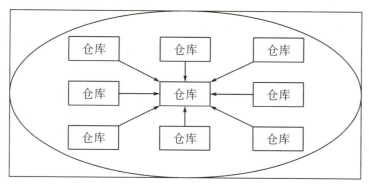

图 6-12　扇形仓库布局

（3）聚集型仓库布局（见图 6-13）。

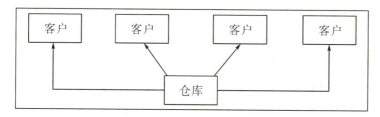

图 6-13　聚集型仓库布局

（4）吸收型仓库布局（见图 6-14）。

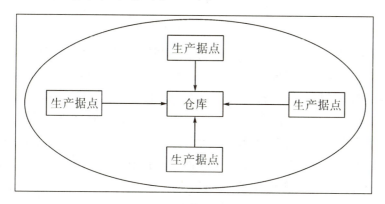

图 6-14　吸收型仓库布局

二、仓库库区的总体构成

1. 仓库库区的基本构成

仓库库区主要由生产作业区、辅助作业区和行政办公区构成。

（1）生产作业区主要包括储存区、非储存区。

生产作业区是现代仓库的主体部分，是商品仓储的主要活动场所，主要包括储货区、道路、铁路专用线、码头、装卸平台等。其各组成部分的构成比例通常为：合格品储存区占总面积的 40%~50%；通道占总面积的 8%~12%；待检区及出入库收发作业区占总面积的 20%~30%；集结区占总面积的 10%~15%；待处理区和不合格品隔离区占总面积的 5%~10%。

现代仓库已由传统的储备型仓库转变为以收发作业为主的流通型仓库。现代仓库一般储存区占总面积的 40%~50%，通道占总面积的 8%~12%，收、发货区占总面积的 10%~15%，理货区、加工区占总面积的 10%~15%，退货及废物区占总面积的 5%~10%。按照仓库内作业功能的不同，根据各项作业的流程，仓库作业功能区域如图 6-15 所示。

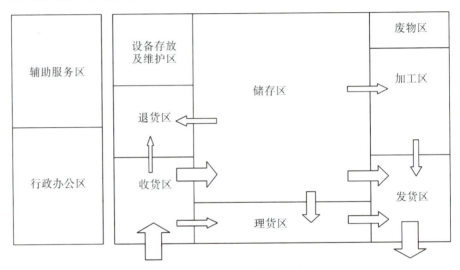

图 6-15　仓库作业功能区域

仓库内道路的布局，应根据商品流向的要求，结合地形、面积、各个库房建筑物、货场的位置来决定道路的走向和形式。汽车道主要用于起重搬运机械设备的调动以及防火安全，同时也要考虑保证仓库和行政办公区、生活区之间的畅通。仓库道路分为主干道、次干道、人行道和消防道等。主干道应采用双车道，宽度在 6~7 米；次干道为宽度在 3~3.5 米的单车道；消防通道的宽度不得少于 6 米。另外，仓库内若有铁路专线，库内铁路线最好是贯通式的，一般应顺着库长方向铺设，并应使岔线的直线长度达到最大限度。其股数应根据货场和库房宽度及货运量来决定。

按照仓储作业的功能特点以及工 ISO 9000 国际质量体系认证的要求，库房储存区域可以划分为待检区、待处理区、不合格品隔离区、合格品储存区等。

①待检区。待检区用于暂存处于检验过程中的商品。这些商品一般采用黄色的标识以区别于其他状态的商品。

②待处理区。待处理区用于暂存不具备验收条件或质量暂时不能确认的商品。这些商品一般采用白色的标识以区别于其他状态的商品。

③不合格品隔离区。不合格品隔离区用于暂存质量不合格的商品。处于不合格隔离状态的商品一般采用红色的标识以区别于其他状态的商品。

④合格品储存区。合格品储存区用于储存合格的商品。处于合格状态的商品一般采用绿色的标识以区别于其他状态的商品。

（2）辅助作业区主要包括为仓储业务提供各项服务的设备维修车间、车库、工具设备库、油库、变电室等。

（3）行政办公区主要包括行政管理机构办公和职工生活区域以及办公楼、警卫室、化验室、宿舍和食堂等。

2. 仓库内非储存保管区的规划要领

仓库内非储存保管区是指仓库内除货架和货垛所占的保管面积之外的其他面积，包括通道、墙间距、收发货区、仓库工作人员办公地点等。仓库内非储存保管区布置得合理，能够扩大保管面积，缩小非保管面积。

（1）确定通道的宽度。库房内的通道分为运输通道（主通道）、作业通道（副通道）和检查通道。

①计算运输通道的宽度。运输通道供装卸搬运设备在库内行走之用，其宽度主要取决于装卸搬运设备的外形尺寸和单元装载的大小。其计算公式如下：

$$A=P+D+L+C \ (1-18)$$

式中，A 为通道宽度，P 为叉车外侧转向半径，D 为货物至叉车驱动轴中心线的间距，L 为货物长度，C 为转向轮滑行的操作余量。

总体来说，用小推车搬运时，通道的宽度一般为 2~2.5 米；用小型叉车搬运时，通道的宽度一般为 24~30 米；进入汽车的单行通道，通道的宽度一般为 3.6~4.2 米。

②确定作业通道的宽度。作业通道是供作业人员存取搬运物品的行走通道，其宽度取决于作业方式和货物的大小。采用人工存取的货架之间的过道宽度一般为 0.9~1.0 米，货堆之间的过道宽度一般为 1 米左右。

③确定检查通道的宽度。检查通道是供仓库管理人员检查库存货物的数量、质量行走的通道，其宽度只要能让检查人员自由通过就行，一般为 0.5 米。

（2）确定墙间距。墙间距的作用主要是使货垛和货架与库墙保持一定的距离，以减少库外温湿度对存储商品的影响。为了尽量缩小非保管场所的面积，仓库可以将墙间距同时兼做作业通道和检查通道。这样做就能形成库内通道网络，方便作业。据此，墙间距就应比一般单一的墙间距的宽度要宽，通常以 1 米为宜。

（3）确定收发货区。

①收发货区位置的确定。收发货区是供收货、发货临时存放货物的作业

场地，可以划分为收货区和发货区，也可以划定一个收发货共用的区域。其位置可以设在仓库的两端或适中的位置。

②收发货区面积的确定。收发货区一般占仓库面积的 5% 左右。

（4）确定库内办公地点。仓库管理人员的办公地点可以设在库内，也可以设在库外。办公场所如果设在库内，需要隔成单间，这就影响了库内的布置，也占用了有限的储存面积。因此，办公场所宜建在库外。办公场所如果建在库外，需要考虑管理的方便，不能离仓库太远。

3. 仓库仓区的总规划原则

（1）仓区要与生产现场靠近，保持通道顺畅。

（2）每仓要有相应的进仓门和出仓门，并有明确的标牌。

（3）仓库的办公室尽可能地设置在仓区附近，并有明确的标牌。

（4）测定安全存量的理想最低存量或定额存量，并有明确的标牌。

（5）按储存容器的规格、楼面承重能力和叠放的限制高度，将仓区划分成若干仓位，并用油漆或美纹胶在地面标明仓位名、通道和通道走向。

（6）仓区内要做好标示，如 A 区、B 区等。

（7）进行仓区设计时须将安全因素考虑在内，明确规定消防器材放置的位置、消防通道和消防门的设置方式与救生措施等。

（8）货位布置应明显，可以用油漆画线固定位置，堆放物品时以油漆线为界。

（9）每仓的进仓门处须张贴仓库平面图，图中标明该仓库所在的地理位置、周边环境、仓区仓位、仓门各类通道、门、窗、电梯等内容。

（10）如果仓库太大，或者存放的东西太多，用一张大平面图无法将整个仓库内的实景全部反映出来，就得借用小平面图来补充，也就是在仓库内的架子上或是指定区域内，再设置一个小平面图或仓库区域布置图，把该架子或是该区域内所放置的物品，按照储位标示出来，以便于取放。

三、仓库货区的布置

仓库货区的布置的目的一方面是提高仓库平面和空间利用率，另一方面是提高物品保管质量，方便进出库作业，从而降低物品的仓储处置成本。仓库货区的布置分为平面布置和空间布置。

1. 平面布置

平面布置是指对货区内的货垛、通道、垛间（架间）距、收发货区等进行合理的规划，并正确处理它们的相对位置。平面布置主要依据库存各类货物在仓库中的作业成本，按成本高低分为 A 类、B 类、C 类。A 类货物作业量大约占据作业最有利的货位，B 类次之，C 类再次之。平面布置的形式可以概括为垂直式和倾斜式。

2. 空间布置

空间布置又称动线布置，基本物流动线模式有 I 形、双直线形、S 形、U 形、L 形、集中形六种。根据物流中心作业流程特点与厂区面积大小、方位关系，物流作业动线设计的常用模式有四种，即 I 形、U 形、L 形、S 形。

（1）I 形。I 形布置的出库区和入库区设置在仓库的对向两侧，设施和设备均沿通道两侧布置，货物由"进、储、出"形成了一个类似 I 字形的移动路线（见图 6-16）。I 形布置结构简单，各个作业单位的运作动线均是平行的，人流和货流之间的交叉较少，避免了搬运设备之间的相撞和拥堵情况，货物流转速度快，作业时间少。但是，I 形布置的单位面积利用率低，土地占用率高，投资成本高。I 形布置适合大批量、高频次的物资作业，比如快递快运转运仓库。

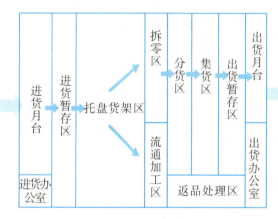

图 6-16 I 形布置

（2）U 形。U 形布置是随着现代生产而发展起来的一种布局模式，其基础源于 I 形布局。U 形布置的入库区和出库区在仓库的同一侧，货物由"进、储、出"形成了一个类似倒 U 形的移动路线（见图 6-17）。此布置形式入口与出口在同一侧，靠得较近，出入库区域资源能实现综合利用并合理调配，但作业动线较迂回，人货合流拉长了作业时间，作业效率较低。但是，U 形布置的柔性程度高，出入库可随货量分配；占地面积在同等条件下较少，相对于 I 形、L 形布置来讲面积利用率高；存储区靠里布置，比较集中，便于利用；易于控制和安全防范，可以在建筑物的三个方向扩展；可以使得整个园区土地利用率增大。U 形布置一般适合于小批量、批量适中或出库频次不是非常高的仓库，比如冷库、普通仓库、生产企业原料库等。

（3）L 形布置。L 形布置的入库区和出库区设置在库体相邻的两侧，货物由"进、储、出"形成了一个类似 L 形的移动路线（见图 6-18）。此布置形式的出入库理货区同时占用了仓库的长边和宽边，空间浪费比较严重，比 U 形布置存储量低。但是，L 形布置方便了仓库设施和设备的协调运用，人流、货流之间的交叉较少，货物流转速度较快。L形布置适合于中大批量、高频次的物资作业，比如电商、快递仓库。

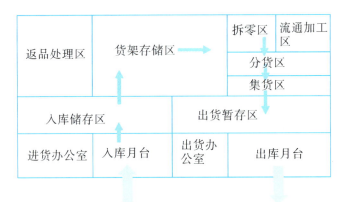

图 6-17　U 形布置

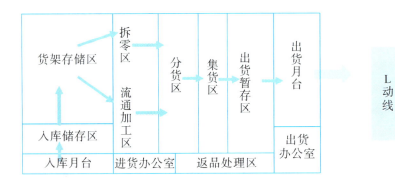

图 6-18　L 形布置

（4）S 形布置。S 形布置可以满足多种流通加工等处理工序的需要，并且可以在宽度不足的仓库作业（见图 6-19）。S 形布置可以与 I 形布置相结合一起使用。

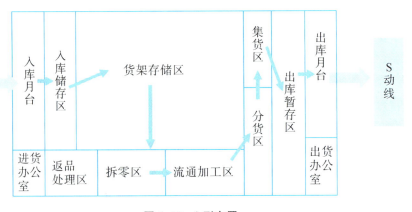

图 6-19　S 形布置

四、仓库仓位的确定

1. 确定仓库仓位的大小

物品储存数量决定物品应保存仓位的大小。最高存量、最低存量与正常存量三项不同的数据会影响到对仓位的大小的确定。仓位的大小若取决于最低存量，仓位太小，常会出现为腾出仓位而辗转搬运物品或无仓位存放物品的现象；若取决于最高存量，常会造成仓位过大的现象。因此，通常以正常存量来决定仓位的大小。

2. 选择合适的货架

货架是保管物品的设施，是货位设计的重要元素之一。仓库主管必须熟悉各种货架的性能，为不同的物品选择合适的货架。

（1）普通货架。普通货架是目前广泛使用的一类货架。这类货架可以按不同的方法进行划分。

按载重量不同，普通货架可以分为轻型货架、中型货架和重型货架三种。

按形状和用途不同，普通货架可以分为 H 形货架、A 形货架、条形货架、悬臂形货架（用于存放钢筋、钢管等长条形物品）、抽斗形货架（用于存放仪表、工具、零件等小件物品）。

（2）特殊货架。常见的特殊货架如表 6-4 所示。

表 6-4　常见的特殊货架

货架	具体说明
阁楼形货架	（1）在一层货架的顶部铺设顶板，再在其上方安装一层货架。 （2）如果仓库的空间允许，可以安装第三层货架。 （3）多采用全装配式，拆装方便
可进车货架	（1）在利用机械进出货的仓库中，应预留出运输通道。 （2）叉车进入货架内，将货物放在临时搭置的阁楼货架上，然后按顺序推移，直至装满。 （3）按照从外向内的顺序取货。 （4）其缺点是不能实现先进先出
传送带式货架 （也称流动式货架）	将链式传送带、柱式传送带或滚轮式传送带安装在货架的间隔内并保持一定坡度，从一端放入的货物会在重力的作用下沿着传送带迅速移动到另一端
密集型货架	（1）在地面上铺设轨道，使货架沿着轨道运动。 （2）只需将货架沿着轨道拉出室外，即可进行存取操作
高层货架	（1）适用于自动化仓库，是立体仓库的主要设施。 （2）用于托盘等单元组合货载。 （3）不宜采用叉车作业，可以采用沿货架运动的升降式举货机

3. 空间布置

空间布置是指库存货物在仓库立体空间上布局，目的在于充分有效地利用仓库空间。空间布置的主要形式有就地堆码、上货架存放、架上平台、空中悬挂等。其中,使用货架存放货物有很多优点,概括起来有以下几个方面。

(1) 便于充分利用仓库空间,提高库容利用率和存储能力。

(2) 货物在货架里互不挤压,有利于保证货物本身及包装完整无损。

(3) 货架各层中的货物可以随时自由存取,便于做到先进先出。

(4) 货物存入货架,可以防潮、防尘。某些专用货架还能起到防损伤、防盗、防破坏的作用。

> **小贴士**
>
> 影响仓库储存空间规划的因素如下:
>
> - 储存方式:一般储存方式有散放、堆码、货架储存三种。
> - 货物情况:货品尺寸、数量。
> - 存储设施设备情况:托盘尺寸、货架空间、使用的机械设备情况、通道宽度及位置、需求空间、库内柱距等。
> - 建筑物尺寸及形式。
> - 进出货及搬运位置。
> - 补货及服务设施的位置(防火墙、灭火器、排水沟等)。

 【任务拓展】

甲公司为一家新成立的仓储有限公司,主要为一些商贸公司的肥皂、洗衣粉、饼干、方便面、色拉油等日用品的储存以及简单加工提供服务。该公司与客户之间主要采用购销的方式,产品退货比较少。该公司根据多年来的经验得知,肥皂、洗衣粉的储存面积大概需要 100 平方米,该类产品的日进出非常频繁,产品在出库时经常需要拆包或换包装,产品容易散落,污染地面;饼干、方便面、色拉油的进货周期比较长,需要储备较多的库存,日常储存需要 100 平方米(堆地储存),产品包装比较整齐,适合货架存放。新租赁的仓库相关参数如表 6-5 所示。

表 6-5　仓库相关参数

总建筑面积	350 平方米
仓库面积	320 平方米
开门数量	2 个门
室内净高度	4 米
仓库荷载能力	2 吨/平方米
库门规格(宽、高)	高 2.5 米,宽 2 米

在库区平面图上进行区域划分和标识（库区平面图见图 6-20）。

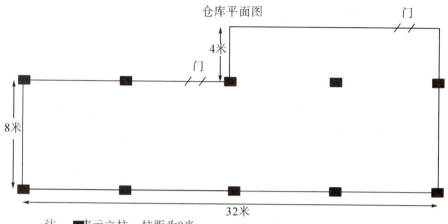

图 6-20　库区平面图

（1）根据库区平面图划分出仓库的各个区域。要求：包括验收区、理货区、储存区、备货区、配装区、发货区、退货区等（根据企业业务的实际需要，不同的区域可以合并）。

（2）明确每个区域的面积与位置。要求：在图上标明，并简单说明此区域划分的原因。

（3）配置每个区域内物流设备。要求：配置合理，每种设备都能较好地发挥作用。

（4）详细阐明物流设备的型号与功能。要求：物流设备的型号与功能都能清晰表述，如货架有几层、每层有多高。

任务四　仓库货位的布置与编号

【任务目标】

1. 知识目标

☑仓库货位编号的原则

☑仓库货位编号的方法

2. 技能目标

☑能够根据仓储公司的实际情况对货场、库房、货架等进行科学、合理编号

3. 素养目标

☑培养科学严谨的仓储规划意识

☑具备团队合作意识，能分工协作、有效沟通，并运用适当的方式方法展示学习成果

 【任务描述】

深圳中储惠通仓储有限公司是一家刚刚成立的公司，该公司平面图如图 6-21 所示。货场主要用来堆存货物，平房仓库、楼房仓库里面均放置货架，一间库房里放置 16 排货架，每排货架有 4 层共 20 个格眼。请为该公司的货场、货棚、平房仓库、楼房仓库、货架进行编号。

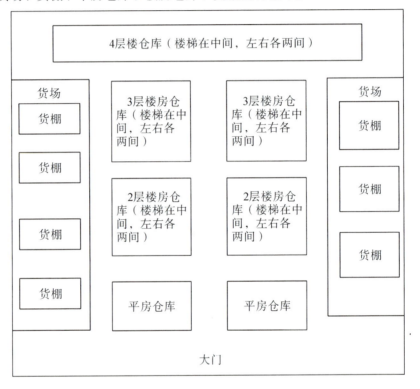

图 6-21　深圳中储惠通仓储有限公司平面图

 【任务实施】

步骤一：学生根据图 6-21，以进入仓库正门方向按照左单右双的顺序用阿拉伯数字对货位进行编号。

步骤二：学生根据图 6-21，以进入仓库正门方向根据货棚远近，按照自左而右的顺序对货棚进行编号。

步骤三：学生以进入仓库正门方向，按照自左而右的顺序对平房仓库进行编号。

步骤四：学生按照"多层库房的楼层、仓间编号"规则对楼房仓库进行编号。

步骤五：学生按照"货架货位编号"规则，从"以排为单位的货架货位编号""以品种为单位的货架货位编号""以货物编号代替货架货位编号"三种方法中任选一种对货架进行编号。

 【任务资讯】

一、仓库货位的布置形式

1. 垂直式布局

垂直式布局是指货垛或货架的排列与仓库的侧墙互相垂直或平行，具体包括横列式布局、纵列式布局和纵横式布局。

（1）横列式布局。横列式布局是指货垛或货架的长度方向与仓库的侧墙互相垂直。这种布局的主要优点是主通道长且宽，副通道短，整齐美观，便于存取和检查点数。横列式布局如果用于库房布局，还有利于通风和采光。横列式布局如图 6-22 所示。

图 6-22　横列式布局

（2）纵列式布局。纵列式布局是指货垛或货架的长度方向与仓库侧墙平行。这种布局的优点主要是可以根据库存货物在库时间的不同和进出频繁程度安排货位，在库时间短、进出频繁的货物放置在主通道两侧；在库时间长、进出不频繁的货物放置在里侧。纵列式布局如图 6-23 所示。

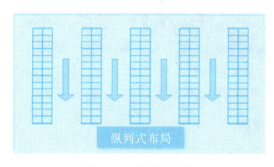

图 6-23　纵列式布局

（3）纵横式布局。纵横式布局是指在同一保管场所内，横列式布局和纵列式布局兼而有之，可以综合利用两种布局的优点。纵横式布局如图 6-24 所示。

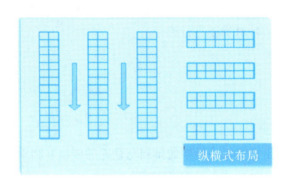

图 6-24　纵横式布局

2. 倾斜式布局

倾斜式布局是指货垛或货架与仓库侧墙或主通道成 60 度、45 度或 30 度夹角，具体包括货垛（架）倾斜式布局和通道倾斜式布局。

（1）货垛（架）倾斜式布局。货垛（架）倾斜式布局是横列式布局的变形，是为了便于叉车作业、缩小叉车的回转角度、提高作业效率而采用的布局方式。货垛（架）倾斜式布局如图 6-25 所示。

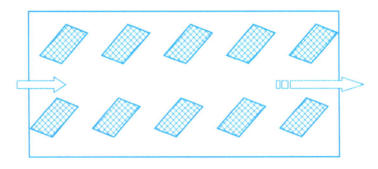

图 6-25　货垛倾斜式布局

（2）通道倾斜式布局。通道倾斜式布局是指仓库的通道斜穿保管区，把仓库划分为具有不同作业特点，如大量储存和少量储存的保管区等，以便进行综合利用。在这种布局形式下，仓库内形式复杂，货位和进出库路径较多。通道倾斜式布局如图 6-26 所示。

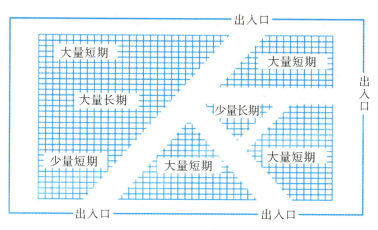

图 6-26　通道倾斜式布局

各种布局方式的优缺点比较如表 6-6 所示。

表 6-6　各种布局方式的优缺点比较

布局方式	优点	缺点
横列式布局	通道短、整齐美观、便于存取以及盘点作业，并且有利于通风	通道占用面积多，面积利用率受影响
纵列式布局	通道占用面积少，面积利用率提高	通道过长，通风、采光不利，存取作业不方便
纵横式布局	兼有横列式布局和纵列式布局的优点	—
倾斜式布局	便于叉车作业，缩小叉车的回转角度，提高了作业效率	倾斜存放，拐角留有大量空位，仓库面积利用率受影响

3. 实行货位规格化

货位规格化是指运用科学的方法，通过周密的规划设计，对货物进行合理分类、排列（库房号、货架号、层次号和货位号），使仓库内物品的货位排列系统化、规范化。仓库主管实行货位规格化的主要依据是物品分类目录、物料储备定额以及物品的自然属性（见表 6-7）。

表 6-7　货位规格化的依据

依据	具体说明
物品分类目录	（1）考虑仓库的作业管理、统计报表的需要，使之与采购环节相衔接，可以采用供应渠道的物品分类目录。 （2）在货位的排列上，考虑不同类别的物品储存在货架和层次上的安全问题，应另起货架或另行存放在一层上

表6-7(续)

依据	具体说明
物料储备定额	(1) 按规定的储备定额规划货位。 (2) 如果无储备定额，可以根据常备物料目录进行安排，并在货架上留出适当空位
物品的 自然属性	物理、化学性质相抵触的物品，温度、湿度要求不同的物品以及灭火方法相抵触的物品不得混放在一起

二、货位编号的含义

货位编号是指将库房、货场、货棚、货垛、货架以及物品的存放具体位置按顺序统一编列号码，并做明显标志。实行货位编号，对提高物品收发效率，加强对仓储物品的检查监督和盘存统计工作以及方便仓管人员之间的互助合作有很大的作用。

货位编码就如同物品在库的"住址"，仓库做好储位编码工作，应该从不同库房条件、物品类别和批量整零的情况出发，搞好储位画线及编码秩序，以符合"标志明显易找，编排循规有序"的要求。

三、货位编号的准则

1. 唯一准则

库存所有物品都有自己唯一的编号。

2. 系统化准则

编号要按物品分类的顺序分段编排。物品的编号不是库存所有物品的一般顺序号，而是符合物品分类目录的分段序列号。

3. 实用性准则

编号应尽量简短，便于记忆和使用。

4. 通用性准则

编号要考虑各方面的需要，使这一号码既是货位编号，又是储备定额的物品编号，还是材料账的账号（计算机系统中的物品代号）。

四、货位编号的具体要求

货位编号好比物品在仓库里面的"住址"。仓库主管要根据库房条件、物品类别等情况做好货位画线及序号编排工作，以满足标志明显易找、编排循规有序的要求。

1. 标记位置

货位编号的标记设置要因地制宜，采取适当方法，选择适当位置。例如，仓库标记可以在库门外挂牌；仓间标记可以写在库门上；货场货位标志可以竖立标牌；多层建筑库房的走支道、段位的标记，一般都印制在地坪上（存放粉末类、软性笨重物品的仓间，其标记也有印制在天花板上的）；泥土地坪的简易货棚内的货位标记可以利用柱、墙、顶梁刷置或悬挂标牌。

2. 货位画线

在货棚、货场的货位上，因为铺垫枕木、花岗石等垫垛用品，所以货位一般不再画线。但在库房内，货位画线是严格区分货物与走支道、墙距的界线，因此必须做到以下几点：

（1）画线保持径直。画线是否径直，直接关系到货物堆垛是否整齐。画线时可以先用线绳拉直，再以粉笔沿直线绳画出线条，然后按线条刷上白漆。

（2）货位画线的宽度一般以 3 厘米为宜。

（3）画线应印制在走支道或墙壁面积上，并相应要求货垛不压货位画线。

3. 编号秩序

编号秩序是对货位编号朝向、段号间隔和编号标记的制作提出的统一要求。

（1）编号朝向。仓库范围的房、棚、场以及库房内的仓间、走支道、段位的编号，基本上都以进门的方向、左单右双或自前而后的规则排列。

（2）段号间隔。段类编号，其间隔的宽窄，取决于储存货物批量的大小。仓管人员在编排段号时，可以沿着货位画线，通常保持间隔 1 米或 2 米。整个仓间段号间隔应该等距。段号间隔除便于仓管人员正确掌握存货位置、加速发货和据此填报空仓外，还便于推算出仓间或走支道的深度和宽度。

（3）编号标记制作。目前，仓库货位编号标记的种类繁多，很不规范，有的以甲、乙、丙、丁为标记，有的以 A、B、C、D 为标记，有的以东、南、西、北方位和地名为标记，这样很容易造成单据串库的货物错收、错发事故。统一使用阿拉伯字码制作货位编号标记，可以避免以上弊病。

小贴士

货位标示的管理功能如下：

（1）能够确定货位资料的正确性。

（2）能够提供位置记录。

（3）能够提供存储货物的位置依据。

（4）能够提高调仓、移仓的效率。

（5）便于利用计算机进行处理分析，便于依序储存或拣货，便于盘点，易于掌握储存空间。

（6）能够避免货物乱放。

五、货位编号的主要方法

1. 地址法

仓管人员利用保管区中的现成参考单位，如建筑物第几栋、区段、排、行、层、格等，按相关顺序编号，如同地址的市、区、路、号一样。仓管人员通常采用的编号方法为"四号定位"法。"四号定位"法是指采用4个数字号码对应库房（货场）、货架（货区）、层次（排次）、货位（垛位）进行统一编号的方法（见图6-27）。

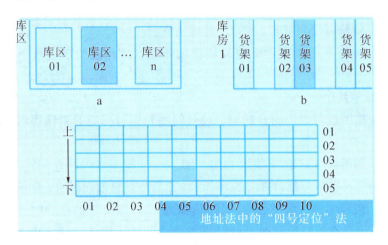

图6-27　四号定位法

例如，"3-4-3-8"编号就是指3号库房（3号货场）、4号货架（4号货区）、第3层（第3排）、第8号货位（第8号垛位）。

（1）货架货位编号。货架货位编号是将库房号当成整个仓库的分区编号，货架号是面向货架从左至右编号，货架层次号是从下层向上层依次编号，货架列号是面对货架从左侧起横向依次编号。

例如，3号库区2号货架第4层第3列用"3-2-4-3"表示。

编号时，为防止出现错觉，库管人员可以在第一位数字后加上拼音字母"K""C"或"P"来表示，这3个字母分别代表库房、货场、货棚。例如，"5K-8-3-18"，即5号库房、8号货架、第3层、第18号。

又如，B库房3号货架第4层第2列用"BK-3-4-2"表示。

（2）货场货位编号。货场货位编号一般有两种方法：按照货位的排列编成排号，再在排号内顺序编号；不编排号，则采取自左至右和自前至后的方法，顺序编号。

例如，D库房3号位第4排第2号用"DK-3-4-2"表示。

（3）以排为单位的货架货位编号。此方法将库房内所有的货架按进入库门的方向，自左至右安排编号，进而对每排货架的夹层或格眼，在排的范围内以自上至下、自前至后的顺序编号。

例如，4 号库房设置 16 排货架，每排货架有 4 层，每层有 4 个格眼，每排货架共有 16 个格眼。其中，第 6 排货架、第 8 号格眼用"4-6-8"表示。

（4）以品种为单位的货架货位编号。此方法将库房内的货架以物品的品种划分储存区域后，根据品种占用储存区域的大小，在分区编号的基础上进行格眼编号。

（5）以物品编号代替货架货位编号。此方法适用于进出频繁的零星散装物品，在编号时要注意货架格眼的大小，格眼的数量多少应与存放物品的数量多少、体积大小相适应。

例如，某类商品的编号从 10101 号至 10110 号，储存货物的一个格眼可以放 10 个编号的商品，则在货架格眼的木档上制作 10101-10 的编号，以此作为该格眼的编号。

2. 区段法

区段法是指把保管区分成不同的区段，再对每个区段进行编码。这种方法以区段为单位，每个号码代表的区域大小视物流量大小而定，也可以以一组货架为一个区段进行编码。

3. 品类群法

品类群法是指把一些相关物品经集合后，分成几个品类群，再对每个品类群进行编码。此方法适用于容易按物品群保管的场合和品牌差距大的物品，如电子群、五金群等。

六、绘制货位图

为便于管理及提高工作效率，仓管人员可以将仓库内储存区域与货架分布情况绘制成物品货位图。常见的货位图有两种，分别示例如下：

【示例一】

A 库：

货架 1、2、3、4、5——玩具。

货架 6、7、8、9、10——办公用品。

货架 11、12、13、14——体育健身用品。

B 库：洗涤用品。

C 库：

货架 1、2、3——女性服装。

货架 4、5、6——儿童用品。

D 库：家用电器。

【示例二】

表 6-8

品名	编号	库区号	货架号	货架层、列号
玩具熊	0015	A	1	3-1
城堡积木	0021	A	2	1-1
......				

七、货位编号的注意事项

（1）物料、半成品、成品入库后，仓管人员应将其所在货位的编号及时登记在保管账、卡的"货位号"栏中，并输入电脑。货位编号输入得正确与否，直接决定着出库物品的准确性高低，仓管人员应认真对待这一项操作，以免出现差错。

（2）当物品所在的货位变动时，账、卡的货位号也应进行相应的调整，仓管人员要做到"见账知物"和"见物知账"。

（3）为了提高货位利用率，同一货位可以存放不同规格的物品，但必须采用具有明显区别的标志，以免造成差错。

（4）走道、支道不宜经常变动，否则不仅会打乱原来的货位编号，还会造成库房照明设备的调整。

（5）每个货架的显眼处应悬挂其物品放置图，图中列出每一层放置的物品，以方便查看。必要时，仓管人员可以将物品堆放形态图全部贴出。

【任务拓展】

某仓库接收了一批矿泉水、汽水、饼干、洗衣粉、卫生纸、毛巾、大米、酱油等商品，经检验后需上货架保管，但是所有的货架并没有编号。假设库房平面图如图 6-28 所示。假设每种商品仅占一个货位，请为库房货位编号并为商品安排货位。

图 6-28　库房平面图

要求：

（1）制作 word 文档，文件名为"仓库货位编号作业+名字+学号后两位"。

（2）文档应包括分区分类考虑的因素、编好的货位编号，并制作货架简图。

任务五　仓库设备的配置与选型

【任务目标】

1. 知识目标
☑仓库常用的作业设备的主要类型、性能特点以及用途
☑仓库作业设备配置的原则和方法
2. 技能目标
☑能够根据仓储公司的业务情况科学、合理地配置所需的各种作业设备
3. 素养目标
☑培养科学严谨的仓储规划意识
☑培养经济节约的仓储成本控制意识
☑具备团队合作意识，能分工协作、有效沟通，并运用适当的方式方法
　展示学习成果

【任务描述】

　　立城仓储有限公司是一家刚刚注册的公司，主要经营各种螺丝、螺母、螺栓等小五金的存储服务。该公司实行 3 班制，每班 8 小时，有 4 个仓库，预计每间仓库的年吞吐量分别为 725 万吨、910 万吨、350 万吨、560 万吨。仓库高 20 米，仓库分布及相关数据如图 6-29 所示。假设搬运装卸作业辅助时间平均为 5 分钟，无二次搬运，要求机械化达到中等程度，试为该公司配置货架、搬运装卸等生产作业设备（写出各种作业设备配置的数量、规格型号以及配置的理由，并请详细描述配置过程）。

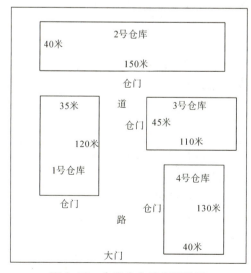

图 6-29　仓库分布及相关数据

【任务实施】

步骤一：学生根据任务中提供的储存货物信息、年吞吐量信息等，选择具体的装卸作业设备、规格、型号。

步骤二：学生根据任务中给定的"搬运装卸作业辅助时间平均为5分钟，无二次搬运，要求机械化达到中等程度"等条件，结合年吞吐量信息等，确定配置系数，再利用公式计算出该公司实际需要的作业设备数量。

【任务资讯】

一、配置仓储设备

仓储设备是指仓储业务所需的所有技术装置与机具，即仓库进行生产作业或辅助生产作业以及保证仓库及作业安全所必需的各种设备的总称（见表6-9）。

表6-9　仓库设施设备配置清单

序号	功能要求	设备类型
1	存货、取货	货架、叉车、堆垛机械、起重运输机械等
2	分拣、配货	分拣机、托盘、搬运车、传输机械等
3	验货、养护	检验仪器、工具、养护设施等
4	防火、防盗	温度监视器、防火报警器、监视器、防盗报警设施等
5	流动加工	作业机械、工具等
6	控制、管理	计算机及辅助设备等
7	配套设施	站台、轨道、道路、场地等

1. 存储设备

存储设备是指用于储存各种物品的容器和设备，主要包括各种料架料仓、料槽、储罐等。根据性质和形态的不同，存储设备可以分为以下三类：

（1）保管一般物品的存储设备。例如，适用于储存各种金属材料、机械零件、配件、工具等的各种料架。料架按用途划分可以分为通用料架和专用料架。通用料架可以分为层式、格式、抽屉式以及橱柜式料架，适用于储存体积小、重量轻、品种规格复杂的金属制品、轴承及工具、机电产品等。专用料架是根据物品的特殊形状而设计的，适用于储存特定类别的物品，如小型条钢和钢管的悬臂式料架等。选择货架应总综合考虑的因素如图6-30所示。

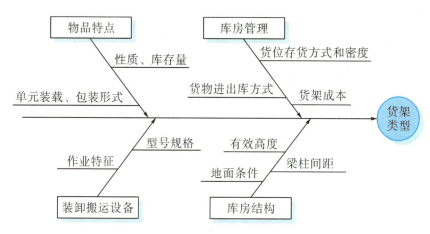

图6-30 选择货架应综合考虑的因素

（2）保管块粒状和散装物品的存储设备。例如，适用于储存散装原料、散装螺丝和铆钉等的各种料仓、料斗等。

（3）保管可燃易燃液体材料及腐蚀性液体的存储设备。例如，适用于存储汽油、柴油、润滑油以及各种酸、碱、液体化工产品等的瓶、桶、储罐等。

2. 计量设备

仓库的计量设备可以分为称量设备和量具两大类（见表6-10）。

表6-10 仓库称重、计量设备表

类别		具体用途
称量设备	天平	适用于体积小、计量精度高的小件贵重物品。例如，贵重金属、高纯度化工原料等。天平以克或毫克为计量单位
	案秤	适用于小件物品，其称量范围小于20千克
	台秤	适用于20千克以上的物品，有移动式和固定式两种。台秤是仓库中应用最广泛的一种计量设备
	地中衡	又称汽车衡，需要将磅秤的台面安装在汽车道路面的同一水平线上，使进出运料的车辆通过其上面称出重量
	轨道衡	又称大型有轨式地下磅秤，适用于火车车辆称重。载重车在轨道衡上称出毛重，减去车皮自重，即可得出货物的重量。其称量范围大于60吨
	自动称量装置	自动称量装置按作业原理可以分为液压秤和电子秤两种。其特点是在装卸物品过程中就能计量货物的重量。例如，称量装置与吊钩连为一体。这种装置可以缩短物品出入库检验时间，降低作业量，但误差比较大，且容易损坏

表6-10(续)

类别		具体用途
量具	普通量具	度量长短的量具,可以分为直接量具和辅助量具两类。直接量具有直尺、折尺、卷尺等,辅助量具有卡、钳、线规等
	精密量具	游标卡尺、千分卡、超声波测厚仪等能精确测量物品规格的量具

3. 搬运设备

仓库搬运设备清单如表6-11所示。

表6-11 仓库搬运设备清单

类别	具体用途
搬运车辆	用于运输物料的器械,包括人力搬运车,如手推车、手动叉车、拉车、货架车等;机动搬运车,如自动搬运车、电瓶车、托盘搬运车、牵扯引车等
输送机	用于传输物料的器械,包括辊子输送机、辊轮输送机、带式输送机、悬挂链式输送机、平板式输送机、卷扬机等
起重机	使物料垂直移动的器械,包括手动及电动葫芦、巷道及桥式堆垛机、门式起重机、天车等
升降装置	使物料升高或降低的器械,包括电梯、升降机、升降台、缆车等
辅助搬运器具	用于装载物料的器具,包括各种托盘(如平托盘、柱式托盘、网式托盘、箱式托盘)、各种器皿(如物料盒、液体罐、桶类)和各种箱子(如纸箱、塑料箱)

二、装卸搬运设备的数量配置

1. 计算配置系数

装卸搬运设备的配置数量主要根据仓库作业量来确定,并使仓库有较高的配置系数。配置系数可以通过下列公式计算获得:

$$K=\frac{Q_c}{Q_t}$$

式中,K 为设备配置系数,一般取值为 0.5~0.8;Q_c 为设备能力,即设备能完成的物流量;Q_t 为仓储公司一年的总物流量。

在通常情况下,当 $K>0.7$ 时,表明机械化作业程度高;当 K 处于 0.5~0.7 时,表明机械化作业程度中等;当 $K<0.5$ 时,表明机械化作业程度低。

2. 计算设备配置的数量

仓管人员在配置作业设备时,可以根据仓库等的要求预先设定一个 K

值（要求达到的机械化作业程度）来计算设备所需完成的物流量，从而进行设备的配置计算。设备数量配置，可以用下列公式计算：

$$Z = \sum_{i=1}^{m} Z_i$$

式中，Z 为设备总台数，m 为设备类型数，Z_i 为第 i 类设备台数。

三、仓库选择仓储设备时的注意事项

1. 仓储设备的型号应与仓库的作业量、出入库作业频率相适应

仓储设备的型号和数量应与仓库的日吞吐量相对应。仓库的日吞吐量与仓储设备的额定起重量、水平运行速度、起升和下降速度以及设备的数量有关，应根据具体的情况进行选择。同时，仓储设备的型号应与仓库的出入库频率相适应。对于综合性仓库来说，其吞吐量不大，但是其收发作业频繁，作业量和作业时间很不均衡，应考虑选用起重载荷相对较小、工作繁忙程度较高的设备。对于专用性仓库来说，其吞吐量大，但是收发作业并不频繁，作业量和作业时间均衡，应考虑选用起重载荷相对较大、工作繁忙程度较低的设备。

2. 计量和搬运作业同时完成

有些仓库需要大量的计量作业，如果搬运作业和计量作业不同时进行，势必增加装卸搬运的次数，降低生产效率。因此，为了提高生产效率，这类仓库可以使搬运和计量作业同时完成。例如，仓库在皮带输送机上安装计量感应装置，在输送的过程中，同时完成计量工作。

3. 选用自动化程度高的设备

仓库要提高作业效率，应从物品和设备两个方面着手。从物品的角度来考虑，仓库要选择合适的货架和托盘。托盘的运用大大提高了出入库作业的效率，选择合适的货架同样能使出入库作业的效率提高。从设备的角度来考虑，仓库应提高设备的自动化程度，以提高仓储作业的效率。

4. 注意仓储设备的经济性

选择仓储设备时，仓库应该根据作业的特点，运用系统的思维，在坚持技术先进、经济合理、操作方便的原则下，根据自身的条件和特点，对设备进行经济性评估，选择经济合理的设备。

———— 小贴士 ————

现代仓储设备配置选用时应考虑的因素：

（1）商品特性。储存商品的外形尺寸直接关系到货架规格的选择，储存商品的重量直接关系到货架强度的选择，商品储存单位直接影响到货架类型的选择。

（2）存取性。货物的存取性与储存密度有着密切的关系。当储存密度过大时货物的存取性就相对较差。有些货架储存密度较佳，但采用"先进先出"的管理方式时却很难适应。只有自动化立体仓库能很好地解决货物的存取性与储存密度的问题，但投资成本较高。

（3）出入库量。在选择出入库输送设备和分拣设备时，仓库应充分考虑出入库量，根据作业频率来选择相应的设备。

（4）仓库架构。在进行仓库设备选择时，仓库的可用高度、梁柱的位置、地坪承载能力、防火设施等都是决策应考虑的重要因素。

【任务拓展】

根据下列仓储企业实际情况，进行操作仓库内区域划分并完成设备配备工作。

（1）仓库相关参数如表 6-12 所示。

表 6-12　仓库相关参数

总建筑面积	17 371 平方米
仓库面积	15 543 平方米
开门数量	6 个门
室内净高度	12 米
仓库荷载能力	5 吨/平方米
库门规格（宽、高）	高 4.5 米，宽 6 米

（2）库区平面图如图 6-31 所示（注：图 6-31 中划斜线的阴影部分为建筑物面积）。

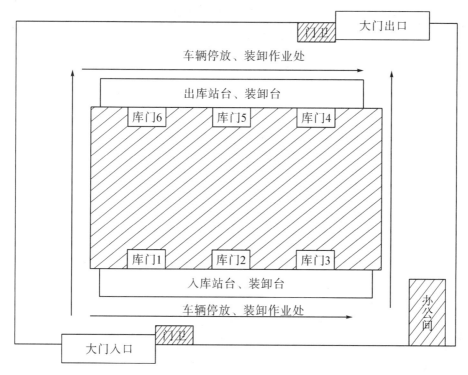

图 6-31　库区平面图

企业储存货物的具体情况如下：

货物一：每箱的外包装尺寸为 61 毫米×64 毫米×100 毫米，毛重量为
7.9 千克，限堆高 8 层，平均每天进出 4 000 箱。其储存面积占储存总面积
的 1/8。

货物二：每箱的外包装尺寸为 43.5 厘米×32.5 厘米×44.5 厘米，毛重
量为 12.5 千克，限堆高 8 层，平均每天进出 5 000 箱。其储存面积占储存
总面积的 1/8。

货物三：每箱的外包装尺寸为 28 厘米×35 厘米×40 厘米，毛重量为
20 千克，限堆高 3 层，平均每天进出 8 000 箱。其储存面积占储存总面积
的 3/8。

货物四：每箱的外包装尺寸为 50 厘米×25 厘米×30 厘米，毛重量为
8.8 千克，限堆高 10 层，平均每天进出 10 000 箱。其储存面积占储存总面
积的 2/8。

要求：请列出设备名称，并将选用设备的理由列出来。

表 6-13　不同货物的设备选用

货物名称	选用的设备	选择的理由

综合技能实训

【实训目的】

以仓库布局规划实训项目锻炼学生，使学生掌握仓库布局规划的方法，并能将仓库规划与设计业务相关知识灵活应用到企业实际问题的解决中。

【实训内容】

某大型连锁经营企业有两个商品供应基地、3 个地区物流中心。各仓库的位置坐标、货运量及运输费率如表 6-14 所示。该企业决定在两个商品供应基地仓库与 3 个地区物流中心之间建立一个中央仓库，由商品供应基地向中央仓库供货，中央仓库再向 3 个地区物流中心分拨供应货物。

（1）如何确定中央仓库的最佳位置？

（2）假设仓库的年业务量为 800 万吨，单位有效面积平均承重能力为 20 吨/平方米，平均存储天数为 30 天，仓库面积利用系数为 0.4，有效工作时间为 300 天，该仓库的建筑面积应为多大？

（3）假设该企业经营的主要商品是食品、服装、化妆品、洗涤用品、饮料、酒水等日用百货，大米、面粉等粮油产品，彩电、冰箱等家用电器，地砖、马桶等装饰装潢材料。日用百货主要用货架储存，酒水、饮料、家用电器、粮油在木地板地面堆存，装饰装潢材料主要在露天存放。800 万吨的年业务量中日用百货 200 万吨（其中酒水、饮料 50 万吨）、粮油 160 万吨、家用电器 40 万吨、装饰装潢材料 200 万吨，办公面积需要 800 平方米，作业设备存放及维修需要 600 平方米。仓库占地面积为 3 万平方米（200 米×150 米）。请为该仓库绘制总体布局图，进行货区布置和非保管场所布置，设计装卸平台，为货位编号（货架为 4.2 米×0.8 米），高度为 52 米，6 层，每层 4 个格眼，并标明具体的尺寸。

（4）假设该企业实行 3 班制，每班 8 小时，搬运装卸作业辅助时间平均为 12 分钟，无二次搬运，要求机械化程度较高，请为该仓库配置搬运装卸作业设备（写出各种作业设备配置的数量、规格型号以及配置的理由，需要假设的条件，由学生自己确定）。

表 6-14　各仓库的位置坐标、货运量及运输费率

节点	货物量/吨	运输费率/元/(吨·千米)$^{-1}$	地理坐标 (x, y)/千米
P_1	2 000	0.40	3, 8
P_2	3 000	0.40	8, 2
P_3	2 500	0.60	2, 5
P_4	1 000	0.60	6, 4
P_5	1 500	0.60	8, 8

【项目总结与评价】

1. 自我评价表（学生自评、组长评价，见表 6-15）

表 6-15　自我评价表

项目名称：				小组名称：		
评价时间：				出勤情况：		
序号	评价项目	评价标准		分值	自评分	组长评分
1	预习情况	1. 完成 2. 部分完成 3. 全部未完成		5		
2	学习目标实现情况	1. 实现 2. 部分实现 3. 大部分未实现		10		
3	与老师同学沟通情况	1. 好 2. 较好 3. 一般 4. 存在较大问题		10		
4	与同学协作情况	1. 好 2. 较好 3. 一般 4. 存在较大问题		10		
5	技术方法运用情况	1. 好 2. 较好 3. 一般 4. 存在较大问题		20		
6	资料收集水平	1. 高 2. 较高 3. 一般 4. 差		5		
7	做事态度	1. 很认真 2. 较认真 3. 应付 4. 差		10		

表6-15(续)

8	任务是否完成	1. 完成 2. 部分完成 3. 大部分未完成 4. 全部未完成	30	
9	创新情况（加分项）	任务完成有创新性，酌情加1~10分		
10	自我评价	1. 整体效果： 2. 主要不足： 3. 改进措施：	总分	

2. 任务评价表（教师评价，见表6-16）

表6-16　任务评价表

评议项目	考评内容	评分标准	标准分	实际得分
素养目标达成情况（此项为一票否决考核项目）	各任务素养目标达成	安全、积极参与、高效、团结完成工作任务	10	
仓库选址要领	仓库选址法计算原理及方法	仓库选址方法选择正确5分；仓库选址问题分析完整、计算正确10分	15	
仓库相关参数设计	仓库相关参数的计算	计算正确、过程详实10分	10	
仓库布局规划	仓库布局规划操作	仓库总体布置符合仓库规划原则，布局图规范5分；货区布置符合货区布置要求，科学合理5分；库区非保管场所布置科学合理5分；PPT制作精美、汇报展示内容全面、详略得当、语言清晰10分	25	
仓库货位的布置与编号	仓库货位布置与编号科学规范	货场编号正确，符合规定，图形规范5分；货场货位编号正确符合规定5分；货架货位编号正确，符合规定，图形规范5分；货位分区分类科学，具有可操作性5分	20	
仓库设备的配置与选型	仓储设备选型科学	仓库设备类型、型号记忆熟悉，选择正确5分；仓库设备数量计算正确5分	10	
知识问答	相关知识共10题	每题1分，共10分	10	
总计			100	

项目七　仓储作业组织及信息技术应用

任务一　仓储作业组织管理

 【任务目标】

1. 知识目标
☑仓库作业过程管理的内容
☑仓储作业组织建立的目标
☑仓储企业组织架构的确定
☑仓储作业组织的实施

2. 技能目标
☑能够完成企业仓储设备配置的清单制作
☑能够完成企业主要业务流程的设计
☑能够完成企业基本岗位的判断

3. 素养目标
☑具有现代仓储管理技能和管理意识
☑具有分析判断能力和市场预测能力
☑采用灵活的工作方式方法，勤于思考、开拓创新
☑具备良好的自主学习能力和问题分析能力
☑能分工协作、有效沟通，并运用适当的方式方法展示学习成果

 【任务描述】

任务一：仓库是物流作业过程中物资供给的保障，物流设备则是仓库仓储作业操作的"提速器"。2020年1月，新型冠状病毒感染疫情（以下简称"新冠疫情"）暴发后，全国物流企业面临了巨大的挑战，仓库对保障各类物资的输送起到了积极的作用。在人力更加短缺的非常时期，仓库的各类设

施设备成为仓储作业过程中的主力。请你说说仓储作业环节中可以用到哪些物流设备？

　　任务二：仓储作业过程需要不同的岗位去操作实施，不同的工作岗位有各自不同的工作内容和要求。请你根据工作内容，判断所属仓储作业岗位，并说说该岗位有哪些要求。

 【任务实施】

　　步骤一：学生厘清企业的物流业务，依据业务特点梳理出出入库订单处理、入库验收理货、入库搬运上架、货物入库登记、货物分类储存、货物在库盘点、货物在库养护、出库货物包装、出库货物配载、出库货物交换每项业务需要的仓储设备清单。

步骤三：学生根据主要的物流业务完成对人员的分配，制作岗位需求清单并完成岗位职责的描述。

 【任务资讯】

一、仓储作业组织

1. 仓储作业组织概述

　　仓储作业组织就是按照预定的目标，将仓储作业人员与储存手段有效地结合起来，完成仓储作业过程中各环节的职责，为货物流通提供良好的储存劳务。仓储作业组织建立的目标是按照仓储活动的客观要求和仓储管理的需要，把与仓储有关的部门、环节、人和物尽可能地合理组织搭配起来，使工作协调且有效地进行，加速货物在仓库中的周转，合理使用人力、物力，以取得最大化的经济效益。

2. 仓储作业组织的类型

（1）按层级划分。

①直线式组织形式。小型仓储设施的人员不多，业务较简单，可以采取直线式组织形式（见图 7-1）。通常，直线式组织形式的指挥和管理职能基本上都由仓储主管承担。直线式组织形式的指挥管理统一，责任和权限比较明确，组织精简，不设行政职能部门、科、组。

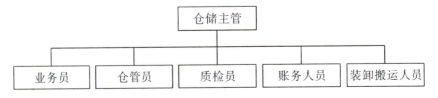

图 7-1　直线式组织形式

②直线职能式组织形式。按照一定的专业分工来划分车间、小组，按照职能划分部门，建立行政领导系统的组织形式，是目前普遍采用的一种组织形式，即直线职能式组织形式（见图7-2）。在直线职能式组织形式中，各职能部门虽然都是按照仓储主管的统一计划和部署来开展工作的，但还是会发生种种矛盾，因此要注意相互配合，促使各职能部门之间的步调一致。

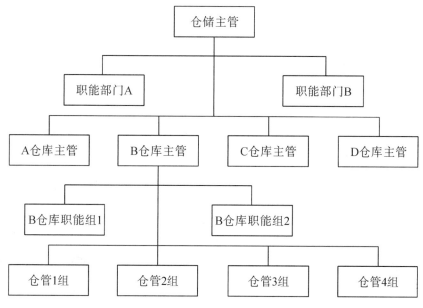

图7-2　直线职能式组织形式

③事业部制组织结构形式。事业部制组织结构形式是一种较为复杂的仓储组织结构形式（见图7-3）。它是在总公司领导下，以某项职能（或某项目）为事业部，实行统一管理、分散经营的管理方法。其优点是管理决策程序完善，运行效率高，各事业部内部管理权力相对集中，有独立的经营管理能力。事业部制组织结构形式适合大型仓储企业。

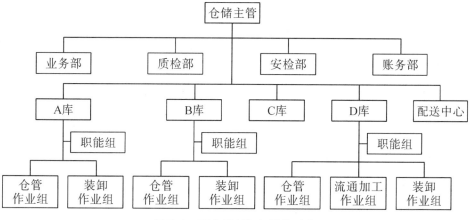

图7-3　事业部制组织结构形式

（2）按业性质划分。仓储作业组织按作业性质划分（按管理职能划分），可以分为计划、调度、采购、收发、保管等科室。这种划分的主要优点是机构较为简单，职责权限明确，指挥管理统一，中转环节少，调度灵活。其缺点是同类物资的计划、采购、保管等业务活动分制，容易产生脱节；仓库管理者在日常工作量大的情况下，往往不容易过细处理、亲自决策和协调各业务间的矛盾。这种划分要求各业务环节的人员熟悉企业的生产过程，并具备各种物资的基本知识。

（3）按货物类别划分。不同货物由于具有独特的理化性质，因此对储存环境有着不同的要求，如有毒、易爆等危险货物就要专品专库储存，防止产生不良后果。有些货物需要做好防水、防尘、防爆、防潮等防护措施，以免货物损坏或变质。因此，仓储作业组织可以按货物类别划分，如有毒物品仓、易燃易爆品仓、工具仓、办公仓。例如，某电子企业将原材料仓分成电子材料仓、五金仓、塑胶原料仓、塑胶仓、纸箱仓、印刷仓等。

这种划分的主要优点是有利于仓库掌握同类货物的全面情况，加强专业分工的责任制。其缺点是业务工作头绪多，削弱了不同类别货物与业务之间的内在联系，不利于集中管理协调。

3. 仓储作业组织的运作

（1）作业组织形式。在作业性质划分的基础上，仓储企业还要组织员工在作业过程中的空间和时间上的协作配合。这种作业协作的方式就是作业组织形式。

不同类型的仓库的作业组织形式不尽相同，一般分为两个方面：一是纯管理性质的作业组织形式，多以其工作性质建立相应的职能部门；二是仓储业务作业的组织形式，一般以其作业内容建立若干相应的作业班组，如装卸组、保管组、养护组等。

究竟采取何种作业组织形式，要根据仓库的实际情况并遵循尽量节约人力、物力和有利于提高效率的原则来决定。

（2）作业纪律。作业纪律是集体作业管理中不可缺少的条件，它要求每名员工都要按照有关规定和要求去完成自己所承担的工作任务。仓管员的作业纪律的内容主要包括以下几个方面：

①组织原则。仓管员必须服从调度，听从指挥，遵守个人服从组织、下级服务上级的组织原则，对部门主管分配的工作不得讨价还价，并保证圆满完成工作任务。

②生产技术纪律。仓管员要严格遵守各种规章制度，如岗位责任制度、安全技术规程、接班制度等。

③工作时间纪律。仓管员要遵守考勤制度，坚守工作岗位，并将工作时间全部用于业务工作。

④安全保卫纪律。仓管员要严格遵守有关仓储安全保卫工作的规定。

4. 空间组织

仓储作业是在一定的空间内，通过许多相互联系的作业流程来实现的。例如，装卸搬运、堆码、验收、物资维护保管等作业。仓储作业的空间组织就是确定各作业单位的人员组成、各作业单位的作业形式、各作业单位的合理布局等问题，或者说，就是如何划分和确定它们在一定平面上的分布。例如，在安排仓储作业路线时，仓储企业应避免仓储物资在作业过程中的迂回和往返运动。

在划分组织的各阶段、各环节和各基本工序时，仓储企业要根据物资储存的特点，使仓储物资在作业过程中的移动保持直线前行，避免往返运转。要做到这一点，仓储企业必须通过仓储作业组织合理安排，必须保证仓库有合理的布局。

仓库作业班组的设置主要依据仓库的吞吐储存规模、仓储物资的类别、生产过程的特点等因素。一般来说，仓库按专业化形式来设置班组的情况较多。在专业化的作业班组中，仓库集中同类的设备和同工种的员工，共同完成作业过程的某道工序。例如，装卸检验组专门负责物资的装卸搬运与验收工作，物资维护保管组专门负责物资的维护保管工作等。仓库按照这个原则设置各作业班组，有利于充分利用机器设备和工作场地的面积；便于专业化技术管理，同时也有利于员工技术水平和业务素质的提高。

5. 时间组织

作业的时间组织与作业班组、工序结合形式等有很大的关系。合理组织仓储作业不仅要正确地设立作业班组及确定作业组织形式，还要保证仓储物资在各作业环节之间运动，在时间上互相衔接和配合。

6. 仓储作业组织的选择

（1）人员选择

①业务素质。

第一，仓管员应有一定的文化水平、较丰富的知识以及过硬的专业技能。

第二，仓管员应有一定的学历，这代表一定的文化水平和文化素质。

第三，仓管员应较好地掌握仓库管理的基本理论和专业知识。

第四，仓管员应有一定的生产技术基础知识，熟悉企业的生产过程、产品、技术工艺特点，如企业的物质技术装备、生产能力、产品性能、技术要求、工艺流程、生产协作等。

第五，仓管员应有一定的物资知识，了解企业物资的性能、技术特点、使用、消耗、检验、保管、养护、包装、运输等方面的要求。

第六，仓管员应具有较为系统的物资管理的基本知识和实务技能，如了解供应渠道、供应网点、供货方式、物资计划申请、分配、订货、采购、托运、验收、储存、养护、运输、供料等业务工作的程序和方法；懂得成本、货款的结算和物资核销统计；了解与签订合同。

第七，仓管员应具有现代管理意识，掌握某些实用的现代化管理方式方法，如物资价值分析 ABC 管理法、目标管理、市场预测、市场营销、全面计划管理、全面质量管理。仓管员应成为会应用现代化管理手段、方法和技术的新的应用型专门人才。

②能力素质。

第一，分析预测能力。分析预测能力是指运用科学的观点、方法进行市场调查，把握市场信息，了解行情，分析市场供求状态，预测市场供求发展趋势的能力。

第二，判断决策能力。判断决策能力是指洞察力、判断力，即善于把握时间，及时集中可以利用的因素，迅速果断地组织、决策和解决实际问题的能力。

第三，实际沟通能力。实际沟通能力是指善于使他人领会自己的意图，寻找到更多、更好支持者的协助与帮助，能进行社会交往活动的能力。

第四，灵活应变能力。灵活应变能力是指善于采用灵活的工作方式方法，勤于思考，勇于开拓，从而适应内外部环境变化的能力，尤其是对物资市场上及营销活动中某些隐蔽的、不可预见的不利条件的困扰，能及时做出新的决策和采取新的对策的能力。

第五，扎实的业务基本功。扎实的业务基本功包括业务应用文的写作、计算技术的应用、信息情报的收集和管理、经济合同的签订、业务洽谈的技巧等。

③身体素质。仓管工作的特点之一是工作活动面宽、地域范围广、流动性大，要求员工能吃苦耐劳，并且精力充沛。

（2）人员组织。

①作业分工。

第一，根据仓储作业过程中所采用的设备、工具、操作方法以及对技术作业熟悉程度的要求，相关工作可以划分为若干部分，分配给不同技术状态的仓储人员或专门的技术人员来承担。

第二，每名员工在班组内都有足够的工作量。由于按技术业务内容分工配备人员，虽然有利于发挥人员的技术业务特长，但是容易造成人员的负荷不足，因此分工的粗细应以保证每名员工在每个岗位上都有足够的工作量为原则，同时还应考虑培养仓储维修人员一专多能。

第三，按照一名员工单独承担工作的可能性分工，使每名员工都有明确的责任。

按上述原则，根据仓储业务活动过程及其他工作，仓储作业分工可以依据其工作性质分为三类：一是与物资收、存、发直接相关的业务工作；二是协调业务工作顺利进行的管理性工作，如计划、统计、财会、人事等；三是保障业务顺利进行的服务性工作，如生活、后勤、安保、设备、维修、水电等。

②人员配备。合理配备人员是指根据仓储企业各项工作的需要，给不同的工作配备相应工种的人员，做到人事相宜、人尽其才。人员配备的要求如下：

第一，要使每名员工所承担的工作都尽可能地适合其自身的业务条件和工作能力。

第二，要使每名员工都有满负荷的工作量，充分利用工时。

第三，要使每名员工都有明确的任务和责任，要建立岗位制度。

第四，要加强人员间的联系和协作，保证各项工作的协调性。

第五，要有利于每名员工在岗位上的业务技术发展和全面素质的提高。

第六，要注意各工作岗位的相对稳定，以便于工作的顺利开展和管理。

【任务拓展】

经过一个忙碌的上午，安德物流公司的刘山部长终于可以坐下来歇一歇。这时，办公室的电话响了起来，是仓储经理钱越打来的。钱越在电话中开门见山地向刘山部长倒起了苦水……目前让钱越担心的是：再过1个月，就是公司的主要客户好生活公司的销售旺季，每年旺季钱越都会备受煎熬。客户、承运司机会不断地向其抱怨："等待的时间太长，仓储作业效率太低。"好生活公司是一家生产销售电饭煲、电磁炉、电炖锅、电水壶等产品的小家电生产企业（以下简称"家电企业"），每年销售额都有30%以上的增长。安德物流公司与家电企业保持有长期良好的合作关系，并为家电企业提供了充足的仓库空间（2.5万~4.2万平方米）。具体的仓库如下：3号仓1.9万平方米，4号仓2.4万平方米。钱越把系统里有关该客户的数据全部找出来进行分析，形成了一份过去一年家电企业产品出入库明细表（见表7-1）。

表7-1　家电企业产品出入库明细表

月份	期初库存/件	入库数量/件	出库数量/件	期末库存/件	产品堆码标准	合同面积/平方米
7月	822 540	1 031 293	807 788	1 046 045	25	42 000
8月	1 046 045	894 253	1 012 809	927 489	25	42 000
9月	927 489	1 001 926	1 014 590	914 825	25	42 000

表7-1(续)

月份	期初库存/件	入库数量/件	出库数量/件	期末库存/件	产品堆码标准	合同面积/平方米
10月	914 825	1 087 868	1 224 473	778 220	25	42 000
11月	778 220	1 053 219	896 011	935 428	25	42 000
12月	935 428	1 141 867	1 311 165	766 130	25	42 000
次年1月	766 130	1 081 526	1 049 181	798 807	25	35 000
次年2月	798 807	653 799	825 738	526 869	25	35 000
次年3月	526 869	603 711	553 112	677 468	25	35 000
次年4月	677 468	670 388	651 431	696 425	25	35 000
次年5月	696 425	738 569	736 259	700 167	25	35 000
次年6月	700 167	698 217	623 768	774 616	25	35 000
平均库存	799 201	888 053	892 194	795 207	25	—

由表7-1可以得知的几个特性如下:

(1)一年中的出库量在淡、旺季表现明显。

(2)同一个月中,下旬的出库量占到50%。

(3)每天的出库量在时间上的分布也不均匀。

(4)每天的入库量基本固定。

(5)来装货的车辆车型复杂。

钱越经过观察和开会等,了解到的情况如下:

(1)仓储单元分布问题。两个仓库之间由于货物分布的问题,在同一时间段作业量不均匀,有时装卸工与装卸工具需要在不同仓库间频繁调动。

仓库使用垫仓板,其作用主要是防潮,不能用作搬运。因此,每次装车需要经过转板、平移、卸货、装车作业过程;每次卸车又需要经过卸货、上板、平移、堆码作业过程。其间因采用流水作业方式,库内2人、移动2人、车上2人,经常出现交替等待现象。

(2)出库作业问题。由于受订单约束,约40%不是满车出库。受品种影响有时需要一次在两个仓库中装货,需要排两次队(依据车到仓库的先后顺序)。这也是司机抱怨最多的地方。

(3)工资管理问题。有时候,装卸工晚上作业时间长,出现干劲不足而"磨洋工"的现象。有时候,装卸工会计较同一组内劳动强度大小以及是否快干多干。

不同装卸组会争抢品种较少、比较好装车的任务,而对一些品种多的任务都不太愿意负责。

请各小组讨论分析,案例中出现的这些问题如何解决?

任务二　仓储作业标准化

 【任务目标】

1. 知识目标
☑物流标准化的含义及特点
☑物流标准化的种类及作用
2. 技能目标
☑能够完成智慧物流案例分析
3. 素养目标
☑建立物流标准化认知意识
☑具备良好的自主学习能力和问题分析能力
☑具备良好的表达能力
☑具备团队合作意识
☑能分工协作、有效沟通，并运用适当的方式方法展示学习成果

 【任务描述】

　　在麦德龙超市，电脑控制系统掌握了商品进销存的全部动态，将存货控制在最合理的范围。

　　当商品数量低于安全库存时，电脑就能自动产生订单，向供货单位发出订货通知，从而保证商品持续供应和低成本经营。仓储企业如果能随时对进销存的动态有清晰的了解，就可以及时发现问题，做出快速反应，避免损失的发生，从而能在降低库存的同时，提高顾客的满意度。麦德龙超市最大的优势就是从一开始就建立了信息管理系统。早在20世纪70年代，麦德龙超市的领导层就将信息管理的概念引入麦德龙超市的物流管理。麦德龙超市有自己的软件开发公司（MGI），该公司的电脑专家专门为麦德龙超市开发设计了一套适合其管理体制的商品管理系统。经过多年的不断改进和完善，从商品的选择、订货、追加订货，到收货、销售、收银每一个环节，麦德龙超市都有先进的电脑信息系统进行严格的控制。当然，进行电脑控制还需要人工的监督和决策相配合。麦德龙超市有专门的监督人员检查整个系统，检查订货数量和交货数量是否相符。一般的订货程序是电脑提出采购预测，管理者再结合经验做出决定。采购预测是影响整个供应链的关键环节，预测的准确性将影响到其他各个环节效率，对成本产生直接影响。电脑根据顾客的需

求信息，提出采购预测，管理者根据电脑的预测并参考其他的因素，如季节的变化、促销计划、社会上的大型活动以及整个供应链各个环节的负荷能力等，结合经验做出最后决定。

我国企业供应链管理普遍存在的问题就是没有对物流管理进行严格的标准化掌控。麦德龙超市的经营秘诀就是所有麦德龙超市都一个样，麦德龙超市成功的模板复制到每个超市，包括超市的外观和内部布置及操作规则。所有麦德龙超市实施标准化、规则化管理。这些规则涉及购买、销售、组织等各个方面。就像工厂的机械化操作一样，每个人都知道自己要做什么、应该怎么做，规则非常明确。从与供应商议价开始，直到下单、接货、上架、销售、收银整个流程，都是由一系列很完善的规则加以控制的。

 【任务实施】

步骤一：学生思考什么是物流标准化？为什么需要物流标准化？物流标准化的作用是什么？

步骤二：学生思考仓储领域中哪些工作体现了物流标准化的实施？

步骤三：学生学习仓储物流标准化流程的主要内容。

 【任务资讯】

一、物流标准化认知

1. 标准化的含义

标准是指为取得全局的最佳效果，在总结实践经验和充分协商的基础上，在人类生活和生产技术活动中，具有多样性和重复性特征的事物和概念，以特定的程序和形式形成的统一规定。

标准化的内容实际上就是经过优选之后的共同规则。为了推行这种共同规则，世界上大多数国家都有标准化组织，国际标准化组织负责协调世界范围内的标准化问题。

目前，标准化工作开展较普遍的是产品标准，这也是标准化的核心，围绕产品标准，工程标准、工作标准、环境标准、服务标准等也出现了新的发展的势头。

2. 物流标准化的含义

物流标准化是指以物流为一个大系统，制定系统内部设施、机械装备、专用工具等各个分系统的技术标准；制定系统内各分领域，如包装、装卸、运输等方面的工作标准；以系统为出发点，研究各分系统与分领域中技术标准与工作标准的配合性要求，统一整个物流系统的标准；研究物流系统与其他相关系统的配合性，进一步谋求物流大系统的标准统一。

二、物流标准化的特点

1. 涉及面更为广泛

和一般标准化系统不同，物流标准化系统的涉及面更为广泛，其对象也不像一般标准化系统那样单一，而是包括了机电、建筑、工具、工作方法等许多种类。虽然这些对象处于一个大系统中，但缺乏共性，从而造成标准种类繁多、标准内容复杂，这也给标准的统一性和配合性带来很多困难。

2. 属于二次系统（后标准化系统）

物流标准化系统属于二次系统，又称为后标准化系统。这是由于物流及物流管理思想诞生较晚，组成物流大系统的各个分系统在没有归入物流系统之前，早已分别实现了各自系统的标准化，并经多年的应用、发展和巩固，已很难改变。物流标准化的推行必须以此为依据，在个别情况下也可以把旧标准推翻，按物流系统提出的要求重新建立标准化体系。总体来说，物流系统标准化通常是在各个分系统标准化的基础上建立的。

3. 体现科学性、民主性和经济性

物流标准化更应体现科学性、民主性和经济性，这是物流标准化的特殊性所要求的。科学性是指要体现现代科技成果，以科学实验为基础，与物流的现代化相适应，能将现代科技成果连接成大系统。民主性是指要广泛考虑各种现实条件，广泛听取意见，使标准更具有权威性，并且减少阻力，使标准易于贯彻执行。经济性是物流标准化的主要目的之一，物流过程增值是有限度的，物流中的多支出必然影响效益，不能片面追求科技水平而引起物流成本的增加，否则会使标准失去生命力。

4. 具有非常强的国际性

我国自改革开放以来，国际贸易有了大幅增长，特别是在加入世界贸易组织以后，国际贸易变得越来越重要。国际贸易是依靠国际流来完成的。这就要求各个国家之间的物流相衔接，力求使本国标准与国际物流标准体系相一致，否则会加大国际贸易的难度。更为重要的是，在较高的国际物流费用的基础上又增加了标准化不统一造成的损失，进而增加了国际贸易的成本。因此，物流标准化的国际性也是它区别于其他产品标准的重要特点之一。

三、物流标准化的种类

1. 物流中的通用技术标准

（1）专业计量单位标准。除国家公布的统一的计量标准外，物流系统本身还有许多自身独特的计量标准，因此物流系统必须在国家及国际标准的基础上，确定专门的标准。

（2）物流基础模数尺寸标准。物流模数是指在物流系统设计、计算和布局中，普遍重复应用的基准尺寸。基础模数尺寸是指标准化的共同单位尺寸或系统各标准尺寸的最小公约尺寸。在基础模数尺寸确定之后，各个具体的尺寸标准都要以基础模数尺寸为依据，选取其整数倍数为规定的尺寸标准。

（3）物流建筑基础模数尺寸标准。物流建筑基础模数尺寸标准是指物流系统中各种建筑物的物流基础模数。它是以物流基础模数尺寸为依据确定的，也可以选择共同的模数尺寸。该尺寸涉及建筑物长、宽、高尺寸，门窗尺寸，建筑物柱间距、跨度以及进深尺寸等。

（4）集装基础模数尺寸标准。集装基础模数尺寸是指在物流基础模数尺寸的基础上确定的各种集装设备的基础尺寸，即以此尺寸作为设计集装设备三维尺寸（以下简称"集装尺寸"）的依据。在物流过程中，由于集装是起贯穿作用的，因此集装尺寸必须与各环节的物流设施、设备、机具相配合。整个物流系统的设计往往以集装尺寸为核心，然后在满足其他要求的前提下决定各设计尺寸。集装基础模数尺寸影响和决定着其他各有关环节的标准化。

2. 物流中的专用技术标准

（1）运输车船标准。运输车船标准是指各种运输设备，如火车、船舶、卡车等运输工具，从各种设备的有效衔接出发，所制定的车厢、船舱的尺寸标准、载荷能力等标准。

（2）作业车辆标准。作业车辆标准是指在物流过程中使用的各种作业车辆，如叉车、台车、手推车等，在规格尺寸、运行方式、作业范围、作业量、作业速度等方面的技术标准。

（3）传输机具标准。传输机具标准是指在物流中完成传送的各种机械设备，如起重机械、传输机械、提升机械等，在尺寸、传输能力方面的技术标准。

（4）仓库技术标准。仓库技术标准是指仓库尺寸、建筑面积、单位储存能力、吞吐能力等技术标准。

（5）站台技术标准。站台技术标准是指站台高度、作业能力等技术标准。

（6）包装、托盘、集装箱标准。包装、托盘、集装箱标准包括包装、托盘、集装箱系列尺寸标准、质量标准、包装材料和材质标准等。

（7）货架、储罐标准。货架、储罐标准是指货架净空间、载重能力、储罐容积和尺寸等标准。

3. 工作标准及作业规范

工作标准及作业规范是对物流各项工作制定统一的要求和规范化的规定。工作标准及作业规范可以明确划分各岗位的职责范围、权利和义务、工作方法、检查监督方法等。

4. 国际物流标准

（1）国际物流标准化方法。

①确定物流的基础模数尺寸。基础模数尺寸是物流设备制造、设施建设以及物流各环节协调配合的依据，国际标准化组织认定的基础模数尺寸是600毫米×400毫米。

②确定物流模数。物流模数即集装基础模数尺寸。物流标准化的基点应建立在集装的基础上，所以在基础模数尺寸之上，还要确定集装基础模数尺寸（最小的集装尺寸）。集装基础模数尺寸可以从600毫米×400毫米按倍数系列推导出来，也可以在满足600毫米×400毫米的基础上，从卡车和大型集装箱的分割系列推导出来。

③有关系列尺寸。物流模数是物流各环节标准化的核心，是形成系列化的基础。依据物流模数用分割和叠加的方法可以进一步确定有关系列的大小和尺寸，再从中进行优选可以确定定型的生产制造尺寸，从而形成某一环节的标准系列。

（2）国际物流基础模数。

①物流基础模数尺寸为600毫米×400毫米。

②物流模数尺寸（集装基础模数尺寸）为1 200毫米×1 000毫米、1 200毫米×800毫米、1 100毫米×1 100毫米。

四、物流标准化的作用

1. 可以统一国内的物流概念

我国的物流发展借鉴了很多国外的经验。由于各国在物流的认识上有着众多的分歧，因此造成了对物流的理解存在偏差。物流的发展不仅是学术问题，更重要的是要为国民经济服务、创造更多的实际价值。因此，我们要厘清物流的概念，并对物流涉及的相关内容达成统一的认识，为加快我国物流的发展扫清理论上的障碍。

2. 可以规范物流企业

目前，我国出现了越来越多的物流企业，其中不乏新生企业和从相关行业转行的企业，层出不穷的物流企业也使物流业良莠不齐。物流业的整体发展水平不高，存在不同程度的定位不准确、服务不合格、内部结构不合理、运作经营不规范等问题，影响了物流业的健康发展。建立与物流业相关的国家标准，对已进入物流市场和即将进入物流市场的企业进行规范化、标准化管理，是确保物流业稳步发展的需要。

3. 可以提高物流效率

物流业是一个综合性的行业，涉及运输、包装、仓储、装卸搬运、流通加工、配送、信息等各个方面。我国的现代物流业是在传统行业的基础上发展起来的，由于传统的物流被人为地割裂为很多阶段，而各个阶段不能很好地衔接和协调，加上信息不能共享，造成物流的效率不高。物流标准化是将物流作为一个大系统，制定系统内部设施、机械设备、专用工具等各个分系统的技术标准，制定系统内各个分领域，如包装、装卸、运输等分领域的工作标准，以系统为出发点，研究各分系统与分领域中技术标准和工作标准的配合性，统一整个物流系统的标准；研究物流系统与其他相关系统的配合性，进一步谋求物流大系统的标准统一。

4. 可以使国内物流与国际接轨

全球经济一体化的浪潮使世界各国的跨国企业开始把目光集中到我国，特别是我国加入世界贸易组织后，我国的物流业受到来自国外物流企业的冲击。因此，我国的物流业必须全面与国际接轨，接纳前沿的思想，运用科学的运作和管理方法，改造和武装我国的物流企业，以提高竞争力。从我国目前的情况看，物流的标准化建设是引导我国物流企业与国际物流接轨的重要途径。

【任务拓展】

2020 年 7 月，国家市场监管总局、邮政局等八部门联合印发《关于加强快递绿色包装标准化工作的指导意见》（以下简称《指导意见》），提出了我国快递绿色包装标准化工作的总体目标，明确了升级快递绿色包装标准体系、加快研制快递包装绿色化标准、完善快递包装减量化标准、抓紧制定快递包装回收支撑标准等 8 项重点任务。我国快递业务量已连续多年位居世界第一，快递业每年消耗的纸类废弃物超过 900 万吨、塑料废弃物约 180 万吨，对环境造成的影响不容忽视。《指导意见》明确，到 2022 年，我国全面建立严格有约束力的快递绿色包装标准体系，逐步完善标准与法律政策协调配套的快递绿色包装治理体系，支撑快递包装绿色化、减量化、可循环取得显著成效。根据《指导意见》的要求，相关部门将对现行快递包装标准进行梳理评估，清理一批与行业发展和管理要求不符、内容互不衔接的标准；加强快递绿色包装标准化顶层设计，发布快递绿色包装标准清单，明确强制性标准与推荐性标准的主要内容和规范主体，建立覆盖产品、评价、管理、安全各类别以及研发、设计、生产、使用、回收处理各环节的标准体系框架。《指导意见》明确，在设计开发阶段要系统考虑快递包装全生命周期对资源环境造成的影响，推进快递包装源头治理；注重包装设计与信息技术的结合，推动环境感应和追溯技术纳入现有快递包装产品标准；支持原始创新，加速推进可降解、高性能快递包装材料的自主研发进程，在研发快递包装关键材料的同时制定相关技术标准。《指导意见》提出，抓紧制定快递包装回收支撑标准；制定逆向快递服务规范，制修订智能快件箱、快递末端综合服务站等末端设施标准规范，加入快递包装回收功能及要求，引导快递企业建立企业级回收体系；制定统一开放的数据信息、质量等级、管理规范等标准，支撑社会化快递包装循环共用平台建设；研制快递业包装废弃物污染控制规范，降低快递包装废弃物对环境的影响。

请分析：推行快递包装标准化对物流业有哪些重要的意义？

任务三　仓储信息技术及应用

【任务目标】

1. 知识目标
☑条形码、射频识别、仓储管理系统的概念
☑条形码、射频识别、仓储管理系统的特点
☑条形码技术、射频识别技术、仓储管理系统在物流中的作用
☑条形码、射频识别系统和仓储管理系统的构成
☑应用条形码技术、射频识别技术、仓储管理系统的工作流程
2. 技能目标
☑具有熟练使用手持终端的能力
☑具有运用条形码软件制作条形码的能力
☑具有运用 WMS 软件的能力
3. 素养目标
☑具有仓储信息化技术应用能力
☑具备良好的自主学习能力和问题分析能力
☑具备良好的表达能力
☑具备团队合作意识
☑能分工协作、有效沟通，并运用适当的方式方法展示学习成果

【任务描述】

在电商行业中有句名言："得物流者得天下。"要想在变幻莫测的市场角逐中领先对手需要两大"利器"协助，一是高效便捷的仓储管理，二是协调性极高的网络体系。京东和天猫在众多电商的竞争中，无疑已经占据了市场的大部分份额。在电商竞争中，京东遍布全国的自有物流中心的建设已形成其他电商企业无法追赶的优势。众所周知，仓储要形成高效作业与管理，需要成熟的仓库管理系统（WMS）的支撑。京东的仓储管理系统经历了 5个阶段：第一个阶段是 WMS 1.0，系统流程非常简单，功能也简单，仅能

支持纸单登记，手工拣货，没有智能化设备，采用集中部署模式；第二个阶段是 WMS 2.0，实现了业务和技术上质的飞跃，扩大了业务量，不仅具有很高的完备性，还成为京东后续 WMS 版本的业务范本；第三个阶段是 WMS 3.0，解决了 WMS 2.0 单仓部署成本高、数据存储不集中、不易提取数据等缺点；第四个阶段是"亚洲一号"系统，这时的京东仓储已经发展到一个全新的高度；第五个阶段是现在的 WMS 5.0，它取代了目前线上的所有 WMS，业务功能全面，实现了京东仓储的全面开放。

在 WMS 5.0 之前，由于各仓 WMS 版本多样，管理及维护难度越来越大，再加上仓储对外开放业务的大势所趋，2014 年，京东决定升级其 WMS，旨在全面兼容 WMS 2.0、WMS 3.0 的所有功能并能兼容"亚洲一号"系统，实现仓储系统统一版本，集中部署、管理、维护，兼容自营和开放业务，并最终实现仓储系统产品化的目标。京东仅仅用了 4 个月时间就在北京测试仓上线了 WMS 5.0，代号为"玄武"，它与配送的"青龙"系统并称为运营研发部的两大"护法神器"。从 2014 年 9 月 9 日生产出第一张订单开始，WMS 5.0 在用户验收测试中不断完善优化，逐渐稳定。同年 10 月，WMS 5.0 部署在了北京、上海、广州、成都、武汉五地的开放平台仓，与同时上线的电子商务物流平台（E-Commerce Logistics Platform，ECLP）系统共同组成了完备的仓储开放系统。同年 11 月，WMS 5.0 进驻北京服装百货试运行，自营业务开始为接纳新系统过渡。同年 12 月，北京服装百货仓完成新系统完全切换，仓储开放平台新增沈阳和西安两地的仓库，实现七大地区全覆盖。至此，WMS 5.0 时代的大幕正式拉开，京东的仓储系统进入新纪元。

WMS 5.0 融入了人工智能、物联网、图像识别等智能技术，成为京东物流名副其实的"智能大脑"，可以支持物流领域 90% 以上的应用场景，与先进的智能设备无缝衔接，可以让传统仓库的运营效率提升 5 倍以上，还可以兼容适配德国、法国、奥地利、瑞士、日本等国家先进的智能物流设备，包括分拣、打包等拣货的各个环节。在"走出去"的过程中，京东物流以科技出海，是我国实施创新驱动发展战略、创新主体能力不断提升的重要体现，不仅实现了市场价值，还体现了企业自主创新的价值。

【任务实施】

步骤一：学生说明仓储管理信息化对仓储企业的日常经营都带来了什么样的改变。

步骤二：学生分析目前京东物流有哪些先进的信息化处理手段。

步骤三：学生举例说明目前京东物流有哪些先进的物流设备来实现仓储管理信息化。

步骤四：学生说明在物流业中，主要的信息技术有哪些。

步骤五：对于京东物流来说，完整的 WMS 包括哪些组成部分？各部分具体是如何进行工作的？

步骤六：对于京东物流来说，先进的 WMS 和智能技术在仓储配送中给企业带来哪些好处？

 【任务资讯】

物流信息化是指运用现代信息技术分析、控制物流信息，以管理和控制物流、商流和资金流，全面提高物流管理水平和服务效率，降低物流能耗和减少对环境的污染，促进经济增长方式的转变，提高物流运作的自动化程度和物流决策的水平，达到合理配置物流资源、降低物流成本、提高物流服务水平的目的。物流信息化主要表现为物流信息的商品化、物流信息收集的代码化和数据库化、物流信息处理的电子化和计算机化、物流信息传递的标准化和实时化、物流信息存储的数字化等。

一、条形码技术的应用

1. 条形码的概念

《GB/T12905—2001：条码术语》规定：条形码是由一组规则排列的黑白相间、粗细不同的条、空及字符所构成，是用以表示一定信息的符号、代码。条形码是一种可供电子仪器自动识别的标准符号，是由一组黑白相间、粗细不同的条、空、符号按一定编码规则排列组成的标记，用以表示一定的信息，确认某个物体或规定它的移动，能正确快速地为产、供、销各环节在采集、处理和交换信息时提供标识。

2. 条形码的种类

目前，世界各国使用的条形码种类很多，共有 200 多种，按不同的分类标志可以有不同的分类。

（1）按载体不同划分，条形码可以分为纸质条形码、金属条形码、塑料条形码等。

（2）按连续性划分，条形码可以分为连续性条形码和非连续性条形码。

（3）按信息储存的方式划分，条形码可以分为一维条形码、二维条形码和复合码。

3. 条形码的基本构成

（1）起始符：一般位于条形码的首部，是一组特定的条形码。

（2）数据符：需要传递的主要信息，这是条形码的核心部分。

（3）校验符：通过数据字符的运算，对译出的条形码进行校验，判断阅读信息的真伪。

（4）终止符：表示一组条形码信息的结束。

（5）静区（首尾空白区）。

4. 条形码的特点

条形码的特点主要是可靠准确、数据输入速度快、经济便宜、灵活、实用、自由度大、设备简单、易于制作。

5. 条形码在仓库管理系统中的应用

条形码广泛应用于货物库存管理、仓库库位管理、货物单件管理、仓库业务管理。

二、射频识别技术的应用

1. 射频识别技术的概念

射频识别技术（Radio Frequency Identification，RFID）是运用无线电技术远距离识别动态或静态对象的技术。射频识别系统用能接收或发射无线电波的电子标签存储信息，标签与识读器之间利用静电耦合、感应耦合或微波能量进行非接触的双向通信（识读距离可以从十厘米到几十米），实现存储信息的识别和数据交换。

2. 射频识别技术的分类

射频识别技术依其采用的频率不同可以分为低频系统和高频系统两大类。根据电子标签内是否装有电池为其供电，又可以将射频识别技术分为有源系统和无源系统两大类。根据电子标签内保存的信息的注入方式，又可以将射频识别技术分为集成电路固化式、现场有线改写式和现场无线改写式三大类。根据读取电子标签数据的技术实现手段，又可以将射频识别技术分为广播发射式射频识别技术、倍频式射频识别技术和发射调制式射频识别技术三大类。

3. 射频识别系统的组成

射频识别系统由以下部分组成：

（1）电子标签（Tag标签，即射频卡）。

（2）天线（标签与读写器之间进行数据传输交换的发射、接收装置）。

（3）无线收发器（又称无线电射频解读器，用于读取并解码标签信息的设备）。

4. 射频识别系统在仓库管理系统中的应用

（1）货物的实时定位系统。

（2）智能托盘系统。

（3）通道控制系统。

（4）配送过程贵重物品的保护。

三、仓储管理系统的应用

1. 仓储管理系统的概念

仓储管理系统（WMS）是一个实时的计算机软件系统，它能够按照运作的业务规则和运算法则，对信息、资源、行为、存货和分销运作进行更完美的管理，提高效率。

2. 仓储管理系统的优点

（1）基础资料管理更加完善，文档利用率高、库存准确。

（2）操作效率高，库存少，物料资产使用率高。

（3）现有的操作规程执行难度小。

（4）易于制订合理的维护计划。

（5）数据及时，成本降低。

（6）提供历史的记录分析。

（7）规程文件变更后的及时传递和正确使用。

（8）仓库与财务的对账工作效率提高。

（9）预算控制严格、退库业务减少。

3. 仓储管理系统的功能

（1）货物的识别和跟踪。

（2）出入库作业的信息管理。

（3）库存信息管理。

（4）绩效管理。

四、GIS 技术的应用

1. GIS 技术的概念

地理信息系统（Geographical Information System，GIS）是 20 世纪 60 年代开始迅速发展起来的地理学研究新成果，是多种学科交叉的产物，它可以对地球上存在和发生的现象进行成图和分析。它以地理空间数据为基础，采用地理模型分析方法，适时提供多种空间的和动态的地理信息，是一种为地理研究和地理决策服务的计算机技术系统。

2. GIS 技术的特点

（1）公共的地理定位基础。

（2）具有采集、管理、分析和输出多种地理空间信息的能力。

（3）系统以分析模型驱动，具有极强的空间综合分析和动态预测能力，并能产生高层次的地理信息。

（4）以地理研究和地理决策为目的，是一个人机交互式的空间决策支持系统。

3. GIS 技术在物流中的应用

（1）车辆路线模型。

（2）网络物流模型。

（3）分配集合模型。

（4）设施定位模型。

五、GPS 技术的应用

1. GPS 技术的概念

全球定位系统（Global Positioning System，GPS）是一种以人造地球卫星为基础的高精度无线电导航的定位系统。它在全球任何地方以及近地空间都能够提供准确的地理位置、车行速度以及精确的时间信息。

2. GPS 技术的特点

（1）全球、全天候连续不断的导航定位能力。

（2）实时导航，定位精度高，观测时间短。

（3）GPS 测量只要求测站上空开阔，不要求测站之间互相通视，因此可以节省大量的造标费用。

（4）提供全球统一的三维地心坐标。GPS 测量可以同时精确测定测站平面位置和大地高程。

（5）仪器操作简便。随着 GPS 接收机的不断改进，GPS 测量的自动化程度越来越高。

（6）抗干扰能力强、保密性好。GPS 采用扩频技术和伪码技术，用户只需接收 GPS 信号，自身不会发射信号，不会受到外界其他信号源的干扰。

（7）功能多、应用广泛。GPS 是军、民两用系统，其应用范围十分广泛。其具体的应用实例包括汽车导航和交通管理、巡线车辆管理、道路工程、个人定位以及导航仪等。

3. GPS 技术在物流中的应用

（1）导航功能。

（2）对车辆、船舶等交通工具实时跟踪。

（3）提供出行线路。

（4）信息查询。

【任务拓展】

全国首创的"智慧大脑"织就了一张安全网

宁波市镇海区是华东地区重要的石化产业基地和全国 60 个危险化学品重点监管县（区）之一。每天，这里进出的危品运输车辆约为 6 000 辆（次）。如何高效地监管运输安全，镇海区率先破题。2016 年，镇海区在全国率先建立了危化品运输智能监管平台，通过不断持续升级，如今已全面实现危险化学品道路运输线上线下全过程、全天候、全链条综合治理。信息链、智慧链、安全链"三链融合"的危险化学品运输监管创新模式，使得近年来辖区内危险化学品运输相关的各类违法行为下降超过 95%，相关经验被国务院安全生产委员会办公室、交通运输部推广。

"智慧大脑"就是 2016 年镇海区率先建成应用的危化品道路运输智能监控平台。这个"智慧大脑"，是镇海区按照政府和社会资本合作模式（PPP 模式）中的 BOO（建设—拥有—运营）模式，通过公开采购方式引入全国化工物流业示范企业金洋化工物流公司、宁波智慧物流科技公司等合资成立的大仓科技公司，由专业企业设计、建设，集审批监管服务于一体的危运智能监控平台。政府以每年 250 万元向企业购买服务，为监管部门、运输企业、充装企业提供不同权限的社会化专业公共服务。

"智慧大脑"有多厉害？已经升级到 5.0 版本的"智慧大脑"能在今日看板、备案审核、卡口监控、装卸监控、车辆监控、应急救援、违章预警、统计分析、量化考评、实施效果等不同板块实时切换。每一板块打开都自成体系，"智慧大脑""脑容量"巨大。

用户从"智慧大脑"可以看到路面上奔跑或停歇着的每一辆危化品运输车辆的状态和统计数据。空车、重车、易制爆、易制毒、易燃气体、易燃液体等不同种类的运输车辆，都呈现在柱状图上。其车辆总里程数、总运单数以及实时的车辆分布，直观地展现在蓝色的辖区地图上。每一辆车的行驶轨迹、风险点都会显示在上面。用户点击进入，甚至能清晰地看到每一个驾驶员当下的驾驶状态、前后方路况。2016 年 8 月，"智慧大脑"刚启动时，镇海区每天的危化品运输车有 800 辆（次）左右的违章等预警提示量；而现在，每天 6 000 辆（次）危化品运输车出入镇海区，预警提示量却锐减到了个位数。

请说明：信息技术对物流业的发展起到了什么作用？

任务四　智慧物流技术

 【任务目标】

1. 知识目标
☑现代物流发展现状分析
☑智慧物流技术认知
☑智慧物流应用案例分析

2．技能目标

☑能够区别现代物流与传统物流的差异

☑能够根据智慧物流的特点分析智慧物流如何实施

☑能够根据智慧物流实施的要求完成企业典型案例的分析

3．素养目标

☑具有仓储信息化技术应用能力

☑具备良好的自主学习能力和问题分析能力

☑具备良好的表达能力

☑具备团队合作意识

☑能分工协作、有效沟通，并运用适当的方式方法展示学习成果

 【任务描述】

菜鸟智能物流系统

菜鸟网络科技有限公司（以下简称"菜鸟"）作为社会化物流的协同平台，近期也马不停蹄在全国各地上马"无人仓"，有机器人的，有机械臂的，还有各类花式流水线，可谓花样层出不穷，但目的只有一个——让包裹递送快一点，更快一点！天猫"双11"之前，为了迎接单日包裹的新世界纪录，物流行业全面行动起来。菜鸟与北领科技打造了惠阳无人仓，单仓有100多个机器人，实现了全自动的搬运和拣货，效率比传统人工作业模式高了3倍。更奇妙的是，这个仓库是由"聪明的"机器人自己组建完成的。

北领科技还运营着菜鸟的嘉兴立体仓库。该仓库里的货架比7层楼还高，整个立体仓库的作业过程中无需人工参与，智能设备会把商品拉到仓库内，机器人自动将货物存储到货架上。商品售出时，机器人会自动定位并取出指定的商品。这个立体仓库的机器人作业稳定性已经超过人工，哪怕从7层楼的高度取一杯水都不会洒出一滴。通常只在精密制造领域使用的机械臂，也出现在菜鸟网络武汉黄陂的仓库里。这是国内首个应用机械臂的电商仓库。这些机械臂灵巧地把大件、整箱商品搬到流水线上，流水线通过自动打包机，贴上消费者的购买信息，随后就可以出库了。一台机械臂流水线一天可以轻松生产5 000个包裹，如果换成人工，则需要至少10个工人工作一天。在广州和嘉兴等地的菜鸟园区，心怡科技运营着全自动化的流水线。流水线依靠光感扫描装置识别快递箱，凭借箱子上的一个条码，就能指引箱子来到需要拣选的商品面前。拣货员只需要在固定的位置等待，无需在仓内奔走取货，高效又省力。消费者下单后，最快3分钟就可以完成拣选、打包、出库。

菜鸟的一个合作伙伴日日顺物流深耕家电配装领域。日日顺物流的智能系统将原来割裂的各环节物流信息资源聚合起来。日日顺物流的无人仓库更

是带来了仓库效率的显著提升。

请分析：

（1）通过案例资料，请列举出菜鸟智能物流系统先进的做法。

（2）在案例中，哪些物流设备得到了广泛地应用？

 【任务实施】

步骤一：学生结合所学的专业知识和生活所见，列举生活中的智能物流技术。说明这些技术中会使用到哪些现代化物流设备。这些技术帮助企业解决了什么问题？

步骤二：学生查找互联网信息，列举出最新的物流十大"黑科技"，并对每种技术解决的问题进行简要说明。

步骤三：学生了解现代物流的发展趋势，分析中国仓储业的发展现状，学习智慧物流技术的运行原理和实施步骤。

步骤四：学生通过智慧物流典型案例的学习，感受智慧物流技术是如何应用在多个领域帮助企业解决业务操作难题的。

步骤五：学生参加智慧物流系统操作综合实训。

 【任务资讯】

一、中国智慧物流发展环境

1. 政策环境：政策推动智慧物流多方面发展，物流业迎来智慧化升级

在"工业4.0""互联网+"发展的大背景下，中国物流业迎来了智慧化升级改造，近年来，国家发布了多项政策以促进"智慧物流"的快速发展。总体看来，政策主要从物流基础设施设备、供应链建设水平、服务模式和信息技术应用等多方面引导和促进中国"智慧物流"的发展。

2. 经济环境：线上零售规模稳步增长，"宅"经济为物流注入新鲜血液

在新冠疫情影响的背景下，2020年，中国线上零售市场规模达11.8万亿元，同比增长10.9%；用户规模达7.8亿人，同比增长9.9%，线上零售市场规模和用户规模稳步增长。2020年，线上零售渗透率达30%，同比增长4.2个百分点。

在新冠疫情影响下，"宅"经济得到了加速催化，居民网购习惯进一步巩固，快递需求旺盛。国家邮政局数据显示，2020年，全国快递业务量和业务收入分别完成830亿件和8750亿元，同比分别增长30.8%和16.7%。"宅"经济在一定程度上促进了物流业的快速发展。

3. 基础设施：物流基础设施逐渐完善，多式联运进入全面发展期

近年来，在政府和企业对基础设施建设及固定资产的投资力度持续加大

的大环境下，中国智慧物流配套基础设施建设得到了高速发展。

2020 年，我国铁路货车、航空货机拥有量分别达 91.2 万辆和 187 架，同比增长 3.99 个百分点和 8.09 个百分点。近年来，多数企业为提升物流运货速度，逐渐将运输方式由公路运输转向铁路运输或航空运输，使得 2020 年公路货车拥有量达 1 110.3 万辆，同比下跌 18.1 个百分点。但从整体来看，物流基础设施逐渐完善，多式联运转运设施建设逐渐加强。

4. 科技环境：智慧仓储加速落地，RFID 技术提升物流数字化水平

随着第五代移动通信技术（5G 技术）、物联网等新兴技术的广泛应用，仓储系统逐渐向数字化和智慧化发展。各大企业为了降低仓储成本、提高运营效率、提升仓储管理能力，加强对智慧仓储的研发和运用。其中，RFID 技术是智慧仓储的关键环节，该技术的运用提升了物流数字化水平。

5. 科技环境：数字孪生赋能供应链管理，提升物流供应链管理水平

在大数据的支撑下，数字孪生在仓储管理、包装器具管理等物流分支建立了密切联系，能对实体产品和服务进行全生命周期的追踪。同时，该技术能够提升物流效率、降低物流成本、基于数据进行智慧化管理和决策，进一步促进物流和供应链管理的快速发展。

二、中国智慧物流产业现状

1. 智慧物流融资规模大幅增加，物流技术朝精细化的方向发展

从中国智慧物流行业融资次数和融资金额可以看出，虽然 2019 年融资次数相较于 2017 年大幅下降，但融资金额逐年递增，2019 年融资金额达 132 亿元，同比增长 15.8%。投资企业加大对智慧物流的投资力度，助力智慧物流的快速发展。

在细分物流技术领域中，投资分布集中于仓储智能化、自动驾驶、物流信息化、分拣技术、无人叉车等技术领域，反映出国内物流技术赛道的投资主要集中于无人化、提升资源利用效率等方面。当前，在行业投资热潮下，中国物流技术正朝着精细化的方向发展。

2. 物流园区进入建设快速发展期，行业景气指数保持平稳增长态势

近年来，中国物流园区数量增长迅速，2018 年达 1 638 家，同比增长 35.4%。中国物流与采购联合会数据显示，物流园区总数排前三名的省份分别为山东省（117 个）、江苏省（102 个）和河南省（97 个）。但是，西部地区随着经济增速加快，物流园区进入规划建设快速发展期，规划和在建园区占比高于其他地区。

2021 年，中国物流业景气指数相较于 2020 年保持正增长的态势。受新冠疫情的影响，线上消费逐渐受到用户的重视，使得线上消费带动快递快运业发展。随着智慧物流的不断发展完善，物流业景气指数将会进一步增长。

3. 物流供应链趋于全链路、数字化转型，开创产业生态化

物流企业借助于各种先进的信息技术手段，采集物流过程中的各种信息，实现物流环节中人、车、货、装备、场站、门店等不同物流要素的充分物联网化。在此基础上，物流企业再结合具体的业务场景，实现物流过程中各个业务主体、不同物流网络的互联互通和物流业务的数字化，从而形成一个大的智慧物流生态。

4. 互联网与物流业深度融合，推动物流运作模式革新

在互联网时代下，物流业与互联网结合，改变了传统物流业的运作模式，推动了新的物流模式和业态。基础运输条件的完善以及信息化的进一步发展促进了物流业的快速发展，新的运作模式正在形成，与之相适应的智慧物流快速发展。

5. 智慧物流市场规模持续扩大，"北上深"成为物流公司发展重要节点

中国物流与采购联合会的数据显示，物流企业对智慧物流的需求主要包括物流数据、物流云、物流设备三大领域。2016—2019 年，我国智慧物流市场规模增速均保持在两位数以上。2020 年，市场规模已经达到 5 710 亿元，同比增长 17.5%。近年来，随着物联网、人工智能等技术的发展以及新零售、智能制造等领域对物流的更高要求，智慧物流市场规模持续扩大。

从区域分布来看，目前，我国物流科技公司主要分布在北京、上海和深圳，这三个城市的物流科技公司合计数量占总数量的比重达 64%。

三、中国智慧物流发展趋势及建议

1. 大宗类商品物流有望成为智慧物流发展的关键方向

近年来，与电商、快递物流相比，虽然以大宗商品为代表的生产资料物流具有发展相对缓慢、行业关注度低、物流技术手段落后等问题，但是大宗商品种类上千种，是国民经济基石，关系着国计民生。因此，提升大宗类商品物流的发展空间和潜力、使大宗类商品物流朝智慧化方向发展，是未来大宗类商品物流，同时也是智慧物流发展的必然趋势。

2. 建设以绿色低碳为基础的全链数字化智慧物流体系

随着中国物流的快速发展，智慧物流的发展方向正在从单点信息化向全链数字化方向转变。同时，由于碳排放增长量与物流运行发展也呈现较强的关联性，因此我国需要将可持续发展、低碳排放、绿色物流等理念贯穿全链数字化的各环节中，在提高供应链要素利用率的同时，还需要持续关注碳排放对环境的影响。

3. 智慧物流仍需多方面进一步完善，发展高效物流新模式

高智能、全覆盖、高柔性是未来智慧物流业发展的方向，但目前我国智慧物流仍存在政府支持力度不够、监管机制不完善、技术应用范围不广、专业人才缺乏等问题。为了使智慧物流更加成熟，我们需要对发展方向、人才

培养、政策支撑等提出相应的建议，促进智慧物流健康发展。

 【任务拓展】

揭秘智慧物流对智慧城市有多重要

在移动互联网、物联网、云计算、大数据高速发展的背景下，智慧物流越来越受到政府与企业的重视。物流作为基础设施，既连接生产与消费，又是城市支柱产业与优势产业的保障。一座城市的物流仓配模式会直接影响城市的交通负荷状况。因此，智慧物流日益成为智慧城市建设的得力抓手和有力支撑。

智慧物流的本质是实现物流资源、要素与服务的信息化、数字化、在线化、智能化，并通过数据的连接、流动、应用与优化组合，实现物流资源与要素的高效配置，促进物流服务提质增效、物流与互联网、相关产业的良性互动。

智慧物流可以推动城市间的甩挂运输、城市内的共同配送、社区共享快递柜等模式的落地。以数据驱动为基础的智慧物流供应链，可以推动城市供给、消费、商贸渠道的资源优化变革。

国务院发展研究中心的魏际刚认为，智慧物流主要呈现八大特点：一是以消费者为中心；二是互联网思维、平台思维"开放、共享、共赢"、创新思维；三是多方面连接"市场主体连接、信息连接、设施连接、供需对接等"、多方位集成；四是跨界融合；五是数据和数字化基础设施成为新的生产要素，大数据为物流全链条、供应链赋能，成为物流企业新竞争力的关键来源；六是自动化、信息化、数字化、可视化、智能化程度较快提升；七是基于互联网、"智能+"与"物流+"生态的相互融合，电子商务、互联网与物流互动互促发展；八是新分工体系，大规模社会协同。

清华大学互联网研究院的刘大成认为，智慧城市建设的主要目标是提升市民生活和工作的品质、提高城市治理效率和集约化使用城市资源。智慧物流不仅可以尽可能少地占用城市资源，降低城市资源浪费和闲置，还可以大幅度将城市闲置资源加以复用，实现城市资源集约化和再生资源循环利用。

智慧物流与智慧城市的融合主要集中在空间维度与时间维度上，并形成基于城市的智慧供应链与智慧产业链生态。

智慧供应链与智慧产业链生态的建设成功与否，则取决于这座城市的所有参与者是否能够以零成本或近零成本的方式配置资源，是否能够将非标产品、服务与流程低成本实现标准化进而实现规模化，是否能够跨功能、跨产业并降维打击竞争对手。

请分析：智慧物流对智慧城市的重要性主要体现哪些方面？

综合技能实训

【实训目的】

虚拟现实（VR）智慧物流实训平台、VR 智慧物流教学系统可以整合集成原有的物流设备，具有很强的灵活性和扩展性，既可以结合普通的物流硬件设备进行实训，又可以单独进行模拟仿真培训。学生结合主流的自动化立体仓库、手持终端、电子标签、条形码打印、RFID、自动分拣系统、物流货架等设备，通过 VR 技术将数据、模型融入其他设备和真实环境中去，实现虚拟与现实一体化的闭环物流教学实训。

【实训内容】

各小组进入智慧物流实训室，正确佩戴 VR 操作设备，完成 VR 系统中的以下实训内容：

（1）导学场景。

（2）概览场景。

（3）规划设计场景。

（4）转包装流程。

（5）消防作业流程。

（6）收货作业流程。

（7）立库作业流程。

（8）复合打包作业流程。

（9）发货流程。

【项目总结与评价】

1. 自我评价表（学生自评、组长评价，见表 7-2）

表 7-2　自我评价表

项目名称：			小组名称：			
评价时间：			出勤情况：			
序号	评价项目	评价标准		分值	自评分	组长评分
1	预习情况	1. 完成 2. 部分完成 3. 全部未完成		5		
2	学习目标实现情况	1. 实现 2. 部分实现 3. 大部分未实现		10		
3	与老师同学沟通情况	1. 好 2. 较好 3. 一般 4. 存在较大问题		10		
4	与同学协作情况	1. 好 2. 较好 3. 一般 4. 存在较大问题		10		
5	技术方法运用情况	1. 好 2. 较好 3. 一般 4. 存在较大问题		20		

表7-2（续）

6	资料收集水平	1. 高 2. 较高 3. 一般 4. 差	5		
7	做事态度	1. 很认真 2. 较认真 3. 应付 4. 差	10		
8	任务是否完成	1. 完成 2. 部分完成 3. 大部分未完成 4. 全部未完成	30		
9	创新情况（加分项）	任务完成有创新性，酌情加 1~10 分			
10	自我评价	1. 整体效果： 2. 主要不足： 3. 改进措施：	总分		

2. 任务评价表（教师评价，见表7-3）

表7-3　任务评价表

评议项目	考评内容	评分标准	标准分	实际得分
素养目标达成情况 （此项为一票否决 考核项目）	各任务素养目标达成	安全、积极参与、高效、 团结完成工作任务	10	
仓储作业组织管理			15	
仓储作业标准化			10	
仓储信息技术与 应用			25	
智慧物流技术			20	
知识问答	相关知识共 10 题	每题 1 分，共 10 分	10	
总计			100	

项目八　仓储经营管理

任务一　仓储经营组织

 【任务目标】

1. 知识目标

☑仓储经营的意义和目标，能制订仓储经营计划

☑仓储经营管理基础知识

2. 技能目标

☑能正确判断不同类型企业所选择仓储经营模式的优缺点

☑能独立完成仓储企业经营管理的实际案例分析

3. 素养目标

☑能够正确判断仓储企业经营模式的盈利点

☑具备良好的自主学习能力和问题分析能力

☑具备良好的表达能力和团队合作意识

☑能分工协作、有效沟通，并运用适当的方式方法展示学习成果

 【任务描述】

在物流业中，提供仓储服务的物流公司越来越多，仓储物流公司的经营范围一般有商品的运输、配送、仓储、包装、搬运装卸、流通制作以及相关的物流信息提供等。

 【任务实施】

步骤一：学生分析物流公司的经营范围有哪些？

步骤二：学生分析仓储物流的经营范围主要有哪几大类？

步骤三：学生分析仓储经营管理的目标和原则是什么？

【任务资讯】

一、仓储经营管理的认知

仓储经营管理是指在仓库管理活动中，运用先进的管理方法和科学的判断，对仓储经营活动进行计划、组织、指挥、协调、控制和有效监督，以降低仓储成本，提高仓储经营效益的活动过程。仓储经营管理是社会生产顺利进行的必要环节，也是调整生产和消费的时间差别、维持市场稳定的一种手段和方式。

二、仓储经营管理的意义

第一，仓储经营管理是保持商品原有使用价值和合理使用物资的重要手段。

第二，仓储经营管理是社会再生产过程顺利进行的必要条件。

第三，仓储经营管理是提高仓储企业管理水平的重要途径。

第四，仓储经营管理是提高仓储企业经济效益的有效途径。

第五，仓储经营管理是现代物流发展的需要。

三、对仓储经营组织的要求

1. 仓储经营组织的概念

仓储经营组织是以实现仓储经营的最高经济效益和社会效益为目标，将仓储作业人员与仓储作业手段有效结合起来，完成仓储作业过程各环节的任务，为商品流通提供良好的仓储服务和有效的经营管理的过程。

2. 仓储经营的总体目标

仓储经营的总体目标是按照仓储活动的各项要求和仓储管理的需要，把与仓储经营有关的各部门、各环节合理组织起来，使各方面的工作协调、有效地进行，加速商品在仓库中的周转，合理地使用人、财、物，以最少的资源取得最多的经济效益。

3. 仓储经营的具体目标

仓储经营的具体目标是实现仓储经营活动的"多储存、多经营、快进、快出、保管好、费用省"。

四、制订仓储经营计划

1. 仓储经营计划的概念

仓储经营管理工作的重要环节是制订仓储计划，即根据市场的需求和企业仓储能力确定经营目标，有计划地组织、指挥、调节、控制企业各部门、各环节的活动，完成仓储经营任务，实现和提高仓储作业的经济效益。

2. 制订仓储经营计划的依据

仓储企业应在国家政策、市场调研和市场预测的基础上，结合仓储企业的实际情况（如仓储结构、品种数量、仓储能力、组织结构等）制订仓储经营计划。

3. 制订仓储经营计划的要求

制订仓储经营计划需要具有超前的、创新的思想，了解经济社会发展的客观规律，调查企业内外环境的变化，合理预测社会对仓储产品消费需求的变化，根据消费的需求及时提供与市场变化相适应的产品。

五、仓储经营管理的内容

仓储经营管理的内容可以分为仓储业务管理和仓储商务管理两大部分。仓储业务管理的主要内容如下：

（1）仓库的选址与建筑决策管理。

（2）仓库的机械作业的选择与配置。

（3）仓库的日常业务管理。

（4）仓库的安全管理。

六、仓储经营组织架构

1. 直线式组织形式

直线式组织形式如图 8-1 所示。

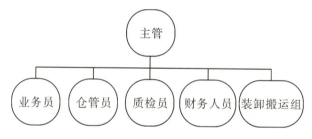

图 8-1　直线式组织形式

2. 直线职能式组织形式

直线职能式组织形式如图 8-2 所示。

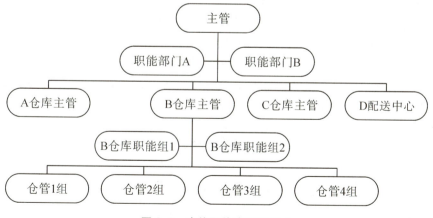

图 8-2　直线职能式组织形式

3. 事业部式组织形式

事业部式组织形式如图 8-3 所示。

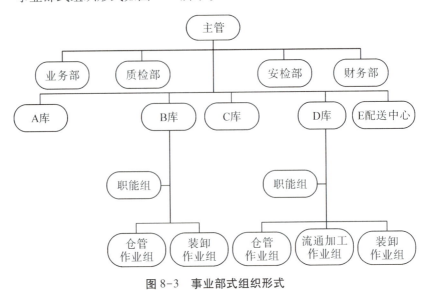

图 8-3　事业部式组织形式

📖【任务拓展】

招商局物流集团有限公司

　　招商局物流集团有限公司（简称"招商物流"）总部位于深圳蛇口。招商局集团有限公司（简称"招商局"）经营总部设于香港，业务主要分布于香港、内地以及东南亚等极具活力和潜力的新兴市场，是中央直接管理的国有重要骨干企业。从交通运输业起步的 100 多年来，招商局从未间断过在港口、码头、仓储、运输等领域的投资与发展，逐步形成了发展现代物流业的独特优势。20 世纪末，招商局明确将现代物流业确立为其核心产业之一。招商物流正是招商局旗下发展现代物流业的核心企业。到 2012 年年底，招商物流已形成遍布全国的物流网络，在北京、上海、天津、广州、深圳、香港、惠州、厦门、漳州、珠海、南京、苏州、大连、沈阳、长春、哈尔滨、武汉、长沙、成都、重庆、青岛、合肥、芜湖、西安、乌鲁木齐等 20 余个中心城市设立了子公司和分支机构，在全国 70 个重要城市建立了物流网络运作节点，物流配送可及时送达全国 700 多个城市。招商物流经营的现代化分发中心面积达 200 万平方米，其中自建分发中心近 100 万平方米；已在全国成功运作 12 条区域间干线和 1 225 条中长途公路运输线路。在大力发展网络物流基础上，招商物流还积极发展了投资物流、航运物流以及燃气业务，在沿海和长江流域拥有油气库和油气专用码头、专用运输船舶，具备了完善的资源配置和较强的经营能力。

　　案例分析：查阅资料，请分析招商局物流集团有限公司的仓储经营组织模式。

任务二　仓储经营方法及选择

 【任务目标】

1. 知识目标

☑保管仓储、混藏仓储、消费仓储、仓库租赁经营、流通加工经营模式的主要区别

☑仓储多种经营中的仓储增值服务、运输中介、配送与配载、仓储多种经营的适用条件

2. 技能目标

☑能正确判断不同类型企业所选择仓储经营模式的优缺点

☑能独立完成仓储企业经营管理的实际案例分析

3. 素养目标

☑具有组织和参与仓储商务活动的能力

☑具备良好的自主学习能力和问题分析能力

☑具备良好的表达能力和团队合作意识

☑能分工协作、有效沟通，并运用适当的方式方法展示学习成果

 【任务描述】

中储发展股份有限公司

中储发展股份有限公司是全国性大型综合物流企业，于 1997 年 1 月在上海证券交易所挂牌上市。多年来，该公司按照市场化的要求，理顺产权关系，明确市场定位，构建新型管理模式，充分利用资本市场通道，进行了一系列配股、收购、兼并等资产重组和资本运作，使资源得到优化配置，表现出较强的成长性。该公司的总股本从上市之初的 5 000 万元扩张到 6.2 亿元，增长了约 11 倍；净资产从 1.2 亿元增长到 11.3 亿元，增长了约 8.4 倍；总资产从 1.7 亿元扩展到 30.1 亿元，增长了约 16.7 倍；实现利润累计 5.2 亿元。中储发展股份有限公司依托沿海和中心城市的区位优势，形成了以实体网络为依托、以信息化为纽带、以现代物流技术为手段、以大客户为服务对象，具有分销分拨、物流设计、多式联运、科技开发、电子商务、国际贸易、国际货代等综合配套的全方位、全天候多维物流服务体系。该公司所属物流中心占地面积达 453.4 万平方米，库房面积 82.2 万平方米，货场面积 114.7 万平方米，铁路专用线 44 条、39 324.5 米，起重运输设备 280 多台。

案例分析：查阅资料，尝试着分析中储发展股份有限公司的仓储经营方法及选择。

🏃 【任务实施】

步骤一：学生学习不同仓储经营方法。

步骤二：学生分析不同类型仓储经营方法的主要特点和收入来源。

步骤三：学生完成仓储经营方法的差异化分析。

💊 【任务资讯】

仓储经营方法根据仓储目的的不同，可以分为保管仓储、混藏仓储、消费仓储、仓库租赁经营、仓库流通加工等。

一、保管仓储

1. 保管仓储的概念

保管仓储是指保管人储存存货人交付的仓储物，存货人支付仓储费的一种仓储经营方法。在保管仓储中，仓储经营人以获得最多的仓储保管费为经营目标，仓储保管费与仓储物的数量、仓储时间和仓储费率三者密切相关。

2. 保管仓储的特点

（1）保管仓储的目的在于保持保管物原状。寄存人交付保管物于保管人，目的在于获得保管服务。

（2）仓储物一般都是数量多、体积大、质量高的大宗货物、物资。例如，粮食、工业制品、水产品等。

（3）保管仓储活动是有偿的，保管人为存货人提供仓储服务，存货人必须支付仓储费。仓储费是保管人提供仓储服务的价值表现形式，也是仓储企业盈利的来源。

（4）保管仓储的整个经营过程均由保管人进行操作，仓储企业需要有一定的投入。为了使仓储物品质量保持完好，仓储企业需要提升仓储管理水平。

二、混藏仓储

1. 混藏仓储的概念

混藏仓储又称混藏式仓储，是指存货人将一定品质、数量的种类物交付保管人储藏，而在储存保管期限届满时，保管人只需以相同种类、相同品质、相同数量的替代物返还存货人的一种仓储经营方法。混藏仓储经营人的收入依然来自仓储保管费，存量越多、存期越长，收益越多。

2. 混藏仓储的特点

（1）混藏仓储的对象是种类物。

（2）混藏仓储的保管物并不随交付而转移所有权。

（3）混藏仓储是一种特殊的仓储方式。

3. 混藏仓储的作用

混藏仓储在物流活动中发挥着重要的作用。在提倡物尽其用、发展高效物流的今天，混藏仓储被赋予了更多的功能。混藏仓储配合先进先出的运作方式，使得仓储物资的流通加快，有利于减少耗损和降低过期变质等风险。另外，混藏仓储能减少仓储设备投入，提升仓储空间利用率。存货品种增加，会使仓储成本增加，因此混藏仓储应尽可能开展少品种、大批量的混藏经营。混藏仓储主要适用于农村、建筑施工、粮食加工、五金等行业，储藏品质无差别、可以准确计量的商品。

三、消费仓储

1. 消费仓储的概念

消费仓储又称消费式仓储，是指存货人不仅将一定数量、品质的种类物交付仓储管理企业储存保管，而且与保管人相互约定，将储存物的所有权也转移给保管人，在合同期届满时，保管人以相同种类、相同品质、相同数量替代品返还存货人。

2. 消费仓储的特点

（1）消费仓储是一种特殊的仓储形式，具有与保管仓储相同的基本性质。消费仓储保管的目的是对保管物进行保管，主要是为存货人的利益而开展服务。原物虽然可以消耗使用，但其价值得以保存。

（2）消费仓储以种类物作为保管对象，仓储期间将所有权转移给保管人。在消费仓储中，存货人将保管物存于保管人处，保管人以所有人的身份自由处理保管物。保管人在其接收保管物之时便取得了保管物的所有权。

（3）消费仓储以物的价值保管为目的，保管人仅以种类、品质、数量相同的物进行返还。在消费仓储中，存货人不仅转移保管物的所有权，而且必须允许保管人使用、收益、处分保管物。

四、仓库租赁经营

1. 仓库租赁经营的概念

仓库租赁经营又称仓库租赁制或仓库抵押承包，是指在不改变仓库所有制性质的条件下，实行所有权与经营权分离，国家或出租人通过签订承租合同，将仓库有限期地租赁给承租人经营，承租人向出租人交付租金，并按合同规定对仓库进行自主经营的一种方式。

仓库租赁经营形式有个人承租、集体承租、全员承租和仓库承租等类型。仓库租赁经营一般是通过租赁招标方式进行的。

2. 仓库租赁经营的成因

仓库租赁经营是通过出租仓库、场地、设备，由存货人自行保管货物的仓库经营方式。进行仓库租赁经营时，最主要的一项工作是签订仓库租赁合同，在法律条款的约束下进行租赁经营，取得经营收入。在仓库租赁经营中，租用人的权利是对租用的仓库及仓库设备设施享有使用权，并保护仓库设备设施，按约定的方式支付租金。出租人的权利是对出租的仓库及仓库设备设施拥有所有权，并享有收取租金的权利，同时必须承认租用人对租用仓库及仓库设备设施的按约定的使用权，并保证仓库及仓库设备设施的完好性能。

3. 仓库租赁经营的具体方式

仓库租赁经营既可以是整体性出租，也可以是部分出租、货位出租等分散性出租。在分散性出租模式下，仓库所有人需要承担更多的仓库管理工作，如环境管理、安全保卫等工作。

4. 仓库租赁经营的主要业务

仓库租赁经营的主要业务是仓库根据市场需求设立服务项目，主要内容如下：

（1）对金首饰、高级衣料、高级皮毛制品、古董、艺术品等贵重物品提供保管服务。

（2）对法律或规章制度等规定必须保存一定时间的文书资料、磁带记录资料等物品提供保管服务。许多从事箱柜委托租赁保管业务的仓库经营人专门向企业提供这种服务，并根据保管物品、文书资料和磁带记录资料的特点建立专门的仓库。这种仓库一般有三个特点：一是注重保管物品的保密性，二是注重保管物品的安全性，三是注重快速高效服务。

五、仓库流通加工

1. 仓库流通加工的概念

仓库流通加工是在物品从生产地到使用地的过程中，存储仓库根据需要实施包装、分割、计量、分拣、刷标识、拴标签、组装等简单作业的总称。仓库流通加工是仓储业具有广阔前景的经营业务，给流通领域带来巨大的社会经济效益。

2. 仓库流通加工的目的

（1）满足多样化的顾客需求。

（2）提高商品的附加值。

（3）规避风险，推进物流系统化。

3. 仓储流通加工的作用。

（1）流通加工可以提高劳动生产率。

（2）流通加工可以提高原材料的利用率。

（3）流通加工可以提高加工设备的利用率。

（4）流通加工可以提高被加工产品的质量。

六、仓储多种经营

1. 仓储多种经营的概念

仓储企业为了实现经营目标，往往会采用多种经营方式。例如，仓储企业在开展仓储业务的同时，还开展运输中介、商品交易、配送与配载、仓储增值服务等。

仓储多种经营是指仓库按照自身所具有的优势，开展与仓储业务有关的经营活动。其具体包括仓储增值服务、仓储运输中介、配送与配载等经营活动。其中：

（1）仓储增值服务主要是根据仓库现有的设施与设备、人员与技术等资源开展的增值服务。

（2）仓储运输中介又称运输服务中间商，通常不拥有运输设备，向其他厂商提供间接服务。

（3）配送是指仓库在经济合理区域范围内，根据用户的要求，对物品进行拣选、加工、包装、分割、组配等作业，并按时送达指定地点的物流活动。

（4）配载是指仓库根据运输工具和运输线路安排货载的运输业务。

2. 仓储增值服务

随着物流业的快速发展，仓储企业充分利用其联系面广、仓储手段先进等有利条件，向多功能的物流服务中心方向发展，开展加工、配送、包装、贴标签等多项增值服务，增加仓储利润。仓库可以提供的增值服务主要如下：

（1）托盘化。托盘化是指将产品转化为一个独立托盘的作业过程。

（2）包装。产品的包装环节由仓储企业和企业的仓储部门共同完成，并且把仓储的规划与相关的包装业务结合起来综合考虑，有利于整个物流效率的提高。

（3）贴标签。贴标签是指在仓储过程中完成在商品上或商品包装上贴标签的工序。

（4）产品配套、组装。当某产品需要由一些组件或配件组装配套而成时，就有可能通过仓储企业或部门的配套组装增值服务来提高整个供应链过程的效率。在仓储过程中，这些配件不出仓库就直接由装配工人完成配装，提高了物流的效率，节约了供应链成本，不但使得仓储企业的竞争力增强、效率提高，同时也使得生产部门和企业的压力减轻。

（5）简单的加工生产。一些简单的加工生产业务本来在生产过程中是作为一道单独的工序来完成的。把这些简单的加工生产业务放到仓储环节来完成，可以从整体上缩短物流流程，降低加工成本，并使生产企业能够专心于主要的生产经营业务活动。例如，企业把对商品的涂油漆工作放到仓储环节来完成，可以缩短物流流程，节约物流成本，提高仓储企业的效率。

（6）退货和调换服务。当产品销售之后，产品出现质量问题或出现纠纷，需要实施退货或货物调换业务时，仓储企业帮助办理有关事项。

（7）订货决策支持。由于仓储企业在仓储过程中掌握了每种货物的消耗过程和库存变化情况，这就有可能对每种货物的需求情况做出统计分析，从而为客户提供订货及库存控制的决策支持，甚至帮助客户做出相关决策。

3. 仓储运输中介

（1）仓储运输中介概念。仓储运输中介简称"运输中介"，即运输服务中间商。运输中介通常不拥有运输设备，但向其他厂商提供间接服务。其职能类似营销渠道中的批发商，即从各种托运人手中汇集一定数量的货源，然后购买运输服务。

（2）仓储运输中介的种类。

①货运经纪人。货运经纪人实际上是运输代办，其以收取服务费为目的。货运经纪人相当于整个物流业务的润滑剂，有机地撮合托运人与承运人，并且方便了小型托运人的托运活动，因为小型托运人往往难以得到承运人较好的服务。货运经纪人同时也简化承运人的作业，使很多小托运人不用亲自到承运人处办理托运业务。出于对利润的追求，货运经纪人会根据托运人的要求，合理安排运输方式，节约费用，从而避免物流浪费。

②货运代理人。货运代理人（简称"货代"）常常把来自各种客户手中的小批量装运整合成大批量装载，然后利用专业承运人进行运输；到达目的地后，再把大批量装载的货物拆成原来的装运量。货运代理人的主要优势在于大批量的装运可以获得较低的费率，而且在很多时候小批量装运的速度甚至快于个别托运人直接与专业承运人打交道的速度。

4. 配送与配载

（1）仓储经营人的配送经营。仓储经营人利用商品大量储藏在仓库内等待向消费者送货的优势，可以向存货人提供分批、分时的送货业务，并进行商品组合、分类等处理。当仓储经营人进行配送的收益超过开展配送的成本即可开展配送业务。仓储经营人开展配送业务的收益主要包括：

①配送中的直接收益，即接受配送服务的委托人因配送业务支付的费用。通常，该费用比较低。仓储经营人如果只获得该收入，往往无法维持配送业务。

②配送组的收益。该收益能够充分利用仓储企业的劳动力和场地及设备等已有投入，有利于有效利用仓储资源。

③吸引更多的仓储业务，扩展市场。

（2）配载。

①配载的含义。配载是配送活动的核心。配载是指利用运输工具和运输

线路安排货载的运输业务。不同于干线运输，配载的特点是针对用户的末端运输和短距离运输，并且次数多，服务对象是生产企业和商业网点。交通运输工具的大型化和运输线路的细分是现代化运输业的特征。大型运输工具需要大量的货载支持，需要经过仓储企业的集货。大量聚集在仓储企业中的货物需要高效的配载安排，保证交通工具的满载和及时运出货物。仓储企业首先把商品进行分拣和配货，然后进行车辆的配载。仓储企业配送的每种商品数量都不多，但是总数却很多，常常需要安排许多车辆才能完成配送工作。

②配载的要求。配载活动把所配送的商品以最便捷、最适当的方式安排在运输车辆上，以最少的运力来满足配送的需要。配载可以充分利用车辆的容积和载重量，从而做到满载满装，降低运输成本。进行车辆配载要坚持方便装卸、充分利用运输工具、保证商品安全、满足用户需求的原则。简单的配载一般通过经验和手工计算来完成。在装载商品种类较多、车辆种类也较多时，仓储企业可以通过计算机进行管理，编制设计相应的运输组织软件，并将经常运送的商品数据和车辆数据输入存储，以后每次只需要输入需要运送的各种商品量及运送地点，就可以得到最佳的配载方案。

 【任务拓展】

长沙金霞保税物流中心

长沙金霞保税物流中心于 2008 年 12 月获得海关总署、财政部、税务总局、国家外汇管理局批准，2009 年 4 月通过国务院四部门联合验收，8 月 10 日正式封关运行。长沙金霞保税物流中心作为中部地区首批、湖南省唯一的一家保税物流中心，是湖南省扩大对外开放的重要标志、发展开放型经济的核心政策平台和公共产业平台。长沙金霞保税物流中心位于长沙市开福区金霞现代物流园的核心区，中心西侧紧邻全国内河一流的现代化港口——长沙新港，东侧距长沙铁路货运新北站和长沙出口加工区仅 1 000 米，距黄花国际机场仅 20 分钟车程，中心周边路网完善，京广线贯穿南北，石长线连接东西，经芙蓉北路及三环线与京珠高速、107 国道、319 国道等相通，处水、陆、空交通枢纽中心，地理位置得天独厚，区位交通优势明显。

通过对以上资料的分析，完成以下问题：

（1）说明仓储企业的主要经营模式。

（2）长沙金霞保税物流中心属于哪一种经营模式？

（3）说明仓储企业经营管理的目标。

任务三 仓储合同及其订立

 【任务目标】

1. 知识目标

☑仓储合同的法律特征、主要条款、一般格式

☑仓储合同的主要类型

☑仓储合同的无效、变更与接触

☑仓储合同的违约责任和免责

2. 技能目标

☑能够通过洽谈完成仓储合同的签订

☑能够根据法律法规对简单的仓储合同纠纷进行判断

☑能够根据客户的需求完成仓储合同的编写

3. 素养目标

☑具有组织和参与仓储商务活动的能力

☑具备良好的自主学习能力和问题分析能力

☑具备良好的表达能力和团队合作意识

☑能分工协作、有效沟通，并运用适当的方式方法展示学习成果

 【任务描述】

人人乐商业集团深圳分公司从东北购买一批东北大米，共 1 000 袋，每袋重 25 千克，均为一等品，都采用真空包装。人人乐商业集团深圳分公司准备在深圳各人人乐超市销售。2018 年 3 月 5 日，人人乐商业集团深圳分公司与某中储西安分公司签订了一份仓储合同。该合同约定，仓储公司提供仓库保管大米，期限共 3 个月，从 2018 年 3 月 15 日起到 2018 年 7 月 15 日止，保管仓储费为 0.15 元/袋。双方对储存物品的数量、种类、验收方式、入库时间、出库时间和具体方式、手续等做了约定。双方还约定任何一方有违约行为，要承担违约责任，违约金为总金额的 20%。请按照合同条款拟定一份仓储合同。

 【任务实施】

步骤一：学生了解仓储合同的定义与类型。

步骤二：学生明确仓储合同的主要内容与条款。

步骤三：学生明确仓储合同签订双方的权利与义务。

步骤四：学生知晓如何判断仓储合同的生效与无效以及在仓储合同履行过程中能对仓储物进行妥善保管。

步骤五：学生能在发生仓储合同纠纷时采取正确的应对措施。

 【任务资讯】

一、仓储合同概述

1. 仓储合同的含义

仓储合同又称为仓储保管合同，是指当事人双方约定由保管人为存货人保管储存的货物，存货人为此支付报酬的合同。合同双方的当事人分别称为保管人和存货人，合同的标的物称为仓储物。合同的标的是仓储保管行为，即存货人按时交付货物、支付仓储费，保管人给予养护，保管期满完整归还。

2. 仓储合同的特点

仓储合同是一种特殊的保管合同，具有保管合同的基本特征。同时，仓储合同又具有自己的特征。仓储合同的特点概括如下：

（1）仓储货物的所有权不发生转移。仓储货物只是货物的占有权暂时转移，而货物的所有权或其他权利仍属于存货人所有，所有权不发生转移。

（2）仓储合同的保管对象必须是动产。仓储合同的保管对象必须是动产，不动产不能作为仓储合同的保管对象。这也是仓储合同区别于保管合同的显著特征。

（3）仓储合同是双务、有偿、诺成合同。

①仓储合同是诺成合同。诺成合同是指双方意思表示一致即可成立的合同。通常认为，只要存货人与保管人就仓储货物达成意思表示一致，仓储合同即告成立并生效，并不以仓储物的实际交割生效要件。这是仓储合同区别于保管合同的又一显著特征。

②仓储合同是双务、有偿合同。由于仓储业务是一种商业经营活动，因此仓储合同的双方当事人互负给付义务，保管人提供仓储服务，存货人给付报酬和其他费用。这与一般的保管合同不同，因为保管合同既可有偿，也可无偿。

（4）仓储合同的当事人。

①存货人：拥有仓储物处分权的人。

②保管人：具有仓储设施、仓储设备，专门从事仓储保管业务的人。简而言之，仓储合同的保管人，必须依法取得从事仓储保管业务的经营资格。

（5）仓储合同涉及仓单。存货人的货物交付或返还请求权以仓单为凭证，仓单具有仓储物所有权凭证的作用。

（6）仓储合同和保管合同的区别。仓储合同不同于保管合同，保管合同是实践合同，而仓储合同是诺成合同，这是由仓储合同属于商事合同的特性决定的。仓储合同的当事人中的保管人是专门从事仓储保管业务的民事主体，其营业目的就是从仓储保管营业中获利。保管人具有专业性和营利性，在保管的物品入库前，保管人必然要做出一定的履行合同准备，支出一定的费用。

二、仓储合同的种类

仓储合同按照仓储合同建立的原因，可以分为一般仓储合同与指令性仓储合同；按照仓储合同标的物的性质，可以分为工业仓储合同、农业仓储合同、商业仓储合同与其他仓储合同；按照不同仓储经营方式中仓储标的物是否为特定物或特定化的种类物以及是否移转所有权，可以分为一般保管仓储合同、混藏仓储合同、消费仓储合同与仓库租赁经营合同。

1. 一般保管仓储合同

一般保管仓储合同是指仓库经营人提供完善的仓储条件，接受存货人的仓储物进行保管，在保管期满，将原先收保的仓储物原样交还给存货人而订立的仓储保管合同。该仓储合同的仓储物为确定物，保管人需原样返还。

2. 混藏仓储合同

混藏仓储是指存货人将一定品质、数量的储存物交付给仓储经营人储存，在储存保管期限届满时，仓储经营人只需以相同种类、相同品质、相同数量的替代物返还的一种仓储经营方法。

3. 消费仓储合同

消费仓储是指存货人不仅将一定数量、品质的储存物交付仓储经营人储存，而且双方约定，将储存物的所有权也转移到仓储经营人处，在合同期届满时，仓储经营人以相同种类、相同品质、相同数量的替代物返还的一种仓储经营方法。消费仓储最为显著的特点是仓储物所有权转移到保管人，自然地保管人需要承担所有人的义务。

4. 仓库租赁经营合同

仓库租赁经营是通过出租仓库、场地、仓库设备，由存货人自行保管货物的仓库经营方式。仓库租赁经营的特点在于承租人具有特殊商品的保管能力和服务水平，以合同的方式确定租赁双方的权利和义务。

三、仓储合同的订立

1. 仓储合同订立的原则

（1）平等原则。合同当事人的法律地位平等，一方不得将自己的意志强加给另一方。当事人双方法律地位平等是合同订立的基础，是任何合同行为都需要遵循的原则。

（2）自愿与协商一致原则。当事人依法享有自愿订立合同的权利，任何单位和个人不得非法干预。生效合同是指当事人完全根据自身的需要和条件，通过广泛的协商，在整体上接受合同的约定时所订的合同。

（3）等价有偿原则。当事人应当遵循公平原则确定各方的权利和义务。仓储合同是双务合同，合同双方都要承担相应的合同义务，享受相应的合同利益。

（4）合法和不损害社会公共利益原则。当事人订立、履行合同应当遵守法律、行政法规的规定，遵循社会公德，不得扰乱社会经济秩序，损害社会公共利益。当事人在订立合同时要严格遵守相关法律法规的规定，不得发生侵犯国家主权、危害环境、超越经营权、侵害所有权等违法行为。

2. 仓储合同的订立程序

（1）要约。要约是指由存货方或保管方提出签约的建议，包括订约的要求和合同的主要内容。

（2）验资。企业法定代表人（或其委托人）之间签订合同应出示有关证明法定代表人资格的材料和资信证明。

（3）洽约。由法定代表人授权的业务人员对要约方提出的合同条款应逐条当面商定。

（4）审约。有经验的专业人员审查合同条款是否符合法律、政策的规定，权利是否平等，条款是否严密，以防责任不明和签订出"不平等条款"。

（6）定约。双方的法定代表人（或授权的委托人）应在仓储保管合同文本上签字，并加盖公章或合同章。签章后，合同即生效。

（7）履约。履约是指对合同的履行。在履行合同时，各方承担各自的义务，并享有各自的权利。

四、仓储合同的形式

1. 合同书

合同书是最常用的仓储合同形式，其主要内容包括合同名称、合同编号、合同条款和当事人签名。合同书的形式完整、内容全面、程序完备，有利于合同的订立、履行、留存和争议处理。

2. 确认书

确认书是指合同双方通过口头、电话、传真、电子电文等形式达成一致后，由一方寄给另一方用以确认达成交易的书面证明。与合同书相比，确认书比较简单，其内容可以列明合同的完整事项，也可以仅列明合同的主要事项。

3. 格式合同

格式合同是指由保管人事先拟定，并在市场监管部门备案的合同，常用于仓储物品周转量大、批量小、批次多的仓储活动。在订立格式合同时，由仓储保管人填写仓储物、储存期、费用等主要事项，并直接签发，之后由存货人签认即可。

4. 计划表

计划表是指由存货人定期制订并交保管人执行的仓储计划，通常作为仓储合同的补充合同或执行合同。

五、仓储合同的主要条款

根据《仓储保管合同实施细则》第七条的规定，仓储合同应具备以下主要条款：

（1）货物的品名或品类；

（2）货物的数量、质量、包装；

（3）货物验收的内容、标准、方法、时间；

（4）货物保管条件和保管要求；

（5）货物进出库手续、时间、地点、运输方式；

（6）货物损耗标准和损耗的处理；

（7）计费项目、标准和结算方式、银行账号、时间；

（8）责任划分和违约处理；

（9）合同的有效期限；

（10）变更和解除合同的期限。

六、仓储合同的效力

1. 仓储合同的生效

（1）合同成立。合同成立是合同生效的前提，因此合同成立必须具备的条件如下：

①订约主体必须存在两方以上的当事人。

②当事人对合同必要条款达成合意。

③合同的成立应当经过要约和承诺阶段。

（2）合同生效。依法成立是合同生效的必备要件，因此合同生效必须具备的条件如下：

①合同当事人在缔结合同时必须具有相应的缔结合同的行为能力。

②合同当事人订立合同时的意思表示必须真实。

③合同不违反法律、行政法规的强制性规定，不损害社会公共利益。

④合同标的的确定、履行的可能、标的物的合法。

⑤合同必须具备法律所要求的形式。

2. 仓储合同的无效

（1）无效仓储合同的定义。无效仓储合同是指仓储合同虽然已经订立，但是因为违反了法律、行政法规或者公共利益，而被确认为无效。无效仓储合同具有违法性、不得履行性、自始无效性、当然无效性等特征。

（2）无效仓储合同的情形。

①一方以欺诈、胁迫手段订立合同，损害国家利益的仓储合同。

②恶意串通，损害国家、集体或者第三人利益的仓储合同。

③以合法形式掩盖非法目的的仓储合同。

④损害社会公共利益的仓储合同。

⑤违反法律、行政法规的强制性规定的仓储合同。

（3）无效仓储合同的处理。

①返还财产或折价补偿。

②赔偿损失。

③追缴财产。

3. 仓储合同的变更

仓储合同的变更是指对已经合法成立的仓储合同的内容在原来合同的基础上进行修改或补充。仓储合同的变更并不改变原合同关系，是原合同关系基础上的有关内容的修订。

仓储合同的变更应具备下列条件：

（1）原仓储合同关系的客观存在。仓储合同的变更并不发生新的合同关系，变更的基础在于原仓储合同的存在以及其实质内容的保留。

（2）存货人与保管人必须就合同变更的内容达成一致。

（3）仓储合同的变更协议必须符合民事法律行为的生效要件。

4. 仓储合同的解除

仓储合同的解除是指仓储合同订立后，在合同尚未履行或尚未全部履行时，一方当事人提前终止合同，从而使原合同设定的双方当事人的权利与义务归于消灭。仓储合同的解除是仓储合同终止的一种情形。

（1）解除的方式。

①约定解除。约定解除是指由合同双方当事人协议解除合同的方式。

②法定解除。法定解除是指双方当事人根据法律规定的解除情形解除合同的方式。

（2）解除的要求。仓储合同中享有解除权的一方当事人在主张解除合同时，必须以通知的形式告知对方当事人。

（3）解除后的效力。仓储合同解除后，因为仓储合同所产生的存货人和保管人的权利与义务关系消灭，未履行的合同当然中止履行。

七、仓储合同双方当事人的权利与义务

1. 存货人的权利与义务

（1）存货人的权利。

①查验、取样权。

②保管物的领取权。

③获取仓储物利息的权利。

（2）存货人的义务。

①告知义务。

②妥善处理和交存货物。

③支付仓储费和偿付必要费用。

④及时提货。

2. 保管人的权利和义务

（1）保管人的权利。

①收取仓储费的权利。

②保管人的提存权。

③验收货物的权利。

（2）保管人的义务。

①提供合适的仓储条件。

②验收货物。

③签发仓单。

④合理化仓储。

⑤返还仓储物及其孳息的义务。

⑥危险告知义务。

【任务拓展】

2024 年 9 月 3 日，某市盛达粮油进出口有限责任公司（以下简称"盛达公司"）与速达物流公司签订了一份仓储保管合同。该合同主要约定：由速达物流公司为盛达公司储存保管小麦 60 万千克，保管期限自 2024 年 9 月 25 日至 12 月 25 日，储存费用为 50 000 元，任何一方违约，均按储存费用的 20% 支付违约金。

（1）请拟定一份仓储合同。

（2）9 月 15 日，有家仓储公司愿意以 45 000 元的价格承担盛达公司的这批商品的存储，因此盛达公司欲与速达物流公司解除 9 月 3 日所签订的仓储合同，但拒绝支付违约金。请问该如何处理这起合同纠纷？

仓储合同范本

合同编号：_____

保管人：_____　　签订地点：_____

存货人：_____　　签订时间：_____年____月____日

第一条　仓储物（见表 8-1）。

表 8-1　仓储物

品名	规格	性质	数量	质量	包装	件数	标记

（注：空格如不够用，可以另接）

第二条　储存场所、储存物占用仓库位置及面积：_____。

第三条　仓储物（是/否）有瑕疵。瑕疵是：_____。

第四条　仓储物（是/否）需要采取特殊保管措施。特殊保管措施是：_____。

第五条　仓储物入库检验的方法、时间与地点：_____。

第六条　存货人交付仓储物后，保管人应当给付仓单。

第七条　储存期限：_____年____月____日至_____年____月____日。

第八条　仓储物的损耗标准及计算方法：_____

第九条　保管人发现仓储物有变质或损坏的，应及时通知存货人或仓单持有人。

第十条　仓储物（是/否）已办理保险。险种名称：_____。保险金额：_____。保险期限：_____。保险人名称：_____。

第十一条　仓储物出库检验的方法与时间：_____。

第十二条　结算方式与时间：_____。

第十三条　储存期间届满，存货人或者仓单持有人应当凭仓单提取仓储物。存货人或者仓单持有人逾期提取的，应当加收仓储费，具体如下：_____；提前提取的，不减收仓储费。

第十四条　存货人未向保管人支付仓储费的，保管人（是/否）可以留置仓储物。

第十五条　存货人的违约责任：_____。

保管人的违约责任：_____。

第十六条　合同争议的解决方式：本合同项下发生的争议，由双方当事人协商解决或申请调解解决；协商或调解不成的，按下列第_____种方式解决（只能选择一种）：

（一）提交_____仲裁委员会仲裁。

（二）依法向人民法院起诉。

第十七条　其他约定事项：_____。

保管人　　　　　　　　　　　　　　　　　存货人

保管人（章）：_____　　　　　存货人（章）：_____

地址：_____　　　　　　　　　地址：_____

法定代表人：_____　　　　　　法定代表人：_____

委托代理人：_____　　　　　　委托代理人：_____

开户银行：_____　　　　　　　开户银行：_____

账号：_____　　　　　　　　　账号：_____

邮政编码：_____　　　　　　　邮政编码：_____

任务四　仓储合同纠纷处理

 【任务目标】

1. 知识目标

☑仓储合同主体权利与义务的明确

☑仓储合同的法律特征的归纳

☑仓储合同纠纷的常见类型

☑仓储合同纠纷处理的主要方式

2. 技能目标

☑能够判断仓储合同纠纷产生的主要原因

☑能够处理仓储合同产生的纠纷

☑能够准确判断仓储合同纠纷中的责任方

☑能够正确制订仓储合同纠纷的解决方案

3. 素养目标：

☑具有组织和参与仓储商务活动的能力

☑具备良好的自主学习能力和问题分析能力

☑良好的表达能力和团队合作意识

☑能分工协作、有效沟通，并运用适当的方式方法展示学习成果

【任务描述】

一起仓储合同纠纷案

原告京安贸易公司与被告某仓储公司签订了一份保管香菇的仓储合同。该合同规定：某仓储公司为京安贸易公司存储香菇 10 吨，期限为 3 个月。同时，合同对货物的质量、包装、验收、保管条件、要求、计费、结算方式、违约责任都做了明确规定。合同订立后，京安贸易公司按约定期限将香菇运至某仓储公司，由于两公司的负责人关系很好，某仓储公司未经验收就将香菇入库保存。合同到期后，京安贸易公司接货时发现香菇少了 1 吨。为此，京安贸易公司要求某仓储公司承担 1 吨香菇的损失。双方因此引起纠纷，诉至法院。一种观点认为，由于某仓储公司没有验收货物，短缺的 1 吨香菇不能认定是在验收前还是在验收后灭失，因此该责任承担无法认定。另一种观点认为，由于某仓储公司没有验收货物，因此应认定仓储物的数量为 10 吨。仓储物在入库后发生的损失，应由保管人承担。仓储合同是货物存货人与保管人签订的关于货物储存的协议，协议中应该明确包括存储货物的种类、存储时间、存储方式、存储要求等内容，以免因约定不明引发仓储合同纠纷。

案例分析：

（1）分析仓储合同的双方分别是谁。

（2）签署正式仓储合同时应注意什么？

（3）仓储合同生效后，合同双方各自的权利和义务有哪些？

【任务实施】

步骤一：学生了解仓储合同的定义与类型。

步骤二：学生明确仓储合同的主要内容与条款。

步骤三：学生明确仓储合同签订双方的权利与义务。

步骤四：学生知晓如何判断仓储合同的生效与无效以及在仓储合同履行过程中能对仓储物进行妥善保管。

步骤五：学生能在发生仓储合同纠纷时采取正确的应对措施。

【任务资讯】

一、仓储合同纠纷处理的方式

1. 支付违约金

违约金分为法定违约金、约定违约金（协商确定的违约金）。

2. 损害赔偿

受害方的实际损失包括直接经济损失和间接经济损失。直接经济损失又称实际损失，是指仓储合同的一方当事人因对方的违约行为所直接造成的财物的减少。例如，仓储合同中仓储物本身灭失或毁损，为处理损害后果的检验费、清理费、保管费、劳务费或采取其他措施防止损害事态继续扩大的直接费用支出等。

3. 继续履行

通常来说，继续履行的条件如下：

（1）仓储合同的一方当事人有违约行为。

（2）违约一方的仓储合同当事人要求继续履行。

（3）继续履行不违背合同本身的性质和法律规定。

（4）违约方能够继续履行。

在仓储合同中，要求继续履行是非违约方的一项权利。是否需要继续履行，取决于仓储合同违约一方的当事人，其可以请求支付违约金、损害赔偿，也可以要求继续履行。

此外，仓储合同纠纷处理的方式还有采取补救措施。

二、仓储合同违约责任的划分

1. 仓储合同中保管人的违约责任

（1）保管人验收仓储物后，在仓储期间发生仓储物的品种、数量、质量、规格、型号不符合合同约定的，承担违约赔偿责任。

（2）仓储期间，因保管人保管不善造成仓储物毁损、灭失，保管人承担违约赔偿责任。

（3）仓储期间，因约定的保管条件发生变化而未及时通知存货人，造成仓储物的毁损、灭失，由保管人承担违约损害责任。

2. 仓储合同中存货人的违约责任

（1）存货人没有按合同的约定对仓储物进行必要的包装或该包装不符合约定要求，造成仓储物的毁损、灭失，自行承担责任，并承担由此给仓储保管人造成的损失。

（2）存货人没有按合同约定的仓储物的性质交付仓储物，或者超过储存期，造成仓储物的毁损、灭失，自行承担责任。

（3）危险有害物品必须在合同中注明，并提供必要的资料，存货人未按合同约定而造成损失，自行承担民事和刑事责任，并承担由此给仓储人造成的损失。

（4）逾期储存，存货人承担加收费用的责任。

（5）储存期满不提取仓储物，经催告后仍不提取，存货人承担违约赔偿责任。

3. 仓储合同的免责

（1）不可抗力。

①必须是签约后发生。

②不是当事人任何一方故意或过失造成。

③不可预见、不可避免、不可克服。

（2）仓储物的自然特性，如过期。

（3）存货人的过失，如包装质量不合格。

三、如何规避仓储合同纠纷

（1）注意仓储合同与保管合同的区别。例如，两者的合同生效时间不同，前者为成立时生效，后者为交付时生效。

（2）认真审查仓储保管人的资格。

（3）特别注意货物品名、种类与数量。

（4）充分行使检查仓储物或提取样品的权利。

（5）存货人应防止仓储经营人在合同中滥用免责条款。

【任务拓展】

2023 年 12 月，某公司购入了 4 000 包棉花，每包 100 千克。某公司需要委托仓储公司代为储存保管，并与本市某仓储公司达成了协议。合同约定，某公司将 4 000 包棉花交由某仓储公司代为存储保管，保管期为 4 个月，即从 2023 年 12 月 25 日至 2024 年 4 月 24 日。合同规定了保管方应注意防潮、防火等。某仓储公司于 2023 年 12 月 24 日将棉花入库时，发现仓库有几块玻璃早已破碎，便由保管员王某通知维修部及时安装，但维修部因各种原因并未去安装玻璃。春节期间，一个小孩玩鞭炮，将一颗鞭炮乱扔时，扔进了堆放棉花的仓库，引起一场大火。某仓储公司春节放假，留守人员不多，致使棉花全部被烧毁。某公司得知后，立即要求某仓储公司赔偿一切损失。某仓储公司以小孩玩鞭炮引起火灾属不可抗力为由拒绝赔偿。某公司多次索赔未果，便向人民法院提起诉讼。请问：在本案中，某仓储公司与某公司签订的仓储保管合同有效吗？

综合技能实训

【实训目的】

学生通过仓储合同的实训，熟悉订立合同的各项条款，并对各项条款的具体内容能够清晰把握、灵活处理，最终达到能够订立简单的仓储合同的目的。学生在实训课前做好各项合同内容的理论复习，实训过程中遵守实训要求，按老师指定的步骤进行，发现问题要及时修改，在实训中不断应用和完善理论知识，达到实训的目的。

【实训内容】

（1）学生熟悉需要订立合同的模拟企业的具体情况和业务情况。

（2）参考合同案例，两名学生一组，模拟协商事宜，订下仓储合同。

（3）学生对合同争议事项进行处理，目的在于寻找合同订立内容是否合理、语言是否严谨以及能否充分地保护双方当事人的权利。

（4）学生不断修改合同，最后形成定稿，作为实训成果。

学生阅读以下材料，完成合同编制的内容

2024年2月25日，甲、乙双方在乙方办公楼签订编号为0001的仓储合同，在13K-15货架存储入库时进行实物检验，检验期限为一天，地点在乙公司仓库，乙方只负责外包装验收，不对其内在质量负责。2024年6月30日，货物出库，进行实物检验。货物一经经办人及时签收出库后出现的损坏、缺少等情况乙方不予承担责任。仓储物无瑕疵，所储存货物要采取防霉防潮措施。仓储物已办理保险。险种名称为平安险、财产保险。保险期限为2024年3月1日至6月30日。保险人名称为王某。当甲方未向乙方支付仓储费时，乙方可以留置仓储物。本合同在履行过程中发生的争议，由双方当事人协商解决；双方均可提交被诉方所在地法院裁决，一切经济损失由败方承担。超议定储存量储存或逾期不提时，除交纳保管费外，甲方还应增加仓储费，按照每月2.5万元收取。提前提取的，不减收仓储费。

双方签约人信息如下：

存货人：甲方，法定代表人张三，地址：学院路1号，电话：13800000001。

开户银行：中国建设银行，账户：123456789。

保管人：乙方，法定代表人李四，地址：学院路2号，电话：13800000002。

开户银行：中国建设银行，账户：987654321。

学生根据设定的环境，模拟合同签订的双方，进行仓储合同的洽谈、书写与签订。

【项目总结与评价】

1. 自我评价表（学生自评、组长评价，见表8-2）

表8-2　自我评价表

项目名称：		小组名称：			
评价时间：		出勤情况：			
序号	评价项目	评价标准	分值	自评分	组长评分
1	预习情况	1. 完成 2. 部分完成 3. 全部未完成	5		
2	学习目标实现情况	1. 实现 2. 部分实现 3. 大部分未实现	10		
3	与老师同学沟通情况	1. 好 2. 较好 3. 一般 4. 存在较大问题	10		
4	与同学协作情况	1. 好 2. 较好 3. 一般 4. 存在较大问题	10		
5	技术方法运用情况	1. 好 2. 较好 3. 一般 4. 存在较大问题	20		
6	资料收集水平	1. 高 2. 较高 3. 一般 4. 差	5		
7	做事态度	1. 很认真 2. 较认真 3. 应付 4. 差	10		
8	任务是否完成	1. 完成 2. 部分完成 3. 大部分未完成 4. 全部未完成	30		
9	创新情况（加分项）	任务完成有创新性，酌情加1~10分			
10	自我评价	1. 整体效果： 2. 主要不足： 3. 改进措施：	总分		

2. 任务评价表（教师评价，见表8-3）

表8-3　任务评价表

评议项目	考评内容	评分标准	标准分	实际得分
素养目标达成情况（此项为一票否决考核项目）	各任务素养目标达成	安全、积极参与、高效、团结完成工作任务	10	
仓储经营组织			15	
仓储经营方法及选择			10	
仓储合同及其订立			25	
仓储合同纠纷处理			20	
知识问答	相关知识共10题	每题1分，共10分	10	
总计			100	

项目九　仓储安全管理

任务一　日常安全管理

 【任务目标】

1. 知识目标
☑仓储安全管理的主要内容
☑仓储安全管理的基本制度
☑仓储安全管理的有效措施
2. 技能目标
☑能够正确分析仓库安全事故产生的原因
☑能够科学地进行仓储安全和质量管控
☑能够按照仓储安全管理要求实施仓储作业
☑能够利用正确的方法进行仓储货物安全管理
☑能够合理解决仓储管理中存在的各类安全问题
3. 素养目标
☑具备丰富的安全知识和业务素质，充分了解国家有关安全法律法规及安全管理的方式方法
☑具备良好的心理素质，敢于面对困难和处理问题，在工作中不断磨炼
☑具备敬业精神，热爱自己的工作，有面对困难的勇气，认识到安全管理的重大意义
☑具备应变突发事件的能力，具有敏捷的意识和处理突发事件的能力，一旦发生事故，要能迅速出击，处理及时

 【任务描述】

深圳星辉仓储物流中心发生了一些让仓库主管王辉比较头疼的事情：2024年4月30日，星辉仓储物流中心在月末盘点的时候发现，有部分物品无故丢失，经核查是人为偷盗的原因。2024年6月2日，星辉仓储物流中

心发生了一起较为严重的事故：叉车叉起堆有物品的托盘（3.39吨）欲行驶时，因物品超重，车体后部翘起。为了保持平衡，附近的3名作业人员站到车体后部。叉车行驶了一会儿后停下来升起物品时，后部突然翘起，3人摔落。物品从失去平衡的叉车上落下，恢复平衡的叉车左后轮压到1人的胸膛上，造成身体残疾。经核查，该起事故主要是因为叉车驾驶员操作不规范引起的。

案例分析：针对以上不安全事件，为了杜绝此类事件再次发生，王辉需要尽快采取一定的措施，该怎么完成呢？

【任务实施】

步骤一：学生客观分析安全管理事件发生的原因。
步骤二：学生认真排查并改善仓储安全管理隐患。
步骤三：学生严格检查并改善仓库安全作业水平。
步骤四：学生科学制定与仓库安全作业管理相匹配的制度。

【任务资讯】

一、仓储安全管理的内容

仓储安全管理是针对在库物品与人员所采取的一系列综合性管理措施，主要包括人身安全、商品安全、库房安全、设备安全等。

1. 人身安全

在仓储作业过程中，仓储工作人员从事装卸、搬运、盘点、包装、堆码、苫垫、商品养护等作业，会与各种操作设备以及不同特性的商品接触，因此在工作过程中增强人身安全意识、做好人身安全工作至关重要。人身安全工作主要可以从以下几个方面着手：

（1）优化工作环境，消除事故隐患。

（2）加强全员安全意识教育。

（3）进行物流设施设备安全操作规程的培训。

（4）建立健全工作场所的安全检查制度，并严格落实与监督。

（5）作业人员应对当日（班）的安全生产情况做好记录。多班制作业的应对当班生产的安全情况在交接班记录单（本）中做好记录。

2. 商品安全

商品安全管理是指仓储工作人员根据商品本身的化学成分、理化性质与存储特点的不同，同时结合商品受温度、湿度、光照等客观条件的影响而避免发生变质、自燃、虫蛀、火灾以及灭失等事故。为切实加强商品的安全管理工作，仓储企业应着重从以下几个方面着手：

（1）加强商品养护知识的教育培训。

（2）根据商品特性及保管条件设置商品的仓储环境。

（3）根据商品特点选用合适的物流设备。

（4）仓储区域采取有效的防水、防火、防病虫害等的有关措施。

（5）引进先进的智能管理系统，加强商品的全方位管理，对商品保质期实施预警管理。

（6）采用自动防盗、防火与报警的监控系统，加强自动化手段的使用。

3. 库房安全

为切实加强库房的安全管理工作，仓储企业应着重从以下几个方面着手：

（1）任何人未经仓库管理部门负责人批准不得擅自进入库房。

（2）在库房内进行交接物品时，除相关人员外，其余人员不得进入库区。

（3）如遇特殊情况保管员需暂时离岗，应关闭仓库大门，并随身携带仓库钥匙。离岗时间不得超过 10 分钟。

（4）下班时保管员负责关闭仓库内所有门、电源、排风扇及其他设备。

（5）仓库管理员在上班前应检查库房各处有无异常现象。

4. 设备安全

仓储物流设施设备是开展仓储作业的重要工具，包括轻重型各类货架、地牛、叉车、堆垛机、计量设备、AGV 小车、包装设备等。在使用这些设备的过程中，相关人员应严格按照设备使用的技术要求进行操作。关于仓储物流设备的安全管理工作，仓储企业可以从以下几个方面着手：

（1）做好设施设备的技术培训工作，库房设专人负责安全防火工作。

（2）按规定加强对易燃、易爆品的安全管理，做到当班用、当班领。

（3）按国家有关消防技术规范配备消防设施和器材。设立醒目的防火安全设施，并能正确使用消防器材、设施，定期检查消防器材，已过使用期应及时更换，做到安全、有效，消防器材严禁埋压、挪用。

（4）严禁在库区动用明火，库房内不得使用电炉、电烙铁、电熨斗、供热器等电热器具。

（5）库房内消防通道应随时保持通畅。

（6）库房内使用的照明灯具必须符合安全、消防部门的规定。库房老化、裸露的电线须及时更换。

二、仓储作业安全操作要点

1. 物资验收安全操作要点

（1）物资到达后，仓储物资保管员（以下简称"保管员"）应按本生产岗位要求穿戴好劳动保护用品，才能到生产作业区域进行作业。

（2）保管员确认收货场地是否满足收料环节的安全环保需求，周边环境（如人员、车辆、作业场地、装卸机具）有无不安全因素。

（3）保管员应到现场检查核实到货物资的技术性资料是否齐全、相关文件是否真实可靠、物资数量是否准确、外观包装及标识有无破损。

（4）对灭火方法不同、性质相互有抵触的危险化学品，保管员必须按规定单独进行验收。

（5）在验收过程中，保管员要进一步核对物资的文字证件是否齐全和符合要求，并按照程序和手续，对入库物资外包装、数量、外观质量进行检查，保证入库物资数量准确、质量完好、无安全隐患。

（6）对需要取样化验的物资（如钢材、油品），保管员要按规定及时、准确取样送检。

（7）对不合格物资和资料不齐全的物资以及因各种原因不能及时入库的物资，保管员应单独存放，待处理完毕后才能收料入库。

2. 物资收发及装卸搬运安全操作要点

（1）验收完毕后，保管员要根据物资的属性、重量、外观尺寸进行确认。保管员确定物资存放的地点、位置、堆码垛方式和保管方法，准备堆码、苫垫材料；确定装卸搬运所需的设备、机具、人力及其他辅助材料；对具有特殊性质的物资还必须准备防护用品，采取必要的防护措施。

（2）保管员对收发装卸和物资堆码作业区域进行安全环境检查，检查区域内是否存在有碍物资转运、堆码、装卸作业的不安全因素。

（3）在吊装装卸作业前，保管员必须配合吊装专人员清出作业区域的闲杂人员，确认在吊装过程中能保证物资完整、装卸作业环境安全后，方能进行装卸作业。

（4）物资在装卸搬运作业中，应坚持"安全第一"的原则，绝不能因装卸搬运不当而使物资损坏。机具操作人员必须严格遵守机具操作规程，杜绝野蛮装卸。

（5）保管员应按物资的品种、规格、等级、价格、进货先后、生产厂家等，分类收料或发料，不能混淆。发料完毕，保管员应监督搬运人员将装运物资捆扎牢固。

（6）物资堆码必须按仓库标准化管理制度执行，堆码应整齐、牢固、安全，做到通道畅通、环境整洁、包装完好、资料齐全、账实清楚、质量合格。

（7）在装卸搬运中，相关人员要严格按照物资自包装储运图示标志装卸搬运物资，装卸作业完成后要保证工完、料尽、场地清。

3. 物资保管安全操作要点

（1）在物资保管过程中，保管员应根据物资性能特点满足物资适宜的保管场所和保管条件，严格执行物资技术保管规程，保持堆垛合理牢固，符合安全规定。

（2）保管员要坚持以查质量、查数量、查物资储存保管条件、查计量器具、查安全环境为主要内容的安全检查制度。

（3）保管员要做好仓库防火、防盗、防破坏、防自然灾害等安全防范工作，要采取行之有效的措施，避免发生不安全因素，防止人身伤亡、机械事故以及物资丢失或损坏等事故。

（4）保管员要搞好维护保养工作，定期对仓库设施、设备和物资进行维护，保持包装完好，确保物资在储存保管过程中数量准确、质量完好。

 【任务拓展】

地下空间改造成仓库安全隐患重重

2017年11月22日，北京中关村广场公园地下停车场三层被隔断隔出来的一排排仓库已贴上封条，但门前仍摆满了纸箱包装的货物，昏暗的灯光下是密集的人流和喧闹的交易声，不断有电动车驮着货物往来于地下和地上。2011年修订的《北京市人民防空工程和普通地下室安全使用管理办法》规定，禁止改变地下空间汽车库的实际功能；地下空间从事商业活动或作为居住场所，需符合防火等安全条件。北京大兴西红门镇新建二村火灾后，北京针对地下空间进行了安全隐患排查。记者调查发现，包括中关村广场公园地下停车场在内，北京多个地区的地下空间被违规改造，地下停车场被改建成商业仓库对外出租，商场地下车库占用通道建成仓库，小区防空地下室改建成旅馆等，存在严重的安全隐患。其中部分被整治后，仍在偷偷地营业。

案例分析：

（1）请问案例中所说的仓库存在哪些安全隐患？

（2）通过多次专项整治行动，以上情况已得到改变。假设面对类似情况，监管部门应该如何整治？

任务二　消防安全管理

 【任务目标】

1. 知识目标
☑仓库消防安全常识
☑仓库消防安全隐患
☑仓库消防安全管理措施

2．技能目标

☑能够正确选择和熟练使用消防安全器材

☑能够利用仓库消防安全管理办法对特殊货物进行有效管理

3．素养目标

☑具备丰富的安全知识和业务素质，充分了解国家有关安全法律法规及安全管理的一些方式方法

☑具备良好的心理素质，敢于面对困难和处理困难，在工作中不断磨炼

☑具备敬业精神，热爱自己的工作，有面对困难的勇气，认识到安全管理的重大意义

☑具备应变突发事件的能力，具有敏捷的意识和处理突发事件的能力，一旦发生事故，要能迅速出击，处理及时

 【任务描述】

2024 年 5 月 13 日，某仓储物流中心 2 号仓库发生火灾。该仓库于 2000 年建设，共 10 个仓间，仓库设墙式消防栓 20 个，配备各类灭火器具 252 个。仓库存放的棉花是某棉麻公司委托储存的，由仓储物流中心负责储存期间的安全问题。2024 年 5 月 13 日上午，仓管员张玲去仓库检查，未发现异常情况，约 10 分钟后离去，以后未再去检查。5 月 13 日 16 时，该仓库内的一名搬运工人发现存放棉花的 2 号库房有浓烟，并从玻璃窗看到库房内有火苗，当即报警。后经消防队员数小时扑救才将大火扑灭。经核查，烧毁（损）棉花 10 批，共 5 000 件；部分烧毁棉花 198 件；烧毁库房 5 间，共 778 平方米；烧毁双梁吊车和轨道滑线等，直接经济损失 359.36 万余元。

作为直接负责人的张玲需要彻查此事，追究责任，引以为鉴，并做好事故善后工作。她需要如何处理呢？

 【任务实施】

步骤一：学生梳理仓库常见火灾隐患。

步骤二：学生分析仓库消防安全事故发生的原因。

步骤三：学生学习正确进行仓库消防安全事故的处理。

步骤四：学生掌握及时检查并改善仓库防火能力。

步骤五：学生学习库存危险品防火要点。

步骤六：学生学习仓库消防安全管理有效措施。

步骤七：学生学习制定仓库消防安全管理制度。

【任务资讯】

一、仓库火灾常识

1. 仓库火灾常见的类型

仓库火灾常见的类型如表 9-1 所示。

表 9-1　仓库火灾常见的类型

类别	说明
A 类：固体物质火灾	木材、煤、棉、毛、麻、纸张等引起的火灾
B 类：液体及可触化固体火灾	汽油、原油、沥青、石蜡等引起的火灾
C 类：气体火灾	燃气、天然气、甲烷、乙烷、丙烷、氢气等引起的火灾
D 类：金属火灾	钾、钠、镁、钛、镉、铝等引起的火灾
E 类：带电火灾	物体带电燃烧引起的火灾
F 类：烹饪器具内的烹饪物火灾	动植物油脂烹饪时引起的火灾

2. 仓库火灾发生的条件

（1）可燃物质包括火柴、草料、棉花、纸张、油品等。

（2）助燃物质一般指空气中的氧和氧化剂。

（3）火源是指能引起可燃物质燃烧的热能源，如明火、电气火、摩擦冲击产生的火花、静电产生的火花、雷电产生的火花、化学反应等。

二、仓库常见的火灾隐患

1. 电器设备方面的隐患

（1）电焊、气焊违章作业。

（2）用电超负荷。

（3）违章使用电炉、电烙铁、电热器等。

（4）使用不符合规格的保险丝和电线。

（5）电线陈旧，绝缘层破裂。

2. 储存方面的隐患

（1）对不同的物品未进行分区分类，并将易燃、易爆等危险品存入一般库房。

（2）储存场所的温湿度超过了规定的极限。

（3）库区内的灯具不符合规定要求。

（4）易燃液体挥发渗漏。

（5）可自燃物品堆码过实，通风、散热、散潮条件不好。

3. 机具方面的隐患

（1）无防护罩的汽车、叉车、吊车进入库区或仓库。

（2）使用易产生火花的工具。

（3）在仓库内停放或修理汽车。

（4）用汽油擦拭零部件。

（5）叉车内部皮线外露、油管老化漏油。

4. 火种管理方面的隐患

（1）外来火种和易燃品因检查不严被带入库区。

（2）在库区内吸烟。

（3）在库区内使用明火。

（4）炉火设置不当或管理不严。

（5）未及时清理易燃物。

三、仓库常见的防火措施

（1）建立健全的防火组织和消防制度。各个库房、料棚和货场要安排专人负责消防。

（2）灭火设施要齐备。灭火器、水源和消防沙包要始终处于良好的使用状态。

（3）仓库定期对全体员工进行消防培训，做到人人熟悉消防知识和灭火工具的使用方法。

（4）仓库内严禁使用明火。

（5）仓库内的电器设备和线路需要经常检查，出现问题及时维修。

四、库存危险品的防火要点

1. 防止明火引起的火灾

仓库禁止把火种带入库区，严禁在库区、货区内吸烟。焊接金属容器时，必须在仓库外指定的安全地带操作。

2. 防止因摩擦和冲击引起的火花

在搬运装有易燃、易爆危险品的金属容器时，工作人员严禁滚、摔或拖拉，防止物品之间相互撞击、摩擦产生火花，同时不得使用能够产生火花的工具开启容器。进入仓库内的任何工作人员都不能穿铁钉鞋，以防铁钉与地面摩擦产生火花。

3. 防止电器设备引起的火灾

在装卸搬运易燃、易爆的危险品时使用的电瓶车、电动吊车、电动叉车以及仓库内电源线路和其他电器设备必须采用防爆式，作业结束时必须立即切断电源。

4. 防止化学能引起的火灾

浸油的纱布、抹布等不得放置在仓库内，防止自燃。

5. 防止阳光照射引起的火灾

用玻璃容器盛装的可燃、易燃液体，在露天搬运和储放时，须防止阳光照射而引起燃烧。易燃、易爆物品的库房窗玻璃应涂上浅色油漆，防止日光照射物品。装有压缩或液化气体的钢瓶、低沸点的易燃液体的铁桶容器、易燃易爆的物品以及受热容易蒸发汽化的物品都不得在阳光下暴晒。

五、仓库常用的灭火方法

1. 常规的灭火方法

（1）冷却法。冷却法是在灭火过程中，把燃烧物的温度降低到其燃烧点以下，使之不能燃烧的方法。例如，水、酸碱灭火器、一氧化碳灭火器等均有一定的冷却作用，同时还能够隔绝空气。

（2）窒息法。窒息法是使燃烧物周围的氧气含量迅速减少，致使火熄灭的方法。在灭火过程中，除了用水使燃烧物窒息外，还可以使用黄沙、湿棉被、四氯化碳灭火器、泡沫灭火器等，这些都是窒息法灭火的消防器具。

（3）隔离法。隔离法是在灭火过程中，为避免火势蔓延和扩大，采取拆除部分建筑或及时疏散火场周围的可燃物，孤立火源，从而达到灭火的目的。

（4）分散法。分散法是将集中的货物迅速分散，孤立火源，一般用于露天仓库。

（5）化学抑制法。化学抑制法通过多种化学物质在燃烧时产生的化学反应，产生绝氧、降温等效果抑制燃烧。例如，用干粉灭火剂通过化学作用破坏燃烧的链式反应，使燃烧终止。

2. 特殊货物火灾的灭火方法

（1）爆炸品引起的火灾主要用水扑救。氧化剂起火大多数可以用雾状水扑救，也可以分别用二氧化碳灭火器、泡沫灭火器和沙进行扑救。

（2）易燃液体引起的火灾用泡沫灭火器扑救最有效，也可以用雾状水扑救，还可以用二氧化碳灭火器扑救。由于绝大多数易燃液体都比水轻且不溶于水，因此不能用水扑救。

（3）易燃固体一般可以用水、沙土和泡沫灭火器等进行扑救。

（4）有毒物品失火一般可以用大量的水扑救。液体有毒物品的失火宜用雾状水或沙土、二氧化碳灭火器等进行扑救。

（5）在腐蚀性商品中，碱类和酸类的水溶液着火可以用雾状水扑救，但遇水分解的多种化合物绝不能用水扑救，只能用二氧化碳灭火器扑救，也可以用干沙灭火。另外，遇水燃烧的商品只能用干沙土和二氧化碳灭火器灭火。自燃性商品起火可以用大量水或其他灭火器材。压缩气体起火可以用沙土、二氧化碳灭火器、泡沫灭火器扑救。放射性物品着火可以用大量水或其他灭火器材扑救。

3. 配置灭火器

（1）明确灭火器的配置数量。仓库主管应为仓库配置灭火器。仓库主管在为仓库配置灭火器时，应按每 100 平方米配置一个来计算，同时每间库房不得少于两个。当然，企业可以根据实际情况适当调整。

（2）明确灭火器的存放位置。灭火器应悬挂在仓库外面的墙上，距离地面的高度不得超过 1.5 米，并要远离取暖设备、防止阳光直射。灭火器存放于灭火器箱内，以达到被保护和美观的要求。

（3）明确灭火器的配置种类。不同的场所须配置不同的灭火器，这样才能有效发挥灭火器的作用。不同场所的灭火器配置种类见表 9-2。

表 9-2　不同场所的灭火器配置种类

场所	灭火器配置种类
存储精密仪器和贵重设备的场所	灭火剂的残渍会损坏设备，忌用水和干粉灭火器，宜选用气体灭火器
存储贵重书籍和档案资料的场所	忌用水灭火，宜选用干粉灭火器或气体灭火器
存储电器设备的场所	热胀冷缩可能引起设备破裂，忌用水灭火，宜选用绝缘性能较好的气体灭火器或干粉灭火器
存储高温设备的场所	热胀冷缩可能引起设备破裂，忌用水灭火，宜选用干粉灭火器或气体灭火器
存储化学危险物品的场所	有些灭火剂可能与某些化学物品发生化学反应，有导致火灾扩大的可能，宜选用不会与化学物品发生化学反应的灭火器
存储可燃气体的场所	有可能出现气体泄漏引发火灾，宜选用扑灭可燃气体灭火效果较好的干粉灭火器或气体灭火器

 【任务拓展】

原料仓库储存不当连续性爆炸事故

2016 年 7 月 13 日，位于湖南省湘乡市的湖南铁合金集团有限公司 2 号原料仓库在 2 个小时内发生大小 10 次连续性爆炸，虽然这次事故未造成人员伤亡，但是仓库所存放的物品全部毁坏，仓库主体建筑也基本上被摧毁，财产损失严重。事故经过如下：在事故发生的前一天，即 7 月 12 日 23 时左右，公司值班人员发现原料仓库冒出烟雾。值班人员判断，可能是原料仓库里面堆放的硫黄起火，于是立刻向公司总调度室报告，同时向公司领导报告。公司领导立即组织人员进行扑救。湘乡市消防大队接到报警后，出动 2 台消防车赶到现场与公司抢险救灾人员一起扑救。相邻单位和湘潭市消防支队也派出消防车和抢险队员支援扑救。2 号仓库存放有 400 吨硫黄、31 吨氯酸钾，在仓库的一角还堆放有 100 吨水泥。仓库内起火的时候，还只有黄烟在仓库屋顶、窗户翻滚。燃烧物是硫黄和氯酸钾，遇高温时就变成液态，绿色的火苗随着液态的化学物质流动，火苗高时竟蹿起 1 尺多高。7 月 13 日 1 时许，湘潭市消防特勤中队到达起火地点参与扑救。采取的灭火办法一是降温扑救，二是用编织袋装上泥土在仓库东、南、西面砌起矮墙，防止液态硫黄外流。直到 7 月 13 日 5 时左右，火势才得到初步控制。7 月 13 日 10 时 40 分，经过 11 小时的奋战，大火才被完全扑灭。值得庆幸的是，整个起火爆炸过程无人员伤亡。事后人们才知道，在爆炸现场东面 120 米处有一个液化气站，西面 80 米处有 1 个 5 000 升的煤气储存罐，南面 80 米处是化工厂的一个煤气储存罐，如果大火蔓延到这三个地方，很可能会引发特大爆炸，后果将更加严重。

根据上述事故，进行以下分析：

（1）请根据案例描述的事故经过，简单分析引起此次事故的主要原因。

（2）从此类事故中，我们得到的教训有哪些？正确防范此类事故的主要措施有哪些？

综合技能实训

【实训目的】

学生通过对仓储安全管理相关知识的专题学习，树立安全操作、科学操作、谨慎操作、规范操作的工作意识；通过综合实训，提升对仓库安全事故产生原因的分析能力和解决事故的问题处理能力。

【实训内容】

（1）认真观察图 9-1 至图 9-4，指出图中违规操作的问题，并说明正确的操作方式。

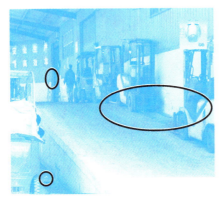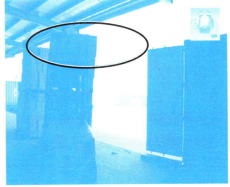

图 9-1　操作图 1

图 9-2 操作图 2

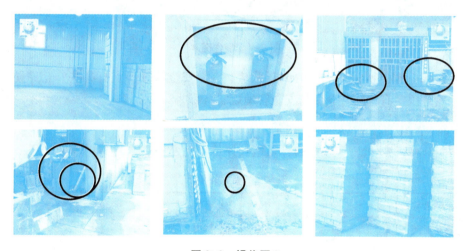

图 9-3 操作图 3

图9-4　操作图4

（2）根据所学知识，请试着总结：仓储安全管理要点有哪些？仓库防火管理规定有哪些？仓库物安全管理规定有哪些？

【项目总结与评价】

1. 自我评价表（学生自评、组长评价，见表9-2）

表9-2　自我评价表

项目名称：			小组名称：			
评价时间：			出勤情况：			
序号	评价项目	评价标准		分值	自评分	组长评分
1	预习情况	1. 完成 2. 部分完成 3. 全部未完成		5		
2	学习目标实现情况	1. 实现 2. 部分实现 3. 大部分未实现		10		
3	与老师同学沟通情况	1. 好 2. 较好 3. 一般 4. 存在较大问题		10		
4	与同学协作情况	1. 好 2. 较好 3. 一般 4. 存在较大问题		10		
5	技术方法运用情况	1. 好 2. 较好 3. 一般 4. 存在较大问题		20		
6	资料收集水平	1. 高 2. 较高 3. 一般 4. 差		5		
7	做事态度	1. 很认真 2. 较认真 3. 应付 4. 差		10		

表9-2(续)

8	任务是否完成	1. 完成 2. 部分完成 3. 大部分未完成 4. 全部未完成	30		
9	创新情况（加分项）	任务完成有创新性，酌情加1~10分			
10	自我评价	1. 整体效果： 2. 主要不足： 3. 改进措施：	总分		

2. 任务评价表（教师评价，见表9-3）

表9-3 任务评价表

评议项目	考评内容	评分标准	标准分	实际得分
素养目标达成情况 （此项为一票否决 考核项目）	各任务素养目标达成	安全、积极参与、高效、 团结完成工作任务	10	
日常安全管理常识			15	
仓库安全事故判断 与处理			10	
消防安全管理常识			25	
仓库消防安全事故 分析与处理			20	
知识问答	相关知识共10题	每题1分，共10分	10	
总计			100	

项目十　库存控制管理

任务一　库存控制认知

【任务目标】

1. 知识目标
☑库存控制的含义、类型与作用
☑库存控制的主要目的
2. 技能目标
☑具备准确识别库存种类的能力
☑具备库存控制是否合理的判断能力
3. 素养目标
☑培养学生的成本和节约意识
☑具备信息处理能力
☑具备良好职业道德与团结协作能力

【任务描述】

当客户把订单传至戴尔的控制中心后，由控制中心将订单分解为子任务，并通过互联网和企业间信息网分派给上游配件制造商。各制造商进行电子配件生产组装，并按控制中心的时间表供货。戴尔的"零库存"是因为它的每一个产品都是有订单的，通过成熟的网络，每20秒就整合一次订单。"零库存"并不意味着没有库存。只不过戴尔的库存很少，周转很快，并且善于利用供应商库存，因此其低库存被归纳为"零库存"。这只是管理学上导向性的概念，不是企业实际操作中的概念。经过充分的传播，戴尔的名声已经与"零库存"相联系，很多人一提起戴尔，马上就想起了"零库存"。戴尔不懈追求的目标是降低库存量。21世纪初期，戴尔的库存量相当于5天的出货量，一般的个人电脑厂商的库存量为2个月的出货量。戴尔分管物流配送业务的副总裁认为，高库存一方面意味着占有更多的资金，另一方面意味着使用了高价物料。

　　戴尔的"零库存"是建立在对供应商库存的使用或者借用的基础上的。在厦门设厂的戴尔，其自身并没有零部件仓库和成品仓库。其零部件实行供应商管理库存（VMI），并且要以戴尔订单情况的变化而变化。例如，每天的订单量不一样，要求供应商的送货量也不一样。戴尔订单的数量不确定，则对供应商配件送货的要求也是可变的，并且需求组合是不同的。因此，戴尔的供应商需要经常采取小批量送货，订单密集时需要一天送几次货，一切根据需求走。为了方便给戴尔送货，供应商在戴尔工厂附近租赁仓库，用来存储配件，以保障及时完成送货。这样，戴尔的"零库存"建立在供应商的库存或者精确配送能力的基础之上。戴尔通过对供应商库存的充分利用来降低自己的库存，并把主要精力放在凝聚订单上。戴尔的成品管理则完全是采取订单式，用户下单，戴尔组装送货。由于戴尔采取了以 VMI、客户管理（CRM）等信息技术为基础的订单制度，在库存管理方面基本上实现了完全的"零库存"。

　　有专家认为，戴尔的"零库存"是基于供应商的"零距离"。供应商承担了戴尔的库存风险，而且还要求戴尔与供应商之间要有及时、频繁的信息沟通与业务协调。戴尔所谓要"摒弃库存"其实是一种导向，绝对的"零库存"是不存在的。库存问题的实质是既要千方百计地满足客户的产品需求，又要尽可能地保持较低的库存水平，只有在供应链居于领导地位的厂商才能做得到，戴尔就是这样的企业。与竞争对手相比，戴尔在库存管理方面具有优势；在与零部件供应商的协作方面，也具有优势。"以信息代替存货"，在很多其他厂商看来是不可能的，但在戴尔却是实际存在的。

　　案例分析：

　　（1）请根据你的理解，用简短的语言总结什么是库存。

　　（2）电脑这种类型的产品，库存压力表现在哪些方面？

　　（3）在这个案例中，戴尔成功的库存控制方法有哪些？请列举。

 【任务实施】

　　步骤一：学生梳理库存控制相关理论知识。

　　步骤二：学生分析库存控制方法。

【任务资讯】

一、库存

1. 库存的含义

物品的生产和消费在时间、地点、批量等方面的矛盾是客观存在的，物品生产出来往往不能直接投入使用，解决这一矛盾的过程就需要库存作为保证，这是库存产生的原因。一般来讲，库存是处于储存状态的物资。具体来说，库存可以定义为以支持生产、维护、操作和客户服务为目的的存储的各种物料。在制造业中，库存一般指对物品有贡献或构成物品的物资，一般分为原材料、产成品、备件、低值易耗品和在制品等。在服务行业，库存则一般指用于销售的有形物品和用于管理的低值易耗品。库存是指储存作为今后按预定的目的使用而处于备用或非生产状态的物品。广义的库存还包括处于制造加工状态和运输状态的物品。

2. 库存的类型

库存可以从物品的用途、存放地点、来源、所处状态等几个方面来进行分类。最常见的分类是从企业经营过程的角度将库存分为以下七种类型：

（1）经常库存。经常库存是指在正常的经营环境下，企业为满足日常需要而建立的库存。这种库存随着每日的需要不断减少，当库存降低到某一水平时（如订货点），就要按一定的规则反复进行订货来补充库存。

（2）安全库存。安全库存是指用于应对不确定性因素而准备的缓冲库存。

（3）季节性库存。季节性库存是指为了满足特定季节出现的特定需要而建立的库存，或者对季节性出产的原材料在出产的季节大量收购所建立的库存。

（4）促销库存。促销库存是指为了解决企业促销活动引起的预期销售增加而建立的库存。

（5）投机库存。投机库存是指为了避免因物资价格上涨造成损失或为了从物资价格上涨中获利而建立的库存。

（6）积压库存。积压库存是指因物品品质变坏不再有效用的库存，或者因没有市场销路而卖不出去的物品库存。

（7）生产加工和运输过程的库存。生产加工过程的库存是指处于加工状态及为了生产的需要暂时处于储存状态的零部件、半成品或成品。运输过程的库存是指处于运输状态或为了运输的目的而暂时处于储存状态的物品。

3. 库存的作用

（1）满足顾客需求。企业只有维持一定的物品库存，才能满足顾客的购买需求，使顾客能够很快采购到他们所需的物品，减少顾客的等待时间。这样企业才能在激烈的市场竞争中争取到更多的顾客。

（2）维持生产稳定。库存可以起到维持生产稳定的作用。外部市场需求快速多变、变幻无常，表现出需求不稳定，而企业组织内部又要求生产均衡，这就必须保持一定量的库存。

（3）降低采购成本。订货需要付出费用，这笔费用若摊在一件物品上将是很高的。如果以一定批量进行采购，分摊在每件物品上的订货费用就会降低，这也是产生库存的原因。同时，对于生产过程而言，采取批量加工可以分摊调整准备费用，虽然批量生产也会造成库存。

（4）防止缺货。维持一定量的库存可以防止货物短缺。为了应对人为的和自然的突发事件，小到一个企业，大到一个国家，必须要有储备。

（5）避免价格上涨。企业可以对有涨价可能的物品加大库存量，也会通过加大订货量获取折扣。但是，过多的库存会导致企业成本升高，占用大量资金，同时也会掩盖某些管理中的问题。

二、库存控制

1. 库存控制的含义

库存控制又称库存管理，是指在保障供应的前提下，使库存物品的数量合理所进行的有效管理的技术经济措施。从现代物流管理的仓储角度看，持有库存可以使企业获得规模经济效应以及较好的客户服务水平，但是库存是企业付出的高代价投资。因此，库存管理是仓储管理领域面临的一个重要问题。

2. 库存控制的目标

（1）保障生产供应。库存的基本功能是保证生产活动的正常进行，保证企业经常维持适度的库存，避免因供应不足而出现的生产中断。

（2）控制生产系统的工作状态。精心设计的生产系统均存在一个正常的工作状态。生产系统中的库存，特别是物品的数量，与该系统设定的物品数量接近。

（3）降低生产成本。控制生产成本是生产管理的重要任务之一，无论是生产过程的物品消耗，还是生产过程中的流动资金占用，均与生产系统的库存控制有关。因此，企业必须采取有效的库存控制方法，减少库存量，提高物品的周转率。

【任务拓展】

探秘优衣库的库存管理

优衣库（UNIQLO）是日本著名的休闲品牌，是排名全球服饰零售业前列的日本迅销集团旗下的实力核心品牌。优衣库坚持将现代、简约自然、高品质且易于搭配的商品提供给全世界的消费者。优衣库于 2002 年 9 月就已进入中国，比竞争对手 ZARA、H&M 早了 4~5 年，至今已经在中国开设多家店铺，而且全部为直营店。其中，从 100 家店到突破 200 家店，优衣库仅仅用了 1 年半的时间。优衣库的全名是"UNIQUE CLOTHING WAREHOUSE"，内在含义是指通过摒弃了不必要装潢装饰的仓库型店铺，采用超市型的自助购物方式，以合理可信的价格提供顾客希望的商品。

日本服装业的流通呈现多层次且复杂的状态，因此造成了许多不必要的资源浪费。这种资源浪费就是指服装企业难以预测每种衣服在市场上的受欢迎程度，因此造成了各个流通环节的货品积压。由于服装业整体的低效率流通状态而产生的浪费，只有通过消费者购买高价商品来买单。服装界不但未着手提高流通的效率，没有为消费者减少资源浪费。相反，各公司都在不断加强商品的流行性和品牌性，进而将商品设定在一个比较高的价位，试图继续维持业界旧的流通模式。在日本的服装业，从来都是遵循制造商→批发商→零售商的顺序进行商品流通，在流通的各个环节上都有不同的公司负责相关工作，再加上原材料的供给和进出口业务由商社负责联络，这样就形成了一种多公司各有分工的复杂流通模式。优衣库供应链体系如图 10-1 所示，请试着分析优衣库是如何管理库存的。

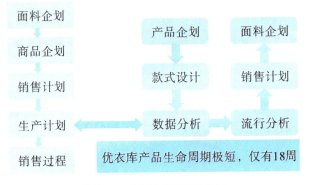

图 10-1 优衣库供应链体系

任务二 库存成本的构成

 【任务目标】

1. 知识目标
☑库存成本的构成
☑库存控制的主要目的
2. 技能目标
☑具备分析库存成本的能力
☑具备区分不同类型库存成本的能力
3. 素养目标
☑培养学生的成本和节约意识
☑具备信息处理的能力
☑具备良好职业道德与团结协作能力

【任务描述】

　　库存是供应链环节的重要组成部分，是指一个组织所储备的所有物品和资源。库存成本就是那些物品和资源的所需成本，还包括订货费、购买费、保管费。企业管理工作的重要内容之一就是要考虑如何为企业开源节流。良好的物流管理可以提高库存周转次数、加快资金回转、降低运营成本。2023年12月甲公司持有的某商品购销情况如下：12月1日结存商品100件，单位成本为1万元；12月15日购入商品200件，单位成本为1.1万元；12月18日销售商品100件；12月20日购入商品100件，单位成本为1.2万元；12月28日销售商品250件。不考虑其他因素，按照先进先出法计算的当月发出存货的成本与月末结存的成本分别为多少？

 【任务实施】

　　步骤一：学生明确库存成本分析的目的。
　　步骤二：学生确定库存成本分析的对象。
　　步骤三：学生进行库存成本分析相关数据的收集与汇总。
　　步骤四：学生选择正确的库存成本分析方法。
　　步骤五：学生得出分析结论。
　　步骤六：学生提出优化与改进建议。

 【任务资讯】

　　库存成本是在整个库存过程中所发生的全部费用，主要包括以下成本：

一、采购成本

　　采购成本包括不同订货批量下产品制造成本，订单经过财务、采购部门的处理成本，订单传输到供应地的成本，货物运输成本（若采购价格不含运输费用），在收货地点的所有物料搬运或商品加工成本等。

二、持有成本

　　商品持有成本是指为保持商品而发生的成本，它可以分为固定成本和变动成本。固定成本与存货数量的多少无关，如仓库折旧、仓库员工的固定月工资等；变动成本与持有数量的多少有关，如物料资金的应计利息、物料的破损和变质损失、物料的保险费用等。

三、生产准备成本

　　生产准备是指每次公司调整生产线，生产不同的产品时产生的费用。其中的固定成本部分包括改变生产器械所需要的资本，变动成本部分包括调整或改变生产线而产生的人员的支出。

四、订货成本

订货成本是指企业为了实现一次订货而进行的各种活动的费用，包括处理订单的差旅费、办公费、信息费、订单处理费等。订货成本包括固定成本和变动成本两部分，其中订货成本中与订货次数无关的那部分成本，称为订货的固定成本，如常设机构的基本开支；订货成本中与订货次数有关的那部分成本，称为订货的变动成本，如差旅费、信息费等。

订货成本的特点是通常在一次订货中，订货成本的高低与订货量的多少无关。

五、保管成本

保管成本是指在保管过程中为保管物品而发生的全部费用。保管成本包括装卸搬运费、堆码费、水电费、工资、货损货差、利息等。确定保管成本的方法主要有两个：一是直接计算单位物品的保管成本；二是先计算保管费率，然后再乘以库存物品的价值。保管成本的特点在于保管成本的高低与被保管物品数量的多少和保管时间的长短有关。

六、缺货成本

缺货成本是指由于存货不足而造成的损失，包括原材料供应中断造成的停工损失、产成品库存缺货造成的延迟发货损失和丧失销售机会的损失等。

【任务拓展】

A 商品明细账资料如下：

A 商品 7 月期初结存数量为 400 包，平均单价为 2.00 元/包，存货金额为 800 元。

（1）7 月 4 日，进货 300 包，进货单价 2.20 元/包，进货金额为 660 元。

（2）7 月 7 日，进货 200 包，进货单价 2.40 元/包，进货金额为 480 元。

（3）7 月 19 日，进货 400 包，进货单价 2.60 元/包，进货金额为 1 040 元。

（4）7 月 21 日，进货 200 包，进货单价 2.80 元/包，进货金额为 560 元。

（5）7 月 13 日，A 商品售出 350 包；7 月 26 日，A 商品售出 500 包；7 月 30 日，A 商品售出 450 包。

根据 A 商品明细账资料，计算商品的销售成本。

商品销售成本是指已销商品的进价成本。由于批发商品的进货渠道、进货批量、进货时间和付款条件不同，同种规格的商品，前后进货的单价也可能不同。除能分清批次的商品可以按原进价直接确定商品销售成本外，一般情况下，出售的商品都要采用一定的方法来确定一个适当的进货单价，以计算商品销售成本和确定库存价值，据以核算商品销售损益，从而反映经营成果。商品销售成本的计算程序有顺算法和倒算法两种方法。顺算法先计算商品销售成本，再据以计算期末结存金额；倒算法先计算期末结存金额，再据以计算商品销售成本。

顺算法的计算公式如下：

本期商品销售成本＝本期商品销售数量×进货单价

期末结存商品金额＝期末结存数量×进货单价

倒算法的计算公式如下：

期末结存金额＝期末结存数量×进货单价

本期商品销售成本＝期初结存金额＋本期增加金额－本期非销售

减少金额－期末结存金额

任务三　库存控制的方法

 【任务目标】

1. 知识目标

☑库存控制的含义、类型与作用

☑库存控制的主要目的

2. 技能目标

☑具备准确识别库存种类的能力

☑具备库存控制是否合理的判断能力

3. 素养目标

☑培养学生的成本和节约意识

☑具备信息处理能力

☑具备良好职业道德与团结协作能力

 【任务描述】

2024 年 8 月 18 日，深圳慧通仓储配送中心接到客户好又多超市张经理的电话，要求对库存中的 10 种产品进行 ABC 分类，即对 A 类商品实行重点管理，对 B 类商品根据需要实行重点管理或一般管理，对 C 类商品实行一般管理。采购物品明细表如表 10-1 所示。

表 10-1　采购物品明细表

产品序号	产品名称	数量	单价/元
1	伞	20 把	20

表10-1（续）

产品序号	产品名称	数量	单价/元
2	纸巾	20包	10
3	水桶	20个	10
4	微波炉	10台	680
5	保温杯	12个	100
6	毛巾	10条	20
7	浴巾	25条	20
8	钥匙扣	15个	10
9	搓澡巾	30个	5
10	书	20册	10

【任务实施】

步骤一：学生处理数据。

步骤二：学生制作 ABC 分析表。

步骤三：学生进行 ABC 分类。

步骤四：学生绘制 ABC 分类图。

步骤五：学生制定 ABC 管理策略。

【任务资讯】

一、ABC 分类法

1. ABC 分类法的含义

ABC 分类法是将库存物品按品种和占用资金的多少分为特别重要的库存（A类）、一般重要的库存（B类）和不重要的库存（C类）三个等级，然后针对不同等级分别进行控制。ABC 分类法划分标准及控制要点如表10-2所示。

表 10-2　ABC 分类法划分标准及控制要点

类别	划分标准		控制方法	适用范围
	占存储成本比重	实物量比重		
A 类	70%左右	不越过 20%	重点控制	品种少、占用资金多的存货
B 类	20%左右	不越过 30%	一般控制	介于两者之间的存货
C 类	10%左右	不低于 50%	简单控制	品种多、占用资金少的存货

（1）从产品生产方面来看，在多种库存物资中，一般只有少数几种物资的需求量大，因此占用较多的流动资金。

（2）从客户方面来看，只有少数几种物资对客户的需求起着举足轻重的作用，而种类数比较多的其他物资，年需求量却较小，或者对客户的重要性较低。

（3）A 类：种类数占 10%左右，需求量占 70%左右。B 类：种类数占 20%左右，需求量占 20%左右。C 类：种类数占 70%左右，需求量占 10%左右。

2. ABC 分类法的基本原理

ABC 分类法的基本原理是由于各种库存品的需求量和单价各不相同，其年耗用金额也各不相同。那些年耗用金额多的库存品，由于其占用企业的资金较多，对企业经营的影响也较大，因此需要进行特别的重视和管理。ABC 分类法就是根据库存品的年耗用金额的多少，把库存品划分为 A 类、B 类、C 类。ABC 分类法的管理策略如表 10-3 所示。

表 10-3　ABC 分类法的管理策略

管理类别	A 类	B 类	C 类
消耗定额的方法	技术计算	现场核定	经验估算
检查	每天检查	每周检查	季度年度检查
统计	详细统计	一般统计	按金额统计
控制	严格控制	一般控制	按金额总量控制
安全库存量	较低	较高	较高
是否允许缺货	不允许	允许偶尔缺货	允许一定范围内缺货

3. ABC 分类法的步骤

（1）搜集数据。企业搜集各种物品的价值、重要性、品种、库存数量等相关数据，为统计分析做准备。

（2）统计汇总对搜集的数据进行整理、计算。当物品种类较少时，企业以每一种库存物品为单元统计物品的价值；当物品种类较多时，企业可以将库存物品种类采用按价值大小逐步递增的方法分类，分别计算出各范围内所包含的库存数量和价值。

（3）编制 ABC 分类表。在品目或品种不太多的情况下，企业可以用大排队的方法将全部品目或品种逐个列表，按物品价值的大小，由高到低对所有品目或品种按顺序排队，将搜集和统计汇总的数据，如品目数或品种数、数量百分比、物品价值、价值百分比等填入表中，计算出累计品目或品种百分比和累计价值百分比，对库存物品进行分类。

（4）绘制 ABC 分类图。企业以累计品目或品种百分比为横坐标，以累计价值或资金占用百分比为纵坐标，绘制 ABC 分类图（见图 10-2）。

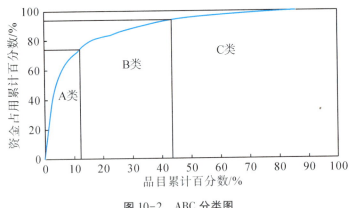

图 10-2　ABC 分类图

（5）确定库存管理策略。企业根据分析结果对三类物品采取不同的管理策略（见表 10-4）。

表 10-4　ABC 分类法的库存管理策略

库存类型	分类标准	管理策略
A 类	品目或品种数占 10%，价值或资金占用占 70%	重点管理。企业采取定期订货的方法，定期盘点库存，尽量确保安全库存，必要时采取紧急补货
B 类	品目或品种数占 20%，价值或资金占用占 20%	次重点管理。企业以定量订货法为主，辅以定期订货法，适当提高安全库存
C 类	品目或品种数占 70%，价值或资金占用占 10%	一般管理。企业具有较高的安全库存，减少订货次数，隔较长时间检查一次库存

二、关键因素分析法

关键因素分析法又称 CVA 管理法。CVA 管理法比起 ABC 分类法有更强的目的性。有些管理者发现，ABC 分类法并不令人满意，因为 C 类物资往往得不到应有的重视。例如，经销鞋的企业会把鞋带列入 C 类物资，但是如果鞋带短缺将会严重影响到鞋的销售。一家汽车制造厂商会把螺丝列入 C 类物资，但缺少一个螺丝往往会导致整个生产链的停工。因此，有些企业采用关键因素分析法（critical value analysis，CVA）。CVA 管理法的基本思想是把存货按照其关键性分为 3~5 类（见表 10-5）。在实际管理中，企业可以将 ABC 分类法和 CVA 管理法结合起来使用，从而达到更好的效果。

表 10-5　CVA 管理法分类的依据及管理策略

等级	分类依据	管理策略
最高优先级	关键性物资	不允许缺货
较高优先级	基础性物资	允许偶尔缺货
中等优先级	比较重要的物资	允许在合理范围内缺货
较低优先级	经营中需用但可替代的物资	允许缺货

三、定量订货法

定量订货法是指当库存量下降到预定的最低库存量（订货点）时，企业按规定进行订货补充的一种库存控制方法。当库存量下降到订货点时，企业按预先确定的订购量发出订货单，经过订货、交货周期，库存量继续下降，达到安全库存量时，收到订货，库存水平上升。定量订货法原理示意图如图 10-3 所示。

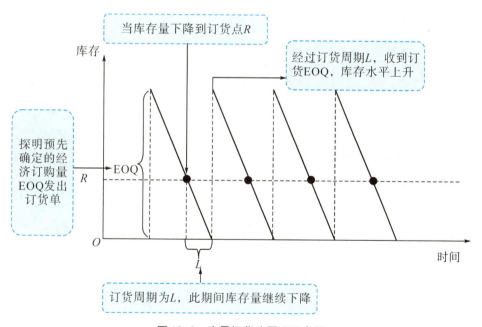

图 10-3　定量订货法原理示意图

1. 订货点的确定

在定量订货法中，企业发出订货时仓库里该品种保有的实际库存量称为订货点。它是直接控制库存水平的关键。

影响订货点的因素有三个：订货提前期、平均需求量、安全库存。

（1）在需求固定、均匀和订货交货期不变的情况下，订货点的计算公式如下：

　　订货点=订货提前期的平均需求量

　　　　　=每个订货提前期的需求量

　　　　　=每天需求量×订货提前期（天）

　　　　　=订货提前期（天）×（全年需求量/360）

　　（2）在需求量和订货提前期都不确定的情况下，安全库存的设置是非常必要的，计算公式如下：

　　订货点=订货提前期的平均需求量+安全库存量

　　　　　=（平均需求量×最大订货提前期）+安全库存

　　2. 经济订货批量

　　经济订货批量（EOQ）是指通过平衡采购进货成本和保管仓储成本核算，以实现总库存成本最低的最佳订货批量。

　　3. EOQ 的假设条件

　　EOQ 基本模型的应用需要以下假设条件：

　　（1）企业能及时补充库存，即需要订货时便可立即取得库存。

　　（2）物品能集中到货，而不是陆续到货。

　　（3）企业不允许缺货，即缺货成本为零。

　　（4）需求量稳定，并且能预测。

　　（5）存货单价不变，不考虑现金折扣。

　　（6）企业现金充足，不会因为短缺现金而影响进货。

　　（7）所需存货市场供应充足，不会因买不到需要的存货而影响其他。

　　4. EOQ 基本模型的原理

　　EOQ 基本模型的原理在于控制订货批量，使库存总成本最低。

　　5. EOQ 基本模型的计算公式

　　EOQ 基本模型主要研究订货成本、保管成本、物品成本与订货批量的关系。成本与订货批量的关系曲线如图 10-4 所示。

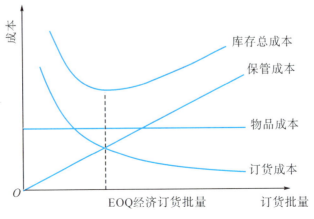

图 10-4　成本与订货批量的关系曲线

年总成本的计算公式如下：

$$TC = D \times P + \frac{D}{Q} \times C + K \times \frac{Q}{2}$$

式中：TC 为年总成本；D 为年需求量；P 为单位物品的购入价格；Q 为批量或订货量；C 为每次订货成本；K 为单位物品年保管成本；F 为年保管费率；$Q/2$ 为年平均储存量；EOQ 为经济订货批量。

经济订货批量的计算公式如下：

$$EOQ = \sqrt{\frac{2CD}{K}} = \sqrt{\frac{2CD}{PF}}$$

年订货成本 = $(D/EOQ) \times C$

年保管成本 = $K \times (EOQ/2)$

年订货次数 $N = D/EOQ$

平均订货间隔周期 $T = 360/N = 360(EOQ/D)$

四、定期订货法

定期订货法是指根据预先确定的订货间隔期按期订购物品，以补充库存的一种库存控制方法。定期订货法的原理是预先确定一个订货周期和最高库存量，周期性地检查库存，根据最高库存量、实际库存、在途库存和待出库货品数量，计算出每次订货量，发出订货指令、组织订货。

1. 确定订货周期

订货周期实际上就是定期订货法中的订货点，其间隔时间总是相等的。订货周期的长短直接决定最高库存量的多少，即库存水平的高低，进而也决定了库存成本的多少。因此，订货周期不能太长，否则会使库存成本上升；也不能太短，否则会增加订货次数，使得订货费用增加，进而增加库存总成本。从费用角度出发，如果要使总费用达到最低，企业可以借用经济订货批量的成本计算公式，确定使库存成本最低的经济订货周期。

2. 确定最高库存量

定期订货法的最高库存量是为了满足周期和订货提前期外，考虑到不确定因素，增加的一个安全库存。因此，最高库存量由两部分组成，一部分是订货周期和订货提前期的平均需求量，另一部分是为防止随机性需求而设置的安全库存量。最高库存量的计算公式如下：

最高库存量=平均需求量（需求速率）×（订货周期+订货提前期）+
安全库存量

3. 确定订货批量

定期订货法每次的订货数量是不确定的，订货批量的多少都是由当时的实际库存量的多少来决定的。考虑到订货点时的在途预计到货量和待出货数量，每次订货的订货数量的计算公式如下：

订货数量=最高库存量-现有库存量-订货未到量+顾客延迟购买量

4. 定期订货法的适用范围

定期订货法适用于品种数量多、平均占用金额少的物品；需向多家供应商批量订购、分期入库、分散保管等订货、入库和保管不规律的物品；订货提前期较长的物品；需求量变动幅度大且具有周期性的物品。

六、JIT 库存控制法

1. JIT 库存控制法的基本原理

JIT 库存控制法的基本思想是只在需要的时候，按需要的量，生产所需的产品，也就是追求一种无库存，或者库存达到最少的生产系统。JIT 库存控制法的基本思想是生产的计划和控制以及库存的管理。其中心思想是寻求、消除在生产过程中形成浪费的一切根源和任何不产生附加价值的活动。实现这一目的的控制方法和原则是将必要的材料，以正确的数量和完美的质量，在必要的时间，送往必要的地点。生产系统如果真正运行在 JIT 库存控制法的状态下，它的库存就会被减至最少的程度。因此，JIT 库存控制法又被简称成"零库存"管理。

2. JIT 库存控制法的目标

JIT 库存控制法的最终目标是获得最多的利润，基本目标是降低成本。降低成本的主要途径是彻底消除浪费。JIT 库存控制法通过以下具体目标来实现其基本目标：

（1）废品量最低。JIT 库存控制法要求消除各种不合理因素，在加工过程中每一工序都要求精益求精，将次品、废品量降到最低。

（2）库存量最低。在 JIT 库存控制法看来，库存是生产计划不合理、过程不协调、操作不规范的表现。

（3）零件搬运量最低。零件搬运是非增值操作，减少零件和装配件运送量与搬运次数，可以节约装配时间，并减少装配中可能出现的问题。

（4）机器故障率最低。最低的机器故障率是生产线对新产品方案做出快速反应的保障。

（5）准备时间最短。准备时间与批量选择有关，如果准备时间趋于零，准备时间成本也趋于零，企业就有可能采用极小批量。

（6）生产提前期最短。短的生产提前期与小批量相结合的系统，应变能力强、柔性好。

3. JIT 库存控制法的策略

（1）生产同步化。生产同步化是指企业合理安排作业流程，不在各工序间设置仓库，前一道工序加工作业完成后，立即将半成品或成品转移到下一道工序，从而使产品在各工序间连续移动，实现各工序同步生产。

（2）生产均衡化。生产均衡化是实现适时适量生产的前提条件。生产均衡化是指总装配线在向前工序领取零部件时应均衡地使用各种零部件，生产各种产品。

（3）看板管理。在实现 JIT 库存控制法目标过程中最重要的管理工具是看板，看板是用来控制生产现场的生产排程工具。具体而言，看板是一张卡片，卡片的形式因不同的企业而存在差别。看板上的信息通常包括零件号码、产品名称、制造编号、容器形式、容器容量、看板编号、移送地点和零件外观等。

【任务拓展】

（1）某企业保持 10 种库存商品（见表 10-6）。为了对这些库存商品进行有效控制和管理，该企业打算根据商品的投资多少进行分类。

①请选用 ABC 分类法将这些商品分为 A、B、C 三类。

②请介绍 A 类库存物资的管理方法。

表 10-6　某企业库存情况

商品编号	单价/元	库存量/件
a	4.00	300
b	8.00	1 200
c	1.00	290
d	2.00	140
e	1.00	270
f	2.00	150
g	6.00	40
h	2.00	700
i	5.00	50
j	3.00	2 000

（2）某企业每年需采购儿童服装 8 000 件，每套服装的定价是 100 元，每次订货成本是 30 元。每件商品的年存储成本是 3 元/件。请计算经济订货批量、年订购次数和预期每次订货时间间隔为多少（每年按 360 天计算）。

（3）根据所学知识，试着回答：库存控制的方法有哪些？CVA 管理法的内容是什么？JIT 库存控制法的目标是什么？分析与总结定量订货法与定期订货法的使用条件及优缺点差异。

（4）鑫盛公司根据计划全年需要采购甲零件 2 400 件，甲零件的购买价格是 10 元，每次订购的成本是 800 元，每个零件年库存保管成本为 6 元。请阐述库存成本的构成是什么？EOQ 基本模型的假设条件是什么？计算 EOQ、年订货成本、年保管成本、年订货次数和平均订货间隔周期。

综合技能实训

【实训目的】

在库存管理中，对种类繁多的商品实施有效的管理非常必要。采用ABC分类法，就是对库存商品进行分类，在管理中做到突出重点，以便有效节约人力、物力和财力。学生通过本项目的实训，掌握将ABC分类法应用于库存控制中的操作方法和操作步骤，并能针对不同类别商品进行合理有效的管理。

【实训内容】

某企业年底对10种库存商品进行盘点，它们的年平均库存品种数量和单价情况如表10-7所示。试将这10种库存商品进行ABC分类，以便更好地管理与控制。

表10-7　年平均库存品种数量和单价情况

序号	产品代码	年平均库存量/件	单价/元
1	X—30	50	8
2	X—23	200	12
3	K—9	6	10
4	G—11	120	6
5	H—40	7	12
6	N—15	280	9
7	Z—83	15	7
8	U—6	70	8
9	V—90	15	9
10	W—2	2	11

（1）实训准备：

①知识准备：了解ABC分类法的基本思想以及货物分类标准。

②工具准备：仓储货物资料、纸、笔、计算器、绘图尺。

（2）实训时间：2课时。

（3）实训操作指导如下：

第一步：搜集数据。

学生搜集分析实训对象的有关数据。本实训项目需要搜集10种库存商品在统计期内的平均库存数量及单价，以便对库存商品占用资金的情况进行分析和计算，从而实施分类重点管理（本实训项目已经给出相关数据）。

第二步：处理数据。

学生将搜集的数据资料进行计算、汇总、整理出所需要的数据。所需要的数据包括各类商品的平均资金占用额、累计资金占用额、品目数所占比例和累计品目数所占比例。

第三步：绘制 ABC 分类管理表，并将处理数据填入表格（见表 10-8）。

表 10-8　ABC 分类管理表

物品名称	品目数累计	品目累计百分数/%	物品单价/元	平均库存量/件	物品平均资金占用额/千元	平均资金占用额累计/元	平均资金占用额累计百分数/%	分类结果
（1）	（2）	（3）	（4）	（5）	（6）=（4）×（5）	（7）	（8）	（9）
N—15	1	10	9	280	2 520	2 520	35.9	A
X—23	2	20	12	200	2 400	4 920	70.2	A
G—11	3	30	6	120	720	5 640	80.5	B
U—6	4	40	8	70	560	6 200	88.5	B
X—30	5	50	8	50	400	6 600	94.2	B
V—90	6	60	9	15	135	6 735	96.1	C
Z—83	7	70	7	15	105	6 840	97.6	C
H—40	8	80	12	7	84	6 924	98.8	C
K—9	9	90	10	6	60	6 984	99.7	C
W—2	10	100	11	2	22	7 006	100	C

填表要求如下：

①学生将计算出的平均资金占用额的数据，从大到小进行排序，并从高到低依次填入表 10-8 中第（6）栏。

②学生以第（6）栏为准，依次在第（1）栏填入相应的物品名称，在第（4）栏填入对应的物品单价以及在第（5）栏填入对应的商品平均库存量。

③学生在第（2）栏填入商品累计编号（品目数累计），然后计算品目累计百分数，并填入第（3）栏。

④学生依据第（6）栏计算平均资金占用额累计，并将计算结果填入第（7）栏。

⑤学生计算平均资金占用额累计百分数，填入第（8）栏。

第四步：分类。

学生依据 ABC 分类管理表中第（3）栏和第（8）栏的数据，将商品分成 A、B、C 三类，并将分类结果填入第（9）栏。ABC 管理法的分类标准如表 10-9 所示。

表 10-9　ABC 管理法的分类标准

A 类商品	B 类商品	C 类商品
占库存品种数目的 5%～15%	占库存品种数的 20%～30%	占库存品种数的 70%左右
占库存资金总数的 70%左右	占库存资金总数的 20%～30%	占库存资金总数的 5%～15%

第五步：绘制 ABC 分类图。

绘图要求：以品目累计百分数为横坐标，以平均资金占用额累计百分数为纵坐标，按 ABC 分类表第（3）栏和第（8）栏提供的数据，在直角坐标图上取对应点，联结各点的曲线，画出 ABC 分类曲线（见图 10-5）。

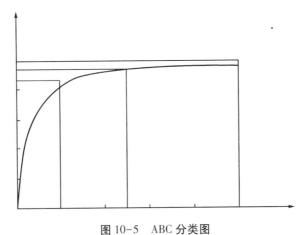

图 10-5　ABC 分类图

第六步：确定不同类别货物的管理方法。

①A 类库存物资的管理方法。

一是按最优批量，采用定期订货方式。

二是重点管理，经常进行检查和盘点。

三是提高货物的机动性，把货物放在易于搬运的地方。

四是恰当选择安全系统，尽可能降低仓库的安全储备量。

五是与供应商密切联系。

六是与用户密切联系，及时了解用户需求的动向。

②C 类库存物资的管理方法。

一是按经济订货批量，一般采用比较粗放的定量订货方式。

二是一般管理，定期进行检查和盘点，周期可以长一些（年度或季度）。

三是给予最低的优先作业次序。

四是为防止缺货，安全库存要多一些，或者减少订货次数以降低费用。

③B 类库存物资管理方法。

一是按经济订货批量进行订货，可以采用以定量订货方式为主、定期订货方式为辅的方式。

二是正常控制与管理，检查和盘点周期介于 A 类和 C 类物资之间。

【项目总结与评价】

1. 自我评价表（学生自评、组长评价，见表 10-10）

表 10-10　自我评价表

项目名称：			小组名称：			
评价时间：			出勤情况：			
序号	评价项目	评价标准		分值	自评分	组长评分
1	预习情况	1. 完成　2. 部分完成　3. 全部未完成		5		
2	学习目标实现情况	1. 实现　2. 部分实现　3. 大部分未实现		10		
3	与老师同学沟通情况	1. 好　2. 较好　3. 一般　4. 存在较大问题		10		
4	与同学协作情况	1. 好　2. 较好　3. 一般　4. 存在较大问题		10		
5	技术方法运用情况	1. 好　2. 较好　3. 一般　4. 存在较大问题		20		
6	资料收集水平	1. 高　2. 较高　3. 一般　4. 差		5		
7	做事态度	1. 很认真　2. 较认真　3. 应付　4. 差		10		
8	任务是否完成	1. 完成　2. 部分完成　3. 大部分未完成　4. 全部未完成		30		
9	创新情况（加分项）	任务完成有创新性，酌情加 1~10 分				
10	自我评价	1. 整体效果： 2. 主要不足： 3. 改进措施：		总分		

2. 任务评价表（教师评价，见表 10-11）

表 10-11　任务评价表

评议项目	考评内容	评分标准	标准分	实际得分
素养目标达成情况（此项为一票否决考核项目）	各任务素养目标达成	安全、积极参与、高效、团结完成工作任务	10	
库存控制认知			15	
库存成本构成			10	
库存控制方法			25	
库存案例分析			20	
知识问答	相关知识共 10 题	每题 1 分，共 10 分	10	
总计			100	

参考文献

范爱理，2012. 仓储管理实务［M］. 北京：人民交通出版社.

高本河，缪立新，郑力，2004. 仓储与配送管理基础［M］. 深圳：海天出版社.

刘毅，2010. 仓储作业实务［M］. 北京：机械工业出版社.

柳荣，2020. 智能仓储物流、配送精细化管理实务［M］. 北京：人民邮电出版社.

牛艳莉，杨力，2010. 仓储管理实务［M］. 天津：南开大学出版社.

孙秋高，2015. 仓储管理实务［M］. 北京：电子工业出版社.

郑时勇，2020. 仓储管理从入门到精通［M］. 北京：化学工业出版社.

周文泳，2020. 现代仓储管理［M］. 北京：清华大学出版社.